Stolpersteine beim Corporate E-Learning

Stakeholdermanagement, Management von
E-Learning-Wissen, Evaluation

Von
Karl Wilbers (Hrsg.)

Oldenbourg Verlag München Wien

Prof. Dr. Karl Wilbers ist Assistenz-Professor für Wirtschaftspädagogik an der Universität St.Gallen. Seine Forschungsschwerpunkte liegen in Berufsbildung sowie im E-Learning in Unternehmen (Corporate E-Learning) und Hochschulen.

Bibliografische Information Der Deutschen Bibliothek

Die Deutsche Bibliothek verzeichnet diese Publikation in der Deutschen Nationalbibliografie; detaillierte bibliografische Daten sind im Internet über <http://dnb.ddb.de> abrufbar.

© 2005 Oldenbourg Wissenschaftsverlag GmbH
Rosenheimer Straße 145, D-81671 München
Telefon: (089) 45051-0
www.oldenbourg.de

Lektorat: Margit Roth
Herstellung: Anna Grosser
Umschlagkonzeption: Kraxenberger Kommunikationshaus, München
Gedruckt auf säure- und chlorfreiem Papier
Druck: R. Oldenbourg Graphische Betriebe Druckerei GmbH

ISBN 3-486-57760-3

Inhaltsverzeichnis

Übersicht

Diese Veröffentlichung richtet sich an E-Learning-Projektleitende, Weiterbildungsverant-wortliche, Personalentwickler(innen) und auch Wissenschaftler(innen) im Bereich des Ler-nens mit neuen Medien. Sie konzentriert sich auf drei Kernprobleme des Corporate E-Learnings, die meiner Erfahrung nach diffizil und für den Gesamterfolg kritisch sind. Dies sind: Das Stakeholdermanagement, das Management des E-Learning-Wissens sowie die Evaluation von E-Learning. Diese Konzentration auf die drei Kernprobleme unterscheidet dieses Buch vom Handbuch E-Learning. Das Handbuch E-Learning, das von Andreas Hohenstein und mir seit 2001 herausgegeben und ständig aktualisiert wird, versucht in um-fassender Weise die tatsächlichen Herausforderungen des E-Learnings in Unternehmen durch namhafte Experten in Wissenschaft und Praxis aufzugreifen.

Dieses Buch „Corporate E-Learning" geht zurück auf eine von mir verantwortete Veranstal-tung „Corporate E-Learning" auf dem ersten Kongress „Innovationen gestalten – eLearning als Motor einer neuen Lernkultur?" des Swiss Centre for Innovations in Learning (SCIL). Als Format der Veranstaltung „Corporate E-Learning" wurden sogenannte „Round Tables" vorgesehen. Jeder Round Table wurde zu einer Thematik auf der Grundlage vorher festge-legter Leitfragen durchgeführt. Es wurde der Text „Didaktische Gestaltung von E-Learning" von Karl Wilbers aus dem Handbuch E-Learning, hrsg. von Andreas Hohenstein und Karl Wilbers, zur Gewährleistung eines einheitlichen Begriffsverständnisses zugrundegelegt. Für jeden Round Table war zunächst jeweils eine kurze Einführung durch den Moderator vorge-sehen. Es schloss sich eine Kurzpräsentation der Referierenden zu den Thesen des Round Tables an. Die verbleibende Zeit wurde der moderierten Diskussion – unter Einbezug von Fragen aus dem Publikum – gewidmet. Bei der Zusammensetzung eines Round Tables wur-de Wert darauf gelegt, unterschiedliche Perspektiven – Anwendungsseite, Anbieterseite, Consultant- bzw. Wissenschaftsseite – zu vertreten. Die nachfolgende Übersicht zeigt die vorab definierten Problemstellungen.

Stakeholder-management im E-Learning	1. Corporate E-Learning: Stakeholder	1. *Wer* sind die zentralen Stakeholder im Corporate E-Learning, was sind ihre *An-sprüche* und wie können diese *ermittelt* werden?
	2. Change Management	2. Was sind die zentralen *Erfolgsfaktoren* eines Change Managements im Kontext des Corporate E-Learnings?
	3. Kommunikations-politik: Kanäle	3. Welche Kanäle bieten sich für eine Kom-munikationspolitik an?
	4. Kommunikations-politik: Themen	4. Welche Themen sollten in diesen Kanälen aufgegriffen werden?
	5. Gestaltung des Commitments	5. Welche (weiteren) Maßnahmen zur Gestal-tung eines Commitments haben sich bei Corporate E-Learning bewährt?

Management von E-Learning-Wissen	1. 'Objekt' des Wissensmanagements beim E-Learning	1. Welches Wissen ist für die unternehmensweite Implementation von Corporate E-Learning zentral?
	2. Instrumente und Verfahren	2. Was sind die zentralen Instrumente/Verfahren zum Management des Wissens bei der Implementation von Corporate E-Learning?
	3. Interprojekt-Lernen	3. Wie lässt sich das Lernen zwischen E-Learning-(Teil-)Projekten erfolgreich gestalten?
	4. Communties of practice bei der Implementation von E-Learning	4. Was sind die kritischen Erfolgsfaktoren zur Entwicklung von Communities of Practice bei der Implementation von Corporate E-Learning?
	5. E-Learning-Evolutionspfad	5. Nach welchen Prinzipien lassen sich E-Learning-(Teil-)Projekte so anordnen, dass es für die Implementation förderlich ist („E-Learning-Evolutionspfad")?
Corporate E-Learning evaluieren	1. Partner	1. Unter welchen Voraussetzungen können Partner, vor allem Peers und Stakeholder, in die Evaluation eingebunden werden?
	2. Evaluationsinstrumente	2. Welche Instrumente haben sich bei der Evaluation von Corporate E-Learning bewährt?
	3. Inhalte	3. Welche Themen sind bei der Evaluation von Corporate E-Learning zentral?
	4. Projektübergreifende Evaluation	4. Wie lässt sich der Erfolg des Corporate E-Learning projektübergreifend erfassen?
	5. Zertifizierung	5. Welche Rolle kann eine E-Learning-Zertifizierung beim Corporate E-Learning spielen?

Es wird versucht, sich diesen Fragestellungen in einem Dialog mit ganz unterschiedlichen Menschen zu nähern. Es kommen dabei unterschiedliche Perspektiven, unterschiedliche Denkstil- und Sprachgemeinschaften zusammen. Ich habe eine solche Unterschiedlichkeit als Chance begriffen ...

St. Gallen   Karl Wilbers

Stakeholdermanagement beim E-Learning:

Die Leitfragen

Stakeholder im Corporate E-Learning:

Wer sind die zentralen Stakeholder im Corporate E-Learning, was sind ihre *Ansprüche* und wie können diese *ermittelt* werden?

Change Management:

Was sind die zentralen *Erfolgsfaktoren* eines Change Management im Kontext des Corporate E-Learning?

Kommunikationspolitik (Kanäle):

Welche Kanäle bieten sich für eine Kommunikationspolitik an?

Kommunikationspolitik (Themen):

Welche Themen sollten in diesen Kanälen aufgegriffen werden?

Gestaltung des Commitments:

Welche (weiteren) Maßnahmen zur Gestaltung eines Commitments haben sich bei Corporate E-Learning bewährt?

Wolfgang Kraemer

Der rechte Umgang mit Stakeholdern

Der Autor

Wolfgang Kraemer. Dr.; imc AG, Saarbrücken. Studierte Wirtschafts-
ingenieurwesen an der Universität Karlsruhe. 1992 Promotion bei Prof.
Dr. Dr. h.c. mult. August-Wilhelm Scheer, Institut für Wirtschaftsinformatik an der Universität des Saarlandes. 1993 Dissertations-
Forschungspreis der SEL-Stiftung für technische und wirtschaftliche
Kommunikationsforschung verliehen. 1992 bis 1994 Bereichsleiter
„Consulting Kostenmanagement und Produktentwicklung Controlling-
Leitstand" bei der IDS Prof. Scheer GmbH (heute IDS Scheer AG).
1994 bis 1995 Mitglied der Geschäftsleitung der ivl GmbH. Rückkehr an
das Institut für Wirtschaftsinformatik. In dieser Zeit beschäftigte er sich in Zusammenarbeit
mit der Bertelsmann Stiftung/Heinz Nixdorf Stiftung und weiteren Projektpartnern mit der
Konzeption und Realisierung von virtuellen Universitäten. Anfang 1997 wurde von Prof. Dr.
Dr. h.c. mult. August-Wilhelm Scheer sowie Dr. Wolfgang Kraemer, Frank Milius und Dr.
Volker Zimmermann die imc information multimedia communication GmbH gegründet.
Dr. Kraemer ist Leiter der Schmalenbach Arbeitsgruppe „Corporate Universities".

1. Wer sind die zentralen Stakeholder im Corporate E-Learning, was sind ihre Ansprüche und wie können diese ermittelt werden?

Die Stakeholder eines E-Learning-Projektes unterscheiden sich zunächst nicht wesentlich von anderen IT-Einführungsprojekten. Heutzutage wird nahezu jeder geschäftliche Tätigkeitsbereich auch durch Informationstechnologien bestimmt, und eine Aufzählung der zentralen Stakeholder ist in vielen Projekten untereinander identisch oder ähnlich. Dementsprechend können die zentralen Stakeholder auch ex ante auf Basis einer allgemeinen Stakeholder-Übersicht allgemein benannt werden.

Grundsätzlich müssen zwei Arten von Stakeholdern unterschieden werden: funktionale oder organisatorische Stakeholder sind diejenigen Personen, die als Funktionsträger, z.B. als IT-Leiter oder als Trainer, in ein E-Learning-Projekt eingebunden werden müssen. Daneben gibt es jedoch zusätzlich auch **institutionelle Stakeholder**, die zwar gelegentlich durch Personen vertreten werden, prinzipiell aber von den einzelnen Personen unabhängig sind. Häufig werden bei der Analyse gerade diese Stakeholder übersehen. Es handelt sich dabei z.B. um unternehmensinterne Richtlinien, Betriebsvereinbarungen, aber auch Gesetze wie das gerade in Deutschland im Zusammenhang mit E-Learning besonders wichtige Datenschutzrecht.

Wie wichtig es ist, z.B. das Datenschutzrecht als institutionellen Stakeholder in die Analyse mit einzubeziehen, erkennt man spätestens in multinational aufgestellten E-Learning-Projekten. Amerikaner oder beispielsweise auch Schweizer haben ein anderes Rechtssystem und Rechtsverständnis davon, welche Personendaten im Rahmen von E-Learning geschützt werden müssen und welche offen gelegt werden dürfen. Projektleiter in Deutschland dagegen sind, unabhängig von eigenen Zielen oder Einstellungen, an diese Rechtslage und damit zusammenhängende Prozesse gebunden. Gerade in Projekten im Personalbereich, in denen E-Learning ja immer verankert ist, ist dieser institutionelle Stakeholder sehr einflussreich.

2. Was ist Corporate E-Learning? Welche Art von Projekten meint das und hat dies Auswirkungen auf den Umgang mit Stakeholdern?

Entscheidend für den Erfolg des Stakeholder-Managements ist es zu erkennen, **welche** Stakeholder im Projektverlauf wichtig sind und **wann** sie wichtig sind. Dies bedeutet aber, dass man zunächst den hier aufgeworfenen Begriff „Corporate E-Learning" genauer klären muss.

Es gibt eine Vielzahl von Geschäftstreibern, die der Grund für die Einführung von E-Learning sein können. Ein Ziel kann es beispielsweise sein, Trainingskosten und Trainingszeiten zu reduzieren. Ein anderer Grund mag in der Implementierung und Optimierung von Personalentwicklungsprozessen liegen. Ein weiterer Grund ist vielleicht ein konkreter und möglicherweise sogar zeitlich begrenzter hoher Ausbildungsbedarf. Bei dieser Vielzahl möglicher Gründe oder Geschäftstreiber für E-Learning kann man jedoch eigentlich noch nicht von Corporate E-Learning sprechen.

Zu Corporate E-Learning, also zu einer ganzheitlichen Lösung für ein Unternehmen, gehören andere, allgemeiner gefasste Kriterien. Von Corporate E-Learning können wir sprechen, wenn

- ein zentraler Ansprechpartner (oder Organisationseinheit oder Verantwortungsbereich) für das Thema E-Learning im Unternehmen existiert;

- E-Learning flächendeckend eingesetzt wird (bzw. werden soll);

- es eine unternehmensweit abgestimmte „Corporate" E-Learning-Strategie gibt;

- oder wenn es eine Anzahl einzelner E-Learning-Projekte gibt, die aber im Sinne einer für das Unternehmen ganzheitlichen Lösung zusammengeführt und vernetzt werden (sollen).

Hier stellt sich jedoch durchaus die Frage, ob es so etwas wie „Corporate E-Learning" nach den o.g. Maßstäben überhaupt gibt. Nach einer Phase, in der E-Learning-Projekte noch außergewöhnliche Maßnahmen im Unternehmensalltag waren, kehrt mit der Zeit nun eine immer größere Selbstverständlichkeit im Umgang mit diesem Thema ein. Dies bedeutet zugleich: immer häufiger werden die Projekte gerade an den einzelnen Geschäftstreibern festgemacht, entschließt sich beispielsweise der Verkaufsleiter, seine Vertriebsmannschaft mit E-Learning zu schulen, auch wenn es noch keine unternehmensweite E-Learning-Strategie gibt. Wir haben es hierbei mit dem für Innovationen typischen Verlauf zu tun: zunächst wird das Thema durch Innovatoren und „First Movers" strategisch in begrenzten Projekten mit Pilot- oder Benchmarking-Charakter vorangetrieben, dann hält es als konkrete Lösung Einzug in die alltäglichen und spezifischen Unternehmensprozesse, bis schließlich – und diese Phase haben wir noch vor uns – die vereinzelten und isolierten Projekte zusammengeführt, vernetzt und vereinheitlicht werden.

Entscheidend für das Management der Stakeholder ist demnach nicht nur die Art des Projektes, sondern nicht zuletzt auch die – gewissermaßen historische – Phase, in der ein solches

Projekt beschlossen wird. Der **Geschäftszweck entscheidet, welche Stakeholder relevant sind**. Ist der Geschäftszweck erst einmal definiert, dann sind auch die Stakeholder eindeutig zu benennen. Umgekehrt gilt: sollen E-Learning-Projekte erfolgreich sein, **muss vor dem Projekt das eindeutige Commitment für eine Geschäftsstrategie** formuliert werden.

Grundlegend lassen sich drei abstrakte Projektsituationen unterscheiden:

- **„Grüne Wiese":**
  Bei diesem Szenario existiert bisher kein E-Learning-Projekt im Unternehmen, die geplante E-Learning-Lösung könnte also ohne Restriktionen durch parallele bzw. bereits abgeschlossene Projekte unternehmensweit und nach einem strategischen Konzept implementiert werden. Dies bedeutet ganz praktisch für das Stakeholder-Management, dass die Ansprechpartner und Entscheidungsträger sich ebenfalls auf einer höheren, strategisch operierenden Ebene befinden, also z.B. Vorstand, Geschäftsführung, Personalleitung, CIO. Auf dieser Ebene werden die Entscheidungen, Konzepte und Strategien entwickelt und zur operativen Ausführung nach unten delegiert; als strategisches Projekt bleibt es jedoch unter der engen Führung und intensiven Beobachtung der Geschäftsführungsebene.

- **„Chaos":**
  Durch eine Vielzahl unabgestimmter, nicht vernetzter, z.T. sogar konkurrierender bestehender Projekte werden wesentliche Prozess-Synergien, die E-Learning bieten könnte, nicht erreicht. Ziel eines „Corporate" E-Learning-Projekts ist es, diese unterschiedlichen Projekte zusammenzuführen, sie nicht notwendigerweise zu ersetzen, aber durchgehende und abteilungsübergreifende Prozessketten zwischen den Projekten zu etablieren. Auch hier befinden sich aufgrund der strategischen Bedeutung einer solchen Entscheidung sowie ihres erheblichen Wirkungsgrades für das gesamte Unternehmen die Stakeholder im Top-Management. Im Unterschied zum Szenario „Grüne Wiese" müssen aber die vielen bestehenden E-Learning-Projektleiter eingebunden und auf ein gemeinsames Ziel verpflichtet werden. Auch das Reengineering der Bildungsprozesse ist nur dann möglich, wenn alle Projektleiter eingebunden werden und gemeinsam ein Ziel verfolgen. Diese Situation ist sicherlich die schwierigste Projektsituation, selbst dann, wenn man davon ausgeht, dass nicht 100 Projekte in einem multinationalen Konzern weltweit verteilt sind, sondern nur 5 oder 10 Projekte zusammengeführt werden müssen.

- **„Business-Fokus":**
  Hier wird E-Learning insbesondere in den Kernbereich der unternehmerischen Geschäftätigkeit eingebettet. Im Fokus stehen beispielsweise: Managementausbildung, Produkte- und Vertriebstraining sowie Forschung und Entwicklung. Entscheidend ist dabei, dass die Zielgruppen genauer definiert werden können und dass auch Art und Zahl der Ansprechpartner genauer definiert sind. Das Top Management in der Geschäftsführung spielt hier eine eher untergeordnete Rolle, wichtiger sind dagegen Business Unit Manager, in deren Geschäftsbereich das Projekt etabliert werden soll, sowie z.B. die zweite Hierarchieebene der Trainer oder Fachexperten.

Unabhängig davon, um welche Stakeholder auf welcher Ebene es sich handelt, so haben sie alle doch das gleiche Ziel:

- sie wollen **Informationen** über das, was im Projekt geschieht;

- sie wollen eigene **Interessen und Ziele** im Projekt verwirklichen, manchmal auch in Konkurrenz untereinander;

- sie verlangen, ein **Mitspracherecht und Einfluss** im Projekt zu haben;

- zugleich erwarten sie meistens auch, dass sie von dem Projektteam **von der operativen Arbeit entlastet** werden, und nehmen ihre Rolle als Stakeholder eher auf Ebene der Einflussnahme und Lenkung wahr.

Auch aus diesen Ansprüchen ergibt sich bereits ohne eine verfeinerte Analyse der einzelnen Stakeholder ein recht genaues Bild davon, was im Stakeholder-Management als Kernaufgabe des Projektteams zu gelten hat. Da sich im Projektverlauf die Positionen der Stakeholder und die Rahmenbedingungen des Projekts ohnehin meist ändern, macht eine detaillierte Analyse zu Beginn eines Projekts nur für einen überschaubaren Zeitraum Sinn. Entscheidender für den Projekterfolg ist es, die Metaziele der einzelnen Stakeholder zu erkennen, um daraus ein für alle tragbares, gemeinsames Projektverständnis herzustellen.

Die Ansprache der einzelnen Stakeholder muss dann im Projekt auf Basis der jeweils geltenden, temporalen und situativen Rahmenbedingungen und auf Basis dieser Projekt-Vision abgestimmt werden. Eine zu frühe Festlegung auf Kommunikationsziele für die einzelnen Stakeholder kann mittel- und langfristig mehr Schaden anrichten und bindet zu Beginn des Projektes zu viele Ressourcen im Projektteam.

Deutlicher wird dies, wenn man die Funktion der verschiedenen Stakeholder für den Projektverlauf genauer betrachtet. Dabei stellt man fest, dass längst nicht alle Stakeholder die Macht haben, auf das Ziel des Projekts direkt Einfluss zu nehmen. Diese Fähigkeit haben nur **entscheidungsrelevante Stakeholder**. Dennoch dürfen die „machtlosen" Stakeholder nicht unterschätzt werden, da ihre Handlungen und ihre Beteiligung den Erfolg des Projektes entscheidend beeinflussen können – sie sind also **erfolgsrelevante Stakeholder**.

Der Vorstand oder der Projektleiter, der über das Budget und über die Kernziele des Projektes entscheidet, ist also zumindest für einen Dienstleister im Projekt ein zunächst wichtigerer Ansprechpartner. Doch wenn die Trainer oder gar die anvisierte Zielgruppe (die im Projekt so gut wie keine direkte Mitsprache hat) die Projektentscheidungen nicht mittragen oder torpedieren, so steht der Erfolg des Projektes grundlegend auf dem Spiel.

Die Stakeholder lassen sich auf Basis ihrer Funktion im Projekt noch weiter unterscheiden:

- **Machtpromotoren** sind zumeist die Auftraggeber für die eigentliche, operative Projektleitung. In ihrer Entscheidung liegt es, welche Budgets und welche „politische" Unterstützung das Projekt erhält. Machtpromotoren müssen aber nicht notwendigerweise entscheidungsrelevant sein.

- **Prozesspromotoren** spielen eine wichtige Rolle im Projekt, da sie als die Vertreter der Schnittstellen fungieren, in die ein E-Learning-Projekt integriert werden muss. Klassischerweise sind dies vor allem die entscheidungsbefugten Ansprechpartner in der IT-Abteilung. Andere Prozesspromotoren können den Verlauf des Projekts erheblich beeinflussen, da sie in der direkten Prozesskette der Beauftragung und Durchführung von E-Learning-Projekten stehen. Beispiele dafür sind der Einkauf oder auch die Mitarbeitervertreter bzw. Betriebsräte. Viele institutionelle Stakeholder – z.B. Betriebsvereinbarungen, IT-Richtlinien o.ä. – gehören ebenfalls zu den Prozesspromotoren. Ein einzelnes E-Learning-Projekt wird kaum in der Lage sein und nicht die strategische Bedeutung entfalten können, um z.B. grundsätzliche Entscheidungen in der IT-Strategie vollständig umzustoßen. Wenn ein Unternehmen Mitarbeitern grundsätzlich keinen Zugriff auf das Intranet gibt, kann daran ein zentrales Ziel der Projektleitung, die die Mitarbeiter vielleicht von zu Hause lernen lassen möchte, erheblich beeinflusst werden. Der Projektplan und der Projektprozess werden behindert, im Einzelfall bestimmte Projektziele sogar komplett verhindert.

- **Fachpromotoren** spielen eine wichtige Rolle als Ansprechpartner für die konkrete Ausgestaltung fachlicher Problemstellungen. So muss z.B. den Trainern als denjenigen, die mit der späteren E-Learning-Lösung arbeiten, ein Mitspracherecht bzw. die Einzelfallentscheidung bei der Ausgestaltung konkreter Prozesse oder Funktionen der Lernplattform eingeräumt werden. Viele Ziele des E-Learning-Projektes sind nur mit Hilfe der Fachpromotoren zu erreichen. Dennoch haben Fachpromotoren meist keine weitergehende Entscheidungsbefugnis und können Projekte meist nicht verhindern; ihre Mitarbeit und ihre Ergebnisse sind jedoch erfolgskritisch für das Projekt.

- **Multiplikatoren** sind wichtige Kanäle des Stakeholder-Managements im Projektverlauf. Sie sind insbesondere mit der Aufgabe betraut, Ziele und Informationen aus dem Projektteam an eine größere Zielgruppe zu kommunizieren. Dies sind vorrangig die Mitarbeiter als eigentliche Zielgruppe der E-Learning-Lösung, aber auch eine größere Anzahl Trainer oder Personalentwickler können als Zielgruppe von den Multiplikatoren angesprochen werden. Zu den Multiplikatoren zählen z.B. alle internen und externen Kommunikationsdienste (Intranet, Mitarbeiterzeitung, PR, Marketing) sowie z.B. der IT-Support.

- Die **Entscheidungsebene** kann grundsätzlich reduziert werden auf die zwei oder drei Leiter des Projektteams, bestehend ggf. aus dem Projektleiter Personalentwicklung beim Kunden, dem Projektleiter IT sowie dem Projektleiter eines Dienstleisters, der mit der Einführung der E-Learning-Lösung beauftragt wurde.

Wie man aus dieser Unterscheidung erkennen kann, sind die verschiedenen Ebenen des Stakeholder-Managements unterschiedlich groß. Zudem kann für jede Stakeholder-Gruppe behauptet werden, dass sie in E-Learning-Projekten in den einzelnen Phasen wichtige Ansprechpartner sind. Im Laufe eines Projektes verbreitert sich die Basis der Stakeholder kontinuierlich. Die relativ kleine Gruppe der Entscheider und Machtpromotoren in der Startphase/Beauftragungsphase eines Projektes verbreitert sich in dem Augeblick, in dem konkrete Projektziele und Prozesse grundlegend definiert werden müssen und verbreitert sich weiter, wenn es dann an die spezifische, fachliche Ausgestaltung oder Kommunikation von Detaillösungen geht.

Bei den Stakeholdern bestehen nicht nur Verbindungen zur Projektleitung/Entscheidungsebene. Auch zwischen den Stakeholdern selbst existieren unabhängig vom Projekt – aber relevant für dieses – Beziehungen. IT-Leiter als Prozesspromotoren, IT-Fachabteilungen als Fachpromotoren und IT-Support als Multiplikatoren haben untereinander ein enges Beziehungsgeflecht. Desgleichen bestehen innerhalb einer Gruppe – z.B. der Trainer – Beziehungen zwischen den einzelnen Mitgliedern (durchaus auch im Sinne eines Konkurrenzverhältnisses). Daraus ergeben sich für das Stakeholder-Management einige grundlegende Regeln und Rahmenbedingungen, die bei einer detaillierten Stakeholder-Analyse immer berücksichtigt werden sollten:

- **Widersprüche:**
  Stakeholder-Management findet im Spannungsfeld zwischen den Zielen der Auftraggeber, Interessen nachgeordneter Stakeholder und Ansprüchen der Zielgruppe statt, d.h. auch zwischen organisationsgetriebenen Zielen und persönlichen Präferenzen und menschlichen Faktoren (Neid, Wettbewerb etc.). Diese können durchaus zueinander im Widerspruch stehen.

- **Abstufungen:**
  Es ist beim Stakeholder-Management zwischen entscheidungsrelevanten und erfolgskritischen Zielen zu unterscheiden. Die Ansprüche der Nutzer sind verständlich, aber nicht entscheidungsrelevant, wohl aber erfolgskritisch. Die Ziele der Entscheider sind entscheidungsrelevant, aber für das Gesamtprojekt nur teilweise erfolgskritisch.

- **Netzwerke:**
  Zwischen den Stakeholdern untereinander bestehen Beziehungen, die für den Projektverlauf erfolgskritisch, oft aber nicht erkennbar sind. Dies können persönliche Beziehungen sein, aber auch projektbezogene Interessen (z.B. parallel laufende Projekte mit Einfluss auf das Corporate E-Learning-Projekt).

- **Fachlich-organisatorische „Stakeholder":**
  Neben den Personen als Vertretern von Standpunkten existieren fachliche Rahmenbedingungen, die durch Stakeholder vertreten werden. Zu einer Stakeholder-Analyse gehören auch diese Sach-Faktoren (Governance, Gesetze, Richtlinien, definierte Strategien, parallel laufende Projekte etc.).

- **Risikomanagement:**
  Stakeholder-Management ist Risikomanagement! Viele Stakeholder sind für den Projektverlauf nicht produktiv wichtig, können aber ein Risiko darstellen. Stakeholder-Management hat zum Ziel, diese Risiken zu vermeiden, zu minimieren oder konkrete Krisen schnell zu bewältigen.

3. Was sind die zentralen Erfolgsfaktoren eines Change Managements im Kontext des Corporate E-Learnings?

Bei der Einführung von E-Learning bzw. Learning-Management-Lösungen – wie wir mittlerweile lieber sagen – werden häufig Fehler gemacht. Auf der Basis einer Analyse eigener Kundenprojekte sowie von Projekten der Konkurrenz lassen sich für die Phasen der Initialisierung, der Pilotierung sowie der Institutionalisierung folgende, immer wieder auftauchende, Fehler feststellen.

Die zehn Todsünden bei der Einführung von E-Learning finden sich in den zehn Rahmenbedingungen, die ein E-Learning-Projekt innerhalb dreier Lebensphasen (Initialisierung, Pilotierung, Institutionalisierung) beeinflussen: Strategie, Kommunikation, Content, Ressourcen & Organisation, Prozesse, Integration, Komplexität, Partner, Kultur, Erfahrung.

1. **Strategie:**
   In der frühen Phase der Initialisierung bestehen häufig noch keine klaren Vorstellungen, d.h. es wurde weder eine Strategie formuliert, noch können auf der Basis einer Strategie konkrete Ziele operationalisiert werden. Auch ein fehlender Business Case, der idealtypisch die Geschäftsbeziehungen der Bildungsabteilung innerhalb der Geschäftsprozesse und -aktivitäten des Unternehmens beschreibt, wird von uns oft vermisst. In der darauf folgenden Phase der Pilotierung werden erste Projektfortschritte oft zu positiv gewertet. In einem schwierigen politischen Umfeld, oft auch durch falsches Stakeholder-Management verursacht, gibt man sich mit den – meist zu geringen – Projektergebnissen zufrieden, scheut konsequente weitere Fortschritte und verlegt sich stattdessen auf ein „Weiter so!". Umgekehrt kann die Situation aber auch dazu führen, dass die Versäumnisse in der Initialisierungsphase, wie mangelnde Definition und Operationalisierung von Zielen, durch Macht- und Prozesspromotoren erkannt und eingefordert werden, sodass schnell ein zu hoher Umsetzungsdruck entsteht, der dazu führt, dass die Projektziele nicht mehr fachlich ausreichend durchdacht werden, sondern im Hinblick auf ihre Wirkung auf die Stakeholder. Diese Versäumnisse sind in der Institutionalisierung dann kaum noch aufzuholen – falls man die Chance zu einer Weiterführung des Projektes überhaupt bekommt.

2. **Kommunikation:**
   Versäumnisse im Stakeholder-Management während der Initialisierungsphase eines Learning-Management-Projektes haben erhebliche Auswirkungen auf das Projekt. Fehlende Unterstützung durch das Top Management oder mangelnde Bereitschaft von relevanten Projektpartnern an der Teilhabe und Mitarbeit lassen Projekte oft unspektakulär während der eigentlich zur Institutionalisierung geplanten Erfolgsphase „einschlafen". Auch in der Phase der Pilotierung kann dies durch falsche oder nicht vorhandene Roll-out-Konzepte geschehen.

3. **Content:**
   In den frühen Projektphasen sind die Projektteams oft noch mit schwierigen Problemen und Prozessen konfrontiert. In dieser Situation wird viel zu oft versäumt, an die Zeit danach zu denken und sich damit auseinander zu setzen, welche Inhalte die künftige Lernplattform bereitstellen soll. Dies führt oft zu einer falschen – weil zu schnellen – Auswahl der Contents während des Pilotbetriebs. Die kritische Masse interessanter Contents fehlt oft auch deshalb, weil das Projektbudget schon für andere Aufgaben verbraucht wurde, ohne dass ein eigenes Budget für Content definiert oder zurückgelegt worden wäre. Zu Beginn des Roll-Outs sollte eine Plattform ausreichend viele Inhalte für die Zielgruppe bereitstellen. Dies erreicht man nur dadurch, indem man wenige unternehmensspezifische Inhalte mit vielen Standardcontents mischt. Damit ist die Zielgruppe zunächst einige Zeit beschäftigt, sodass für die Phase der Institutionalisierung die für die Mitarbeiter interessanteren, unternehmensspezifischeren und aktuelleren Inhalte beschafft werden könnten. Oft passiert jedoch das genaue Gegenteil dieser Best-Practice-Vorgehensweise.

4. **Ressourcen/Organisation:**
Kritisch in der Anfangsphase ist aus organisatorischer Sicht zunächst – auch längerfristig – das zugesicherte Budget. In der Phase der Pilotierung dagegen wird oft festgestellt, dass die Mittel und Ressourcen für das arbeitsintensive Inhaltemanagement unterschätzt wurden und die Organisation auf diese Aufgabe unzureichend vorbereitet wurde. Es fehlen die redaktionellen Prozesse und das redaktionelle Personal für das Inhaltemanagement, aber es fehlen auch Budgets für die Inhaltebeschaffung. Dies gilt erst recht dann, wenn in der Phase der Institutionalisierung der Betrieb der Plattform und das Tutoring der Teilnehmer für die stark gewachsene Zielgruppe sichergestellt werden muss.

5. **Prozesse:**
„E-Learning ist das E-Business der Personalentwicklung." Hinter diesem Satz steht mehr als nur ein marketingtauglicher Slogan. Er bedeutet vielmehr, dass mit Learning Management informationstechnisch gestützte Prozesse Einzug in das Personalmanagement halten. Doch genau dies ist gerade im Weiterbildungsbereich oft ein fremder Ansatz. Das Ergebnis ist, dass die Prozesse zu Beginn eines Projektes nicht ausreichend definiert sind oder definiert werden können, dass die notwendigen Prozesspartner nicht zur Verfügung stehen oder dass wichtige Entscheidungen nicht getroffen werden, anhand derer ein Engineering der Prozesse möglich gemacht würde. Was in der Anfangsphase oft ein schwieriger Start ist, ist in der Endphase eines Projektes oftmals ein genauso schwieriger Abschluss: die implementierten Prozesse werden nicht von den Prozessbeteiligten angenommen, nicht konsequent umgesetzt oder nicht verstanden. Hier wäre ein sehr durchdachtes Change Management nötig, das jedoch mit Blick auf die Reaktion der eigentlichen Zielgruppe während der Institutionalisierung nicht oder zu spät eingeleitet wird.

6. **Integration:**
E-Learning-Lösungen sind Bestandteil einer personalorientierten Systemumgebung. Entsprechend notwendig ist es, die Lösung in die IT-Landschaft des Unternehmens einzubetten. Oftmals trifft man aber im Unternehmen auf Altlasten, die eine nahtlose Integration in die Systemumgebung erschweren oder verhindern, wie z.B. unterschiedliche Personaldatenbanken. Diese Altlasten führen häufig dazu, dass der Aufwand für die Integration im Vorfeld unterschätzt wurde. Schwierig wird es dann, wenn die Integration von E-Learning aufgrund solcher Altlasten so teuer würde, dass sie gar nicht vorgenommen werden kann oder wenn die Integration so komplex ist, dass sie den im Vorfeld abgeschätzten Zeitrahmen sprengt. Beide Szenarien können den Projekterfolg nachhaltig zunichte machen. Problematisch ist es auch, wenn die Integration in der Initialisierungsphase nicht angegangen wird und dann in der Phase der Pilotierung oder Institutionalisierung nicht vorhanden ist. In diesem Fall führt die mangelnde Integration dazu, dass das System in der gesamten IT-Landschaft des Unternehmens „versteckt" bleibt und die Prozess-Synergien der E-Learning-Lösung nicht ausgenutzt werden können.

7. **Komplexität:**
Ein großer Fehler ist es, für die E-Learning-Lösung von Anfang an eine zu hohe Komplexität der Anwendung zu realisieren. Dies überfordert sowohl die Ressourcen des Projektteams als auch der Zielgruppen und verringert den nachweisbaren Projekterfolg. Doch auch umgekehrt ist eine zu geringe Komplexität für das System in der Institutionalisierungsphase kritisch für den Projekterfolg, denn auch in diesem Fall verringern sich

die Prozess-Synergien und im schlimmsten Fall empfinden die Zielgruppen die angebotene Lösung als zu simpel für ihren Lernbedarf.

8. **Partner:**

Falsche Partner – seien es interne oder externe – können den Projekterfolg ebenfalls gefährden. Nicht eingehaltene Termine, Lieferausfälle, Insolvenzen, problematische Qualität etc. sind Probleme, die zwar in jedem Projekt auftauchen können und auch eingeplant werden müssen, doch die Zusammenarbeit mit falschen Partnern, die abgesehen von solchen „Alltagsproblemen" dauerhafte Krisen in Projekten verursachen, sind (und waren) für das Renommee von E-Learning-Lösungen schädlich.

9. **Kultur:**

Ein Unternehmen, das E-Learning einführen möchte, benötigt eine offene Kultur und ein unternehmensweites Commitment für das Thema Bildung/Weiterbildung. Oft sind jedoch weder die Mitarbeiter noch die Abteilungsleiter und Geschäftsführung für die Philosophie des lebenslangen Lernens offen genug: Lernzeiten am Arbeitsplatz werden interpretiert als „Entspannungsphasen" für Mitarbeiter, die offenbar zu wenig Arbeit haben und Lerninhalte werden falsch ausgesucht, da es keine durchgängige und kontinuierliche Evaluation der Bildungsbedarfe im Unternehmen gibt. Vor der Einführung von E-Learning steht also die wichtige Selbsteinschätzung für Unternehmen, ob sie eine Kultur des Lernens haben, ob sie sich selbst als lernende Organisation verstehen und auch, ob die Mitarbeiter ausreichend affin und aufgeschlossen sind für E-Learning. Ist dies nicht der Fall, so hat dies erheblichen Einfluss darauf, ob und wie das Projekt gestartet, wie es vermarktet und wie es Stakeholdern kommuniziert werden muss.

10. **Erfahrung:**

Problematisch ist es auch, wenn die Unternehmen das Thema quasi „neu erfinden" wollen und ihre Bedürfnisse für so einzigartig halten, das sie von anderen Firmen nichts lernen können. In der Initialisierungsphase ist das Versäumnis, ein Benchmarking bestehender und erfolgreicher Lösungen zu machen, ein Fehler, der im späteren Projektverlauf sehr viel Zeit, Schweiss und Nerven kosten kann. Auch der Wunsch, die als „einzigartig" erkannten Bedürfnisse von einem Learning Management-System exakt so abbilden zu lassen, ohne dass der Kompromiss für bereits bestehende, nahezu deckungsgleiche Lösungen in Betracht gezogen wird, führt letztlich zu einer Aufblähung von Projektbudgets und Projektlaufzeiten, wodurch der Nachweis von Projekterfolgen wesentlich erschwert wird.

4. Kommunikationspolitik Themen und Kanäle: Fallbeispiel der Kommunikationspolitik bei der E-Learning-Einführung in der UBS AG

Fallstudie UBS AG: Kommunikationskanäle & -themen   imc

Nutzergruppe „HR und Ausbildungsspezialisten" (ca. 600 Personen)

Einführung Plattform	Einführung Competence Center E-Learning
E-Learning Newsletter 3 Ausgaben eines periodischen Newsletters zum Thema E-Learning	**Einheitliches Verständnis von E-Learning** Erarbeitung eines einheitlichen Verständnisses von E-Learning innerhalb CCEL
E-Learning Forum Fünf 2h-Informationsveranstaltungen über Mittagszeit in Zürich und Lausanne	**Gemeinsame Vision** Erarbeitung einer gemeinsamen Vision
Test-Link & Probe-E-Kurs Freigabe eines „Test-E-Kurses" und Exploration der neuen Lernplattform STEP	**Kommunikation feste Ansprechpartner** Erarbeitung und Kommunikation eines Consultingkonzeptes
Präsentation Global HR Meeting Sensibilisierung der Verantwortlichen aller HR-Beratungseinheiten im Rahmen einer Präsentation	**Einheitlicher Auftritt/Kommunikation nach außen** durch Bereitstellung von diversen Kommunikationsmitteln: • Standardpräsentation zur Einführung der Plattform und Leistungsspektrum des CCEL • Templates für Schriftdokumente • Dokumentenmappe • Visitenkarten
E-Learning Start-Package Versand eines Ordners mit Material zum Thema E-Learning (FAQ, Glossar, Argumentarium)	

© 2003 imc AG - www.im-c.de

Fallstudie UBS AG: Kommunikationskanäle & -themen   imc

Nutzergruppe Mitarbeiter/Management (ca. 40.000 Personen)

Einführung Plattform	Einführung Competence Center E-Learning
Management-Präsentationen Vorabinformation (top-down) in allen Business Areas durch 12 ca. 15-minütige Präsentationen in Management-Circles	**Broschüre E-Learning** Erstellung einer Broschüre E-Learning
Mitarbeiter-Zeitung Vorabinformation der Mitarbeiter durch Artikel in Mitarbeiter-Zeitung „Our times"	**Label CCEL / E-Learning** Erstellung eines einheitlichen „Bildes" von E-Learning und Implementierung in alle Kommunikationsmittel
Vorabinformation „Guides Tour" ca. 2 Wochen vor „Go-Live" 5-minütige Guided Tour als Vorabinformation für die Einführung via Intranet	**Name der Lernplattform** Definition des Namens der Lernplattform in Abstimmung mit allen Kommunikationsmitteln
Go-Live-Information (2-stufig) Mit Go-Live Aufschaltung einer „STEP aktuell Box" auf dem Intranet mit Hilfsmitteln: • Leaflet „First Login" • Q&A zu STEP • Kurzanleitung STEP	
Ca. 2 Wochen nach Go-Live mit einem gratis „E-Learning-Kurs" zum Aktienbeteiligungsprogramm der UBS (Equity Plus) via Lernplattform STEP	*Alle Kommunikationsmittel wurden in vier Sprachen (deutsch, englisch, französisch, italienisch) erstellt und auch Mitarbeitern an internationalen Standorten zugänglich gemacht.*

© 2003 imc AG - www.im-c.de

5. Welche (weiteren) Maßnahmen zur Gestaltung eines Commitments haben sich bei Corporate E-Learning bewährt?

Aus den vorgenannten Thesen für ein erfolgreiches Stakeholder-, Projekt- und Change-Management ergeben sich einige Best-Practice-Modelle, wie in komplexen Learning-Management-Einführungsprojekten ein gemeinsames Commitment aller relevanten Stakeholder hergestellt werden kann:

1. **Abstimmung der Stakeholder-Management-Strategie auf Entscheidungsebene:** Auf der Entscheidungsebene muss früh eine Strategie formuliert werden, in welcher Phase welche Stakeholder wie angesprochen werden. Eine Stakeholder-Management-Strategie ergibt sich dabei aus den Phasen und Meilensteinen des im Vorfeld zu erstellenden Projektplans. Aus diesem Projektplan lässt sich auch der zeitliche Ablauf ableiten, welche Stakeholder in welcher Phase entscheidungsrelevant oder erfolgskritisch sind. Diese Ergebnisse sollten auch als Meilensteine und Aufgaben im Projektplan festgehalten werden.

2. **Erstellung eines Stakeholder-Einflussdiagramms:** Ein solches Einflussdiagramm hat vor allem das Ziel, die Querverbindungen und Abhängigkeiten (oder Konkurrenzverhältnisse) zwischen den Stakeholdern zu erkennen. Daraus lassen sich für das Projekt produktiv die Chancen und Risiken für das Projekt auf Basis des Projektplans ableiten (projektplanbezogene/meilensteinbezogene Stakeholder-Analyse).

3. Das Stakeholder-Einflussdiagramm sowie der Projektplan/Zeitplan ergibt ein genaues Bild von den **zeitlichen Abläufen** sowie der optimalen **Kommunikationskanäle** für die unterschiedlichen Gruppen der Stakeholder (Macht-, Prozess-, Fachpromotoren).

4. **Meilensteinbezogene Kick-Off-Meetings und Steering Commitees** sorgen nicht nur für die Klärung der Ansprüche der relevanten Stakeholder, sondern ermöglichen auch eine genaue und schrittweise Verfeinerung und Abstimmung der (zu operationalisierenden) Projektziele. Zugleich bietet dieses Vorgehen eine erhebliche Sicherheit für den Projektverlauf, da die Absprachen dokumentiert werden können und die Ansprechpartner auf die einmal (verbindlich) abgestimmten Projektziele verpflichtet werden können. Die Kontaktaufnahme sollte jedoch bereits vor Beginn der offiziellen Projektphase inoffiziell erfolgen, um Einflüsse einzelner Stakeholder auf das Projekt abschätzen zu können.

Der **gravierendste Fehler im Stakeholder-Management sowie im Projektmanagement überhaupt ist jedoch das Versäumnis, die abstrakten und gerade im Personalbereich eher „weichen" Projektziele in Abstimmung mit den Stakeholdern und Entscheidern nicht ausreichend zu operationalisieren.** Nur die Operationalisierung ermöglicht es der Projektleitung, jederzeit über den Erfolg und Fortschritt des E-Learning-Projektes sachlich nachvollziehbare Aussagen zu treffen. Nach dem Motto: „You can't manage what you can't measure" müssen die operativen Projektziele quantitativ und qualitativ messbar sein, damit der Nachweis geführt werden kann, dass das Projekt für Unternehmen echte Vorteile erarbeitet.

Daneben gibt es eine ganze Palette einzelner, kleinerer Fehler im Projekt- und Stakeholder-Management, wie z.B.:

- Zu früh zu viele Stakeholder.

- Zu spät die wichtigen Stakeholder.

- Zu häufige/zu seltene Kontaktaufnahme mit den Stakeholdern.

- Nicht erkennen, wer die wirklich wichtigen Stakeholder sind.

- „Entscheider", „Promotoren" und „Verhinderer" nicht unterscheiden.

- Nachgeordnete Stakeholder unterschätzen (Risiko für erfolgreiches Change Management).

- Veränderungen in der Haltung oder in den Zielen der/einiger Stakeholder im Verlauf des Projektes nicht oder zu spät erkennen.

- Risiken durch veränderte Rahmenbedingungen paralleler Projekte unterschätzen bzw. nicht erkennen (Termine, Auswirkungen auf Strategien, etc.).

- Projektziele und -aufgaben in einer für die Stakeholder nicht angemessenen und akzeptablen Form operationalisieren.

- Die Ziele der Stakeholder müssen – um den Interessensausgleich bei größeren Interessenskonflikten überhaupt zu ermöglichen – auf die kompromissfähigen Kernziele und Kernaufgaben abstrahiert werden.

- Vorhergegangene, vergleichbare Projekte, ihre Fehler und Gründe für das Scheitern nicht überprüfen. Eine Fehleranalyse ist nicht nur aus fachlichen Gründen, sondern auch aus politischen Gründen notwendig. Beispiel: „Wer ist der wichtigste Stakeholder, der diesen Fehler im Vorgängerprojekt hätte verhindern können?"

Andrea Back

Der rechte Umgang mit Stakeholdern

Die Autorin

Andrea Back. Prof. Dr.; Institut für Wirtschaftsinformatik (IWI) der Universität St. Gallen. Studierte 1979 bis 1984 Betriebswirtschaftslehre an der Universität Erlangen-Nürnberg. 1988 Promotion und 1993 Habilitation an der Universität Erlangen-Nürnberg. Seit 1994 Lehrstuhlinhaberin am Institut für Wirtschaftsinformatik der Universität St. Gallen. 1997 Gründung des Forschungsbereichs Learning Center.

1. Vorbemerkung – Sicht als Vertreterin der Wissenschaft

Das Thema „Umgang mit Stakeholdern" ist ein wichtiger Erfolgsfaktor für die Nachhaltigkeit von E-Learning-Initiativen in Unternehmen. Die Lernenden als Stakeholder sind mit wissenschaftlichen Studien zur Akzeptanz von E-Learning-Massnahmen gut abgedeckt. Hinsichtlich der weiteren Stakeholder bestehen jedoch noch Forschungslücken; es wäre eine eigene Studie wert, den Stand der Forschung zum Thema „Stakeholder-Akzeptanz und -Einfluss" zusammenzutragen. Dieser Beitrag beinhaltet weder eine solche Überblicksstudie noch das Ergebnis eines derartigen einzelnen, eigenen Forschungsprojekts. Er liefert vielmehr aus der Sicht „Umgang mit Stakeholdern" Empfehlungen für Vorgehensweisen ebenso wie Anregungen für Forschungsprojekte zum Change Management im Rahmen von E-Learning-Initiativen. Diese sind in einen konzeptionellen Rahmen eingebettet, das Business-Engineering-Modell für Corporate E-Learning, von dem hier der Aspekt „Managements der Veränderung" im Mittelpunkt steht.

2. Wer sind die zentralen Stakeholder im Corporate E-Learning, was sind ihre Ansprüche und wie können diese ermittelt werden?

Wie Abbildung 1 zeigt, sind zahlreiche Stakeholder zu berücksichtigen. Neben den Lernenden selbst zählen dazu: Die Vorgesetzten im Geschäftsbereich, der die Lerndienstleistungen finanziert; die Mitarbeiter im Arbeitsumfeld oder die Kunden, auf die das Gelernte angewendet werden soll; die in den bisherigen Seminaren traditionell tätigen Ausbilder; der Protagonist der E-Learning-Initiative; weitere Verantwortliche im traditionellen Ausbildungsprozess, z.B. aus der Personalentwicklung; externe oder interne Organisationsentwickler; externe E-Learning-Consultants; technische Umsetzer von E-Learning-Systemen u.a. Vertreter der IT-Abteilung; Organisationseinheiten im Konzern, die in anderen Ländern mit den gleichen Problemstellungen befasst sind und natürlich auch das Top-Management.

Der Erfolg von E-Learning-Initiativen hängt davon ab, dass auf zwei Ebenen ein Beitrag zu verzeichnen ist: Ein Wertbeitrag sowohl für den Unternehmenserfolg als auch für den persönlichen Erfolg. Während es in der Praxis von E-Learning-Projekten schon schwierig genug erscheint, die Geschäftstreiber für E-Learning-Initiativen präzise zu benennen, ist es noch herausfordernder, die Treiber zu identifizieren und zu berücksichtigen, welche die einzelnen Personen, ausgehend von deren persönlichen Bedürfnissen, zu Mitstreitern für E-Learning machen.

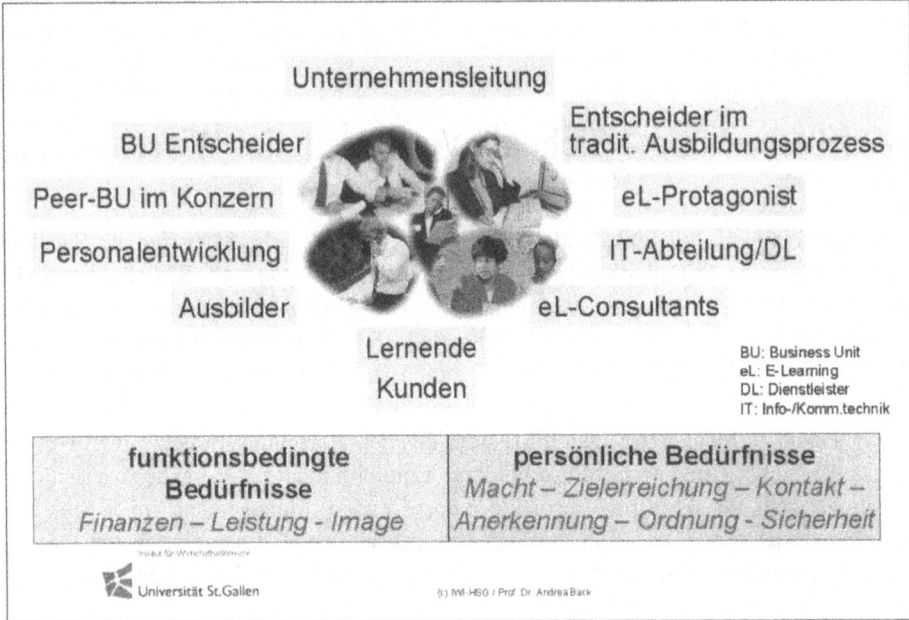

Abbildung 1: Stakeholder und ihre Bedürfnisse

In der Praxis stehen viele dem Veränderungsprozess hin zu E-Learning abwartend gegenüber. Als E-Learning-Initiant steht man vor der Herausforderung, wichtige Stakeholder für die Vorteile der E-Learning-Vorhaben zu interessieren und zu gewinnen. Folgende Überlegungen mögen helfen, Nutzenaspekte für verschiedene Stakeholder aufzuzeigen und zu gestalten, die deren Bedürfnissen entgegenkommen. Dies bezieht sich auf die oben angesprochene Ebene des „persönlichen Erfolgs".

Man unterscheidet funktionsbedingte Bedürfnisse, die sich aus unternehmerischen Zielsetzungen und Anforderungen ableiten, und persönliche Bedürfnisse, die bewusst oder unbewusst das Verhalten von Menschen beeinflussen (in Anlehnung an Achieve Global (Hrsg.): Erfolgreich Präsentieren. SSP – Vorstudium. Bern, 2001, S. 49 und S. 53). Kategorien von funktionsbedingten Bedürfnissen sind: Finanzen (z.B. Erlössteigerung oder Kostensenkung), Leistung (z.B. Qualitätsverbesserungen) und Image (z.B. Vertrauen erhöhen). Kategorien von persönlichen Bedürfnissen sind Macht (z.B. der Wunsch, über andere Kontrolle auszuüben), Zielerreichung (z.B. der Wunsch, bestimmte Leistungen zu erzielen), Anerkennung (z.B. der Wunsch, von anderen respektiert oder gelobt zu werden), Kontakt (z.B. der Wunsch, in einem Team zu arbeiten), Ordnung (z.B. der Wunsch, systematisch nach einer bestimmten Methode vorzugehen) und Sicherheit (z.B. der Wunsch, Risiken zu minimieren).

3. Was sind die zentralen Erfolgsfaktoren eines Change Managements im Kontext des Corporate E-Learnings?

3.1 Change Management im Referenzmodell E-Learning

Die unternehmensstrategische Ausrichtung von E-Learning setzt ein managementorientiertes, nicht ein technisch-methodisches Verständnis von E-Learning voraus. Dieses umfassende Verständnis kommt im E-Learning-Referenzmodell der Abbildung 2 zum Ausdruck (detaillierter in Back, A.; Bendel, O.; Stoller-Schai, D.: E-Learning im Unternehmen, Zürich, 2001, S. 23). Es ist eine spezielle Ausprägung des am Institut für Wirtschaftsinformatik, IWI-HSG, entwickelten St. Galler Business-Engineering-Modells. Es dient damit als Modell und Managementansatz, um die Aspekte und Gestaltungsebenen der Veränderung von Bildungsprozessen in Unternehmen zu beschreiben, die mit neuen Medien möglich sind. Im Kern stehen die drei Ebenen Strategie, Prozess und System sowie die senkrecht dazu angeordnete Säule Management der Veränderung.

Abbildung 2: Referenzmodell E-Learning

Die Säule Management der Veränderung verläuft senkrecht zu den drei Ebenen Strategie, Prozess und System. Die Management-Säule unterscheidet in einen politisch-kulturellen Bereich, in dem es z.B. um Anspruchsgruppen-Interessen geht. Hier sind Methoden des Change Managements gefordert. Z.B. zählen die Unternehmenskommunikation einer E-Learning-Strategie und Anreizsysteme zu diesem Methodenkomplex. Der andere Management-

Bereich beinhaltet Fragen zur Gestaltung der Projektabwicklung sowie der Führungsinstrumente und Evaluation ebenso wie der aufbau- und ablauforganisatorischen Gestaltung. Z.B. gehört ein Scorecard-Ansatz zur Messung des Return-on-Education (ROE) in den Bereich „Führungsgrößen auf strategischer Ebene", während Verfahren zur Messung des Return-on-Investment (ROI) einzelner E-Learning-Maßnahmen und -Projekte auf der Prozessebene darunter anzusiedeln sind.

3.2   Erfahrungswissen und Erfahrungslücken im Change Management

Im Mittelpunkt der folgenden Ausführungen steht, welchen Aspekten im Bereich von Change Management in der aktuellen Forschung besondere Beachtung geschenkt werden soll, um Beiträge für die Adaption von E-Learning in der Unternehmenspraxis liefern zu können (vgl. Abbildung 3).

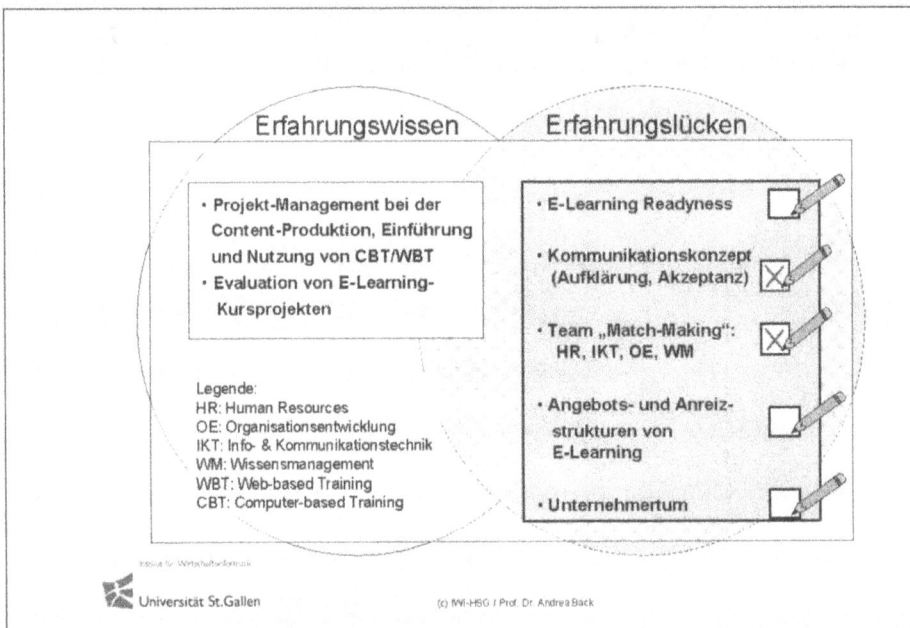

Abbildung 3: Aspekte zum Management der Veränderung

Soweit es Kursprojekte zur Implementierung von E-Learning betrifft, gibt es langjährige Erfahrungen zu Projektmanagement und Arbeitsteilung bei der Entwicklung von Inhalten ebenso wie zur Einführung und Nutzung von CBTs (Computer-based Training) und WBTs (Web-based Training). Auch die Evaluation von E-Learning-Kursprojekten, sowohl von einzelnen CBTs und WBTs als auch von Lernplattform-basierten Lernangeboten gehört zum verbreiteten Erfahrungswissen.

Zu den neuen Herausforderungen zählen:

- Analyseinstrumente für die E-Learning-Readyness im Unternehmen, insb. hinsichtlich der Lernkultur;

- Kommunikationskonzepte;

- Überbrückung von Gräben und Berührungsängsten zwischen den Beteiligten aus Human Resources, Organisationsentwicklung, Wissensmanagement und IT;

- Gestaltungsoptionen der Angebots- und Anreizstrukturen von Lernangeboten;

- eine unternehmerische Sicht, die Erlöspotenziale von eigenen E-Learning-Produkten entwickelt und diese nicht allein als Kostenfaktor begreift.

Von diesen Aspekten wird das „Team-Match-Making" in Verbindung mit dem Aspekt „Kommunikation" für eine nähere Betrachtung herausgegriffen.

3.3   Team-Match-Making und Kommunikation

Der Begriff „Team-Match-Making" ist aus dem Eindruck entstanden, dass in vielen Unternehmen E-Learning nach dem Prinzip „Management-by-Mushroom" betrieben wird. Einzelne, vielfach parallele Initiativen schiessen im Konzern wie Pilze aus dem Boden. Oft bestehen zwischen diesen Initiativen in den Bereichen Human Resources, IT, E-Business, Wissensmanagement oder direkt im Geschäftsbereich Marketing nicht nur Parallelitäten, sondern auch Berührungsängste und Rivalitäten. Wenn nicht ein systematischer Austausch bzw. eine zentrale Koordination dieser Initiativen gelingt, werden aus den unterschiedlichen Interessenlagen konkurrierende Interessenlager. Um E-Learning von einzelnen Kursprojekten zur stabilen Verankerung im Unternehmen zu führen, sind Annäherung und Austausch und die sich daraus ergebende Koordination unter diesen Bereichen notwendig. Als Ausgangspunkt und Inhalt für eine Annäherung dieser Interessenlagen bietet sich die in Abbildung 4 skizzierte Strategieintegration an.

Der wichtigste Anschlusspunkt einer E-Learning-Strategie ist die Unternehmensstrategie. Sucht man in der Praxis nach schriftlichen Formulierungen einer E-Learning-Strategie bzw. -Vision, stößt man vielfach auf Formulierungen, die besagen, dass Wissen und Kompetenzen der Mitarbeiter ein wichtiger Wettbewerbsfaktor sind und E-Learning mit seinen verschiedenen Gestaltungsmöglichkeiten geeignet ist, den Wissensstand und die Kompetenzen der Mitarbeiter schnell und effektiv auszubauen. Diese Formulierungen beziehen sich zunächst nur auf den Geschäftsprozess Lernen- und Wissensentwicklung selbst und mögen in vielen Fällen das „Abteilungsdenken" von Personalentwicklung und Training spiegeln, anstatt die Anschlusspunkte von Lernen- und Wissensentwicklung an Geschäftsziele der Unternehmensstrategie in weiterer Konkretisierung unmittelbar zu betonen. Dieser „Umdenkprozess" kann nur stattfinden, wenn er auf der Zusammenarbeit und dem gegenseitigen Verständnis von Human Resources (HR)/Training- und Geschäftsbereichen aufbauen kann. Beispiele für in dieser Art konkretisierte Formulierungen sind, etwa bei einem Hörgerätehersteller: E-Learning (insb. Live-E-Collaboration mit Hörgeräteakustikern) ermöglicht qualifiziertere Kundenberatung am Point-of-Sales und führt damit zu Umsatzsteigerungen. Bei einem Telekom-Unternehmen: E-Learning ist unabdingbar, um die Verkäufer schnell zu den laufend neuen Produkten und Dienstleistungen zu schulen; eine Umsatzsteigerung ergibt sich dadurch, dass Vertriebsmitarbeiter am besten verkaufen, was sie selbst sicher kennen und was dem Kunden gut vermittelt werden kann.

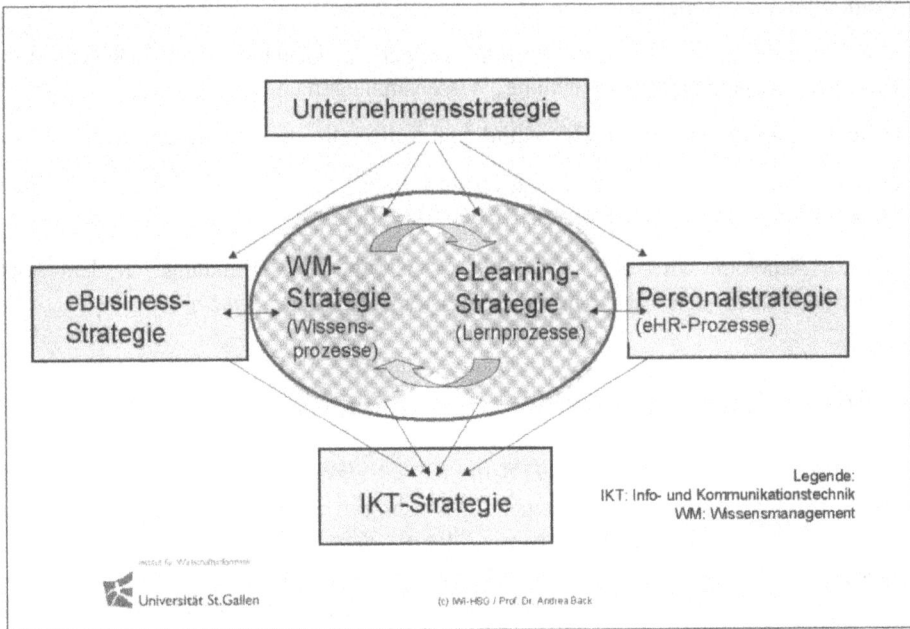

Abbildung 4: Strategieintegration

Als Instrument zur Überbrückung von Abteilungsgrenzen eignet sich eine unternehmensinterne Praxisgemeinschaft (Community of Practice) bzw., spezieller, die Form der strukturierten Wissensvernetzung über Knowlege Networks. Z.B. können die folgenden Themen ihre Integrationsbeziehungen entwickeln: Blended Learning (getragen vom Training-Bereich bzw. Corporate University), Skill Management (meist betrieben von der Personalentwicklung oder den betreffenden Geschäftsbereichen), eHR (Human-Resources- und IT-Bereich) sowie Mitarbeiterportale (IT-Bereich).

4. Welche Kanäle bieten sich für eine Kommunikationspolitik an und welche Themen sollten in diesen Kanälen aufgegriffen werden?

Am vorausgehenden Abschnitt anknüpfend soll hinsichtlich der Frage „Kanäle und Themen einer Kommunikationspolitik" der Schwerpunkt auf der Kommunikation der E-Learning-Unternehmensstrategie liegen.

Die Balanced Scorecard (BSC) ist ein Instrument, um die betreffende Vision und Strategie verständlich und konkret zu machen, und nicht nur um zu messen und zu kontrollieren. Die Scorecard heisst „balanced", da man sich nicht nur auf finanzielle Messgrössen beschränkt, die nicht alle Quellen von Wettbewerbsvorteilen abzudecken und auszudrücken vermögen. Wie Abbildung 5 detaillierter darstellt, enthält sie insgesamt vier Perspektiven, die sich gegenseitig beeinflussen und schliesslich auf das Oberziel „Finanzerfolg" hinwirken. Führungskräfte und E-Learning-Initiatoren werden durch die BSC-Darstellung gezwungen, explizit zu machen, von welchen Zusammenhängen sie ausgehen.

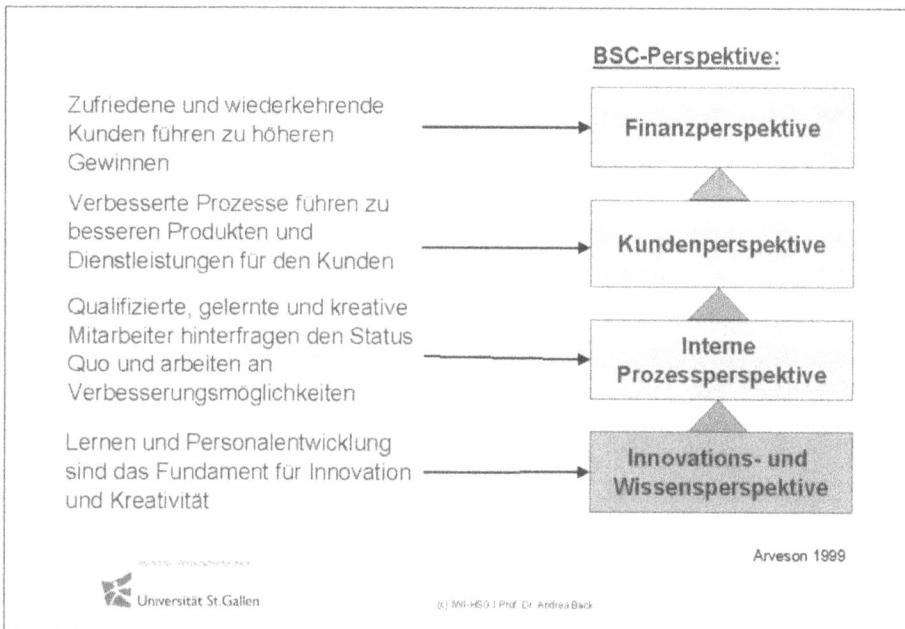

Abbildung 5: Perspektiven und Wirkungsketten in der Balanced Scorecard (BSC)

E-Learning muss als Teilstrategie der Gesamtstrategie des Unternehmens zuarbeiten. E-Learning-Initiativen sollten explizieren können, wie sie auf die drei Perspektiven wirken und wie diese Effekte in Nutzenketten bis hin auf den Finanzerfolg wirken. Dies drückte Tom Kelly, E-Learning-Verantwortlicher bei CISCO, wie folgt gut aus: "The real measures of success here at Cisco do not involve training issues: 'Do our people learn better?' They involve business issues: 'Is Cisco performing better?' ".

Das Beispiel in Abbildung 6 illustriert anhand weniger Effekte, wie eine Wirkungskette für E-Learning-basierte Produktschulungen im Verkauf, z.B. eines Software- oder Telecom-Unternehmens, aussehen könnte. Ausgangspunkt ist die Vorstellung, dass sich Vertriebsmitarbeiter durch E-Learning-Lösungen Just-in-time (JIT) aktuelles Produktwissen aneignen können. D.h., es wird Ihnen ermöglicht, mitten im Arbeitsprozess und zeitnah zur Anwendung des Wissens zu lernen. Dadurch kann das Gelernte ohne Zeitverzug angewandt werden und diese direkte Erfahrung erhöht den Lerneffekt und vermindert das Vergessen. Schnelle Reaktionszeit bedeutet auch schnelle Reaktion auf Neuerungen: Wenn es neue Produktinformationen gibt, können diese rein logistisch gesehen schnell an die relevanten Adressaten vermittelt werden. Aus Kundensicht entsteht Nutzen, da ihnen kompetente Ansprechpartner zur Verfügung stehen, die sich durch kurze, mobil zugängliche JIT-Module auch noch mühe-los kundenindividuell vorbereiten konnten. Beides dürfte dazu führen, dass auch der Kun-denprozess zum Nutzen beider Seiten durchgängiger abgewickelt werden kann, weil sich weniger Rückfragen wegen Informations- und Wissenslücken ergeben.

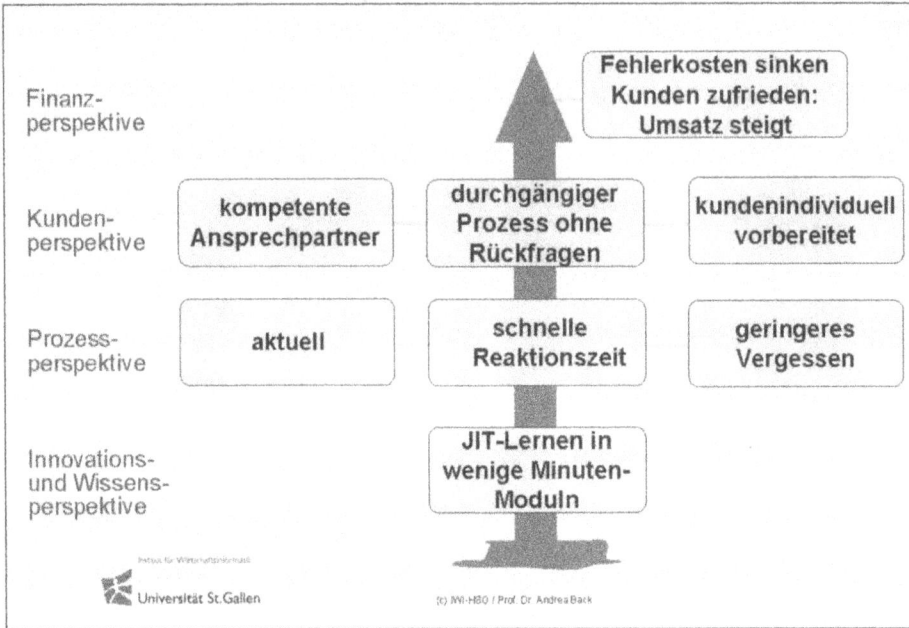

Abbildung 6: Wirkungskette Produktschulung im Verkauf

Mit dem BSC-Ansatz kann man die E-Learning-Strategieintegration anpacken, partizipativ arbeiten und damit integrierend wirken. Wenn ein Team aus unterschiedlichen Funktionsbe-reichen daran arbeitet, eine BSC für das Unternehmen zu entwickeln, ist das ein wichtiger Prozess, um im Unternehmen ein gemeinsames Verständnis der Ziele zu entwickeln, auszu-handeln und dann auf diese Ziele koordiniert hinzuarbeiten. Dieser Prozess als solcher ist ein wichtiger Kommunikationsprozess und ein bedeutsames Resultat, nicht nur das Ergebnis in Form der individuell ausgestalteten Scorecard.

Die BSC ist jedoch nicht nur geeignet, die E-Learning-Strategie bzw. -Ziele explizit zu ma-chen und damit zu kommunizieren. Mit dem BSC-Ansatz kann ebenso eine Grundlage für Entscheider über E-Learning-Initiativen erarbeitet werden.

5. Welche weiteren Massnahmen zur Gestaltung eines Commitments haben sich bei Corporate E-Learning bewährt?

Die Basis für ein fundiertes Commitment zu „Lernen und Wissensentwicklung" in Verbindung mit E-Learning bildet ein besonderes Verständnis der Lern- und Wissensprozesse im Unternehmen und die Zuweisung einer speziellen Verantwortlichkeit in der Form eines Bildungsmanagers, auch Chief Learning/Knowledge Officer genannt. Abbildung 7 veranschaulicht, dass Bildungsprozess-Reengineering eine höhere Stufe der Innovationsreichweite darstellt als die Umsetzung von einzelnen E-Learning Kursprojekten.

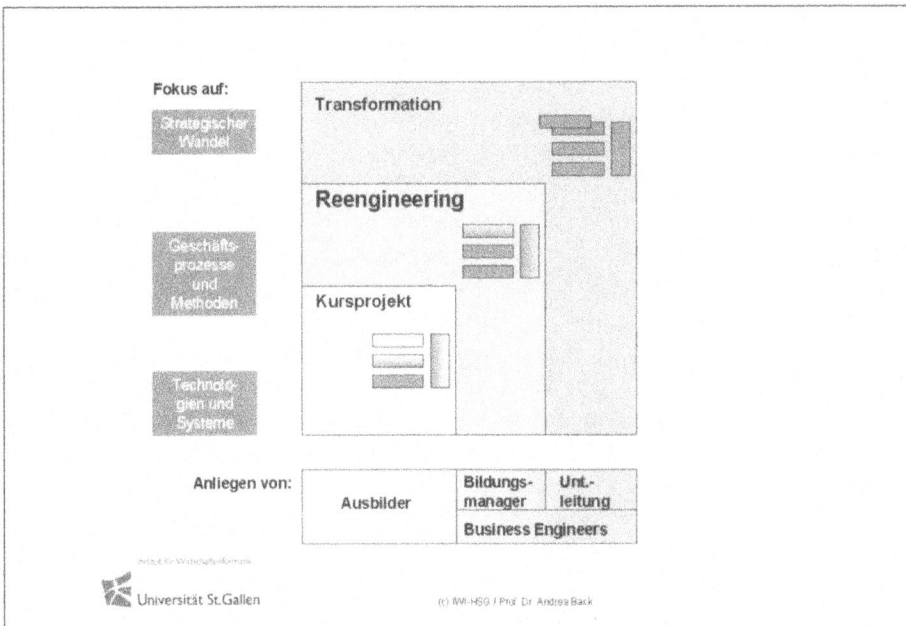

Abbildung 7: Innovationsreichweite von E-Learning

Die Vorgänge, wie im Unternehmen Wissen entwickelt und wie gelernt wird, kann man als Geschäftsprozesse begreifen, die ebenso Gestaltungsobjekt des Business Engineering werden können wie Geschäftsabläufe in der Lieferkette (Supply-Chain-Managment) und der Kundenbeziehung (Customer-Relationship-Management). Der Prozess „Lernen und Wissensentwicklung" war in der Ära „Geschäftsprozessoptimierung bzw. Re-Engineering" bislang weitgehend ein Stiefkind. Der HR-Bereich erlebt jetzt verstärkt den Wandel von administrierenden hin zu zunehmend wertschöpfenden Leistungen, d.h. HR wird vom Dienstleister zum Businesspartner. Als Indiz dafür, dass eine auf neuen Informations- und Kommunikationstechnik (IKT)-Möglichkeiten basierende Reengineering-Welle auf die bislang wenig berührten Bereiche Human Resources und Personalentwicklung & Training zukommt, stehen noch junge Begriffe wie „eHR", „Employee Relationship Management" und „B2E (Business-to-Employee)-Portale" (vgl. z.B. Themenheft „E-Human Resources" der Fachzeitschrift für Information Management & Consulting, Nr. 1/2002 und eHR – Strategic Upgrade als ein Themenschwerpunkt auf der Learntec in Karlsruhe, 2002). Wenn sich dieses Verständnis in den Köpfen ausbreitet und in die gelebte Praxis einfliesst, wird E-Learning von der Stufe einzelner Projekte ausgehend, die mit einzelnen IKT-Werkzeugen umzusetzen sind, die nächste Stufe von E-Learning im Unternehmen erreichen: „E-Learning" im engeren Sinn wird dabei in der Neugestaltung des Geschäftsprozesses „Lernen und Wissensentwicklung" aufgehen und damit als Begriff vermutlich auch obsolet werden.

Im einzelnen erläutert, repräsentiert die Stufe „Kursprojekt" den vielfach verbreiteten Umsetzungsstand von E-Learning. Man reichert einzelne Kurse mit E-Elementen an, ohne dass sich die umgebenden Bildungsprozesse, die organisatorischen Strukturen oder die Lernkultur merklich verändern. Auf dieser Innovationsstufe ist E-Learning meist ein Anliegen von Ausbildungsverantwortlichen und/oder Vertretern von IT- und E-Business-Abteilungen, die um Unterstützung und Anerkennung bei den „Entscheidern" in den Geschäftsbereichen und der Unternehmensleitung ringen.

Die Stufe „Reengineering" ist erreicht, wenn E-Learning darüber hinaus zum Auslöser und Instrument von organisatorischem Wandel wird. Die Entwicklung hin zum so genannten „Workplace Learning" mit dem Just-in-time-Lernen im Arbeitsprozess ist ein Beispiel für ein Reengineering des Prozesses „Lernen und Wissensentwicklung" im Unternehmen. Dieses Beispiel veranschaulicht nicht nur die Andersartigkeit in Struktur und Ablauf von betrieblichen Lernprozessen durch sich mit E-Learning bietenden neuen Möglichkeiten. Es zeigt auch, dass die E-Learning-Unterstützung der Mitarbeitenden dort fachlich und zeitlich unmittelbar mit den Anforderungen der Geschäftsprozesse verzahnt ist. Auf dieser zweiten Stufe bildet sich eine neue Lernkultur heraus, E-Learning durchdringt Geschäftsprozesse und kommt dadurch zu einer festen Verankerung im Unternehmen. Diese Innovationsstufe von E-Learning machen sich Bildungsmanager zum Anliegen, die an einer engen Verbindung des Lernens und der Wissensentwicklung mit den unternehmensstrategischen Zielen arbeiten. Aus dieser Sicht würde man beispielsweise formulieren: „E-Learning wird konzipiert und eingesetzt, um unser Unternehmen auf eine stärkere Kunden- und Prozessorientierung hin zu entwickeln".

E-Learning bewegt sich auf der Innovationsstufe „Transformation", wie man erkennt, wenn man nur folgende beiden Aspekte in Betracht zieht: Es eröffnet neue Geschäftsmöglichkeiten, wenn z.B. ein Telekommunikationsunternehmen seinen „E-Learning-Content", wie eigenentwickelte Produktschulungen, an Partner und Kunden verkauft und dafür elektronische Marktmodelle entwickelt. Zudem steht die Bildungsindustrie – getrieben von den IKT-Fortschritten – am Anfang eines massiven Umbaus, der von der Industrialisierung ihrer Produktions- und Vertriebsprozesse ausgelöst wird. Hier steht der Begriff E-Learning sozusagen für alle Aspekte von E-Business im Learning-Bereich.

Sabine Erkens

Der rechte Umgang mit Stakeholdern – Versuch eines Praxisberichtes bei der Einführung von E-Learning-Elementen in ein Unternehmen wie der VICTORIA

Die Autorin

Sabine Erkens. Dr.; VICTORIA Versicherung AG, Düsseldorf. Bis 1982 Diplomlehrer-Studium für Deutsch und Geschichte. Anschließend Lehrtätigkeit an Schule (1982–1984), Hochschule (1984–1991) und in der beruflichen Weiterbildung (seit 1991). 1987 Promotion an der PH Leipzig in den Methodiken des Muttersprachunterrichts. Seit 1991 bei der Victoria Versicherung tätig. Entwicklung von Seminarkonzeptionen, seit 1994 mit dem elektronischen Lernen verbunden. TeleCoach der Wirtschaft (2001), Mitglied im eLearning-Expertenkreis der Deutschen Versicherungsakademie.

1. Wer sind die zentralen Stakeholder im Corporate E-Learning, was sind ihre Ansprüche und wie können diese ermittelt werden?

1.1 Wer sind die Stakeholder?

Der Einsatz von E-Learning in Unternehmen entwickelt sich zur Zeit zu einem Glaubenssatz:

Glauben wir daran, dass E-Learning auf Dauer Vorteile bringt? Daher sollte es mindestens zwei Personen in einem Unternehmen geben, die das mit gutem Gewissen bejahen können:

- Ein Vorstand, der E-Learning einführen will.
- Ein Mitarbeiter der Personal- oder Bildungsabteilung, der es kann und weiß wie es geht und der mit viel Idealismus, Durchhaltevermögen und Kraft darangeht, die Prozesse zur Realisierung zu bringen/anzustoßen.

Diese beiden Personen schaffen die Voraussetzungen dafür, die weiteren Stakeholder ins Spiel einzuladen.

Die Nutzer bilden eine buntgemischte Gruppe der Stakeholder. Sie setzen sich in unserem Unternehmen aus folgenden Zielgruppen zusammen:

- Erstauszubildende.
- Teilnehmer an Weiterbildungsprogrammen.
- Teilnehmer an Entwicklungsprogrammen (auch für Führungskräfte).
- Agenturpartner, die bestimmte neue Informationen zu Produkten etc. benötigen.
- Individuallerner, die in keinem dieser Programme stecken, aber dennoch Bildungsbedarf haben.

Überschneidungen der Teilnehmer der einzelnen Zielgruppen sind dabei möglich.

Darüberhinaus gibt es immer eine Reihe von Stakeholdern, die in dem Spiel mitreden, bei der VICTORIA:

- Der Betriebsrat.
- Führungskräfte aller Ebenen.
- Personalentwickler und Trainer.
- Der externe IT-Bereich.
- Die Marketingabteilung.

1.2   Wie können die unterschiedlichen Ansprüche ermittelt werden?

In der VICTORIA gilt das Wort der Altvorderen. „Geh in die Welt und sprich mit jedem!"
ist eine Aufforderung, die seit vielen Jahren Programm ist, auch bei der Integration neuer
Lernmethoden.

Soll heißen: Jeder der Stakeholder ist vor, während und nach der Einführung von Bildungsmaßnahmen mit E-Learning-Elementen gefragt. Dieser Prozess kann sehr aufwändig sein,
wenn man alle Nutzergruppen einzeln angeht.

Daher macht es Sinn, zunächst strategische Vereinbarungen zu treffen und im Anschluss
daran die einzelnen Personalentwicklungsmaßnahmen genauer anzusehen.

Geeignet für die erste Bedarfsanalyse waren Findungsworkshops, bei denen klare Anforderungen definiert werden. Im Verlauf der Maßnahmen haben sich bei uns Fragebögen und
Gesprächsrunden bewährt, um die Stimmungen wahrzunehmen und Ergebnisse zu finden.

1.3   Welche unterschiedlichen Ansprüche haben die Stakeholder?

Die *Nutzer* setzen sich nicht nur aus unterschiedlichen Zielgruppen, sondern aus ganz vielen
verschiedenen Persönlichkeiten zusammen, die gegenüber dem Lernen an sich bereits sehr
unterschiedliche Ansichten vertreten. Das ist durchaus normal.

Daher sei die Frage gestellt, wer überhaupt Spaß daran haben könnte, mit E-Learning zu
lernen. Die folgende Tabelle ist der Versuch einer Antwort, die sich aus Beobachtungen
ergibt.

Wer hat Spaß am E-Learning?	*Warum?*
Leute mit Spaß an der neuen Technik.	Wollen Neues ausprobieren.
Leute mit hoher Eigenmotivation zu lernen.	Wollen sich weiterbilden, mehr wissen über ein bestimmtes Thema.
Leute mit eigenem Bildungsziel.	Wollen einen Abschluss schaffen (Fachwirt).
Leute, die trotz viel Reisetätigkeit lernen wollen/müssen.	CBT/WBT, Online-Seminare sind räumlich flexibel unter bestimmten Voraussetzungen.
Leute, die diese E-Learning-Möglichkeiten kennen und schätzen gelernt haben.	Wissen, dass man so lernen kann.
Leute, die sich in einer Gruppe nicht als Nichtwisser outen wollen.	Individuelles/anonymes Lernen ist hier möglich.
Leute, die aus Kostengründen nicht mehr auf Printmedien zurückgreifen können.	Mangel an besseren Alternativen.
Leute, die kein Seminar zum Thema angeboten bekommen und nach Alternativen suchen.	Mangel an besseren Alternativen.

Diese Nutzer werden sicher ohne große Probleme mit den E-Learning-Angeboten einer Firma klarkommen.

Sicher entspricht ihre Anzahl nicht der Mitarbeiteranzahl eines Unternehmens. Daher ist E-Learning wie alle anderen Bildungsmaßnahmen kein Selbstläufer.

Beispiel:
Eine firmeninterne vergleichende Evaluation zwischen zwei Gruppen von Auszubildenden des ersten Lehrjahres ergab, dass ein und dieselben Lernprogramme, Fallbeispiele und Testfragen zur systematischen Softwareausbildung mit je einem Punkt Differenz von beiden Gruppen unterschiedlich bewertet wurden. Da es genau dieselben Evaluationselemente waren, kann die unterschiedliche Einschätzung nur an der Sichtweise der Nutzer liegen.

Daraus ergibt sich in diesem Kontext die Frage, wie detailliert man bei der Anspruchsanalyse vorgehen sollte, wenn es zum Beispiel um die Auswahl von Lernprogrammen für Office-Produkte geht, die firmenweit eingesetzt werden.

Beispiel:
In unserem Führungskräfteentwicklungsprogramm wird der Themenkomplex Betriebswirtschaft in einem Blended-Learning-Konzept realisiert. Nach Abschluss des Themenkomplexes wurden die Teilnehmer der ersten Gruppe nach ihrer Meinung befragt. 50 % der Teilnehmer sagten, dass sie lieber Präsenzseminare haben würden. Die anderen waren wegen der Flexibilität der Zeiteinteilung und der heterogenen Gruppe für das individuelle Lernen mit dem WBT eingenommen.

Zurück zur Präsenz, weil die Stakeholder/Nutzer es so angenehmer finden?

Der **Betriebsrat** vertritt die Interessen der Nutzer und achtet auf die Einhaltung aller Vereinbarungen und Gesetze. Daher ist es wichtig, ihn von Anfang an mitspielen zu lassen. Seine Ansprüche sind unter anderem:

- Auch mit E-Learning soll der Mitarbeiter dieselben Rechte haben wie in Präsenzmaßnahmen.

- Die neue Form des Lernens soll dem Nutzer keine Nachteile bringen.

- Die neue Form soll dem Nutzer Chancen bieten.

- Das Lernen soll während der Arbeitszeit stattfinden.

Die **Führungskräfte** interessiert bei der Einführung und Realisierung von E-Learning, welche Vorteile diese Methode bringen kann.

Zwei Vorteile werden bei uns firmenintern besonders geschätzt:

- Die Nutzer sind durch die Selbstlernphasen am Arbeitsplatz nicht so häufig zu Schulungen unterwegs. Das unterbricht den Arbeitsablauf nicht so sehr. *Schwieriger wird dagegen schon die Einsicht, dass der Nutzer am Arbeitsplatz aber auch Zeit und Gelegenheit zum Selbstlernen erhalten muss.*

- In Zeiten der Kostenreduzierung ist es für jeden Budgetverantwortlichen interessant, Kosten sparen zu können und dennoch die Trainings- und Entwicklungsmaßnahmen nicht vollständig streichen zu müssen.
  Wenn sich also eine solche Maßnahme gegenüber einem reinen Präsenztraining rechnet, ist sie akzeptiert.

Die **Personalentwickler und Trainer** sind direkt in den Einführungs- und Realisierungsprozess involviert und können zum schärfsten Gegner werden.

Sie haben die Ansprüche:

- Diese neue Methode darf den eigenen Arbeitsplatz nicht gefährden.

- Die neue Methode soll für den Trainer realisierbar sein.

- Trainer wollen in den Change Prozess eingebunden werden.

Unser **externer IT-Bereich** ist dafür zuständig, die technologischen Prozesse zu unterstützen. Daher sind seine wichtigsten Ansprüche daraus abgeleitet, dass die zu integrierenden Systeme nicht die Sicherheit und den laufenden Betrieb der anderen Software gefährden.

Als besonders schwierig erwies sich bei uns die Zusammenarbeit mit der **Marketingabteilung**. Das Corporate Design des Unternehmens auf alle Ebenen des E-Learnings zu heben, heißt bei uns bei der Gestaltung der Lernprogramme Einschränkungen in der visuellen Gestaltung hinzunehmen. So dürfen zum Beispiel bei uns keine Menschen auf Fotos abgebildet werden, weil das das Corporate Design nicht vorsieht.

2. Was sind die zentralen Erfolgsfaktoren eines Change Managements im Kontext des Corporate E-Learnings?

2.1 Erfolgsfaktor Mensch

Das beste WBT, die gut entwickelte Lernplattform, der valideste Testtool: Sie alle nützen nichts, wenn sie nicht vom Lerner genutzt werden. Dabei sollten wir nicht allein auf die Lerner setzen, die, wie in 1.3 dargestellt, Spaß am E-Learning haben könnten. Sie allein können die Investitionen nicht in die ROI-Erfolgszone bringen. Daher müssen alle Mitarbeiter des Unternehmens, ganz gleich, welcher Stakeholdergruppe sie angehören, zur neuen Form des Lernens geführt werden.

Sie entscheiden sehr schnell, ob die neue Methode etwas taugt oder nicht.

E-Learning geht nur mit den Menschen. Denen, die selbständig lernen sollen und denen, die diesen Prozess begleiten.

2.2   Die Lerner nie allein lassen

E-Learning ersetzt den Trainer nicht. Das muss allen am Prozess Beteiligten klar sein. Die Lerner müssen im Selbstlernprozess geführt werden, damit sie sich die Selbstlernkompetenz aneignen können. Die im 1. Abschnitt genannten Personen, die Spaß am E-Learning haben könnten, sind nicht in der Masse zu finden. Sie sind mitunter in der Lage, ohne großartige Betreuung erfolgreich zu lernen. Alle anderen Nutzer benötigen viel Hilfe, Aufmunterung, Motivation, Betreuung. Schließlich bewegen wir uns hier auf Neuland. Hier haben die E-Tutoren eine neue Aufgabe. Sie kann sehr interessant sein. Das Zauberwort heißt hier: *Betreuung.*

2.3   E-Learning als ein neuer Methodenbaustein im Methodenmix

Will man E-Learning in einem Unternehmen einführen, geht es nicht um die Umwandlung aller bereits bestehenden Bildungsmaßnahmen in E-Learning-Maßnahmen. Es geht vielmehr darum, zu prüfen, welche Bildungs- und Entwicklungsmaßnahmen mit E-Learning-Elementen angereichert und damit effektiver gestaltet werden können. Dabei gilt effektiver im Sinne von kostengünstiger oder im Sinne von mehr Lerneffizienz.

E-Learning enthält hier folgende Elemente:

- Lernprogramme als WBT, CBT, NBT (netzbasierte Trainings ohne Lernplattform).

- Simulationen.

- Eine Lernplattform, die neben den Lernprogrammen, Nachschlagemöglichkeiten, Kommunikation in Foren oder Chats ermöglicht.

- Ein Online-Testtool, welches effektive Evaluierungen jeder Art ermöglicht.

- Online-Seminare, die auch für Online-Besprechungen genutzt werden können.

- E-Tutoring für die unterschiedlichen Zielgruppen.

Diese Elemente können in die unterschiedlichen Personalentwicklungsmaßnahmen nach Bedarf und Eignung eingebaut werden. Hier gilt wieder das Baukastenprinzip der Methoden oder das Blended-Learning-Konzept. Ein Element wird eingebaut, weil es methodisch-didaktisch sinnvoll *und* kostengünstiger als eine Präsenzvariante ist.

Zum Beispiel muss nicht in jedem Falle die Produktion eines Lernprogrammes sinnvoll sein, wenn gilt:

- Der Inhalt muss ständig aktualisiert werden,

- die Zielgruppe ist klein,

- die zur Erstellung des Programmes vorhandene Zeit ist zu kurz.

Auch Online-Seminare können durch bestimmte Aspekte ausgeschlossen werden:

- Alle Teilnehmer der Maßnahme haben ihr Büro in einem Gebäude oder in der Nähe.

- Die Maßnahme findet einmalig statt und/oder verlangt persönlichen Kontakt.

Daher ist immer genau zu prüfen, welche Elemente des E-Learnings in die Entwicklungsmaßnahmen eingebettet werden sollen.

2.4 Vorteile von E-Learning transparent machen

In den letzten Wochen wurden firmenintern bei den verschiedenen Personalentwicklungskonzepten neue Überlegungen angestellt, wie man kostengünstiger und effektiver arbeiten kann. In den Konzeptionsentwicklungsprozess mit einbezogen, kann ein Kenner von E-Learning schnell die Vorteile von E-Learning-Elementen in einem Prozess deutlich machen:

- **Online-Seminare** ermöglichen, Schulungen auf zweistündige Bausteine herunterzubrechen, die turnusmäßig durchgeführt werden.
  - Damit kann man Reisekosten sparen,
  - und darüber hinaus immer wieder am Wissenstransfer arbeiten.
  - Wissensaneignung geht in die langfristige Dimension.
  - Das regionale Prinzip wird zu einem dezentralen Prinzip verlagert, weil es nun egal ist, ob ein Online-Seminarteilnehmer in Rostock oder in Füssen wohnt.

- **WBT/CBT**
  - Sind bei großen Zielgruppen kostengünstiger als die entsprechenden Präsenzseminare.
  - Der Lerner kann individuell lernen, und sich seine Zeit einteilen.

- Eine **Lernplattform**, mit Lernprogrammen, Nachschlagemöglichkeiten, Kommunikation in Foren und Chats
  - führt den Lerner systematisch in die virtuelle Lernwelt ein;
  - ermöglicht alle E-Learning-Kanäle gebündelt zu nutzen;
  - erspart CD-ROM-Produktion und Verteilung.

- Ein **Online-Testtool**
  - ermöglicht valide Tests sowie Befragungen jeglicher Art schnell und mit guter statistischer Auswertung. Es bietet eine große Chance für das Bildungscontrolling!
  - erspart Papiertests jeglicher Art.

- **Tutorielle Betreuung**
  - Ermöglicht dem Lerner individuell zu lernen und sich dabei nicht alleingelassen zu fühlen.

- Der Tutor hat immer den Überblick über Probleme, Wünsche und den Lernfortschritt seiner Teilnehmer. Bei langfristigen Entwicklungsprogrammen geht der menschliche Kontakt nicht verloren.
- Verhindert, dass E-Learning integriert wird, und niemand es nutzt.
- Gibt dem Trainer eine neue Dimension in seinem Berufsbild.

2.5 Neugestaltung der Gesamtkonzeptionen und die Trainer

Diese Einbettung von E-Learning-Elementen geht in den meisten Fällen mit einer Neugestaltung der Gesamtkonzeption einher. Dabei muss von Anfang an geklärt sein, was mit den Trainern passiert. Haben sie eine Perspektive als zukünftige E-Tutoren, werden sie sich auf die neuen Herausforderungen einlassen. Existiert auch nur bei einem Trainer die Angst, dass diese Umstrukturierung den Arbeitsplatz kosten kann, wird es sehr schwierig, den Change-Prozess erfolgreich zu realisieren.

2.6 Klare Kommunikation

Ein wichtiger Erfolgsfaktor bei der Einbettung von E-Learning-Elementen in die Personalentwicklungsmaßnamen ist eine klare Kommunikation untereinander. Es beginnt bei der ersten Planung und endet mit einer klaren Endbesprechung der einzelnen Maßnahmen.

Wichtig ist, dass die Betroffenen und die Beteiligten genau wissen, was auf sie zukommt. Darüber hinaus müssen die Planer und Entwickler wissen, was die Betroffenen in dem Prozess bewegt.

Um den Prozess abrechenbar zu machen, ist es auch wichtig, die Erfolgsfaktoren zu diskutieren. Regelmäßige Statusberichte ermöglichen den beobachtenden Mitspielern, auf dem laufenden zu bleiben.

2.7 Piloten als Pioniere

Das erste Projekt entscheidet in einem Unternehmen oft über Wohl und Wehe von E-Learning. Daher sollte es sorgfältig ausgewählt werden. Eine strategisch wichtige Zielgruppe birgt die Chance und gleichzeitig auch die Gefahr in sich, dass ganz viele Beobachter kritisch zuschauen. Wenn das Projekt klappt, hat sich die Gefahr gelohnt. Existiert bereits ein Lernmanagementsystem und ein Online-Seminartool, so ist es für die zweite und folgende Integration in ein Programm umso einfacher. Das heißt: Die Piloten leisten Pionierarbeit für die anderen Handlungsbereiche. Man kann Erfahrungen, Contents, E-Tutoren und die Rahmenbedingungen übernehmen. Gut gelaufene Piloten können sich positiv auf die anderen Bereiche auswirken.

3. Welche Kanäle bieten sich für eine Kommunikations-
politik an?

Grundsätzlich sind alle möglichen internen Kommunikationskanäle geeignet, um auf den Change Prozess in der Personalentwicklung aufmerksam zu machen.

Dazu zählen:

*   die interne Firmenzeitung in Printfassung wie in der Online-Version;

*   Mailings zu den Statusberichten;

*   spezifische Informationsveranstaltungen für Führungskräfte wie Nutzer;

*   Druckstücke für die grundsätzlichen Informationen;

*   Schnupperkurse für alle Interessierten;

*   Tagungen.

Wichtig dabei ist, die Informationen nicht über alle gleichmäßig auszuschütten, sondern jedem Stakeholder die Informationen zu vermitteln, die für ihn interessant sind. Allgemeine Informationen werden über die Kanäle geschickt, die allen zugänglich sind.

4. Welche Themen sollten in diesen Kanälen aufgegriffen
werden?

Soll die Kommunikation über den Change Prozess laufend erfolgen, sind folgende Themen geeignet:

*   Warum eigentlich E-Learning? Wozu diese Change Prozesse?

*   Strategische Aspekte.

*   Betriebsvereinbarungen.

*   Perspektiven der Trainer im neuen Prozess.

*   Start von Maßnahmen, Meilensteine, Ergebnisse.

*   Neue Entwicklungen.

*   Erfolgsmeldungen.

An manchen Stellen wird die Frage **„Warum eigentlich E-Learning?"** zu einer philosophischen erhoben. Es lässt sich trefflich über nötige Change Prozesse in einem neuen Berufsbild, Learning-on-Demand und auch Kosten diskutieren. Allerdings scheint das alles noch nicht den Stein des Weisen zu bringen.

Warum ist der PC entwickelt worden? Warum zieht er in alle Lebensbereiche ein? Warum wird er nicht genutzt, um Wissen zu vermehren? Oder wird er das nicht schon in sehr vielen Formen, die wir nur nicht klassisch als Lernprozesse bezeichnen? Woher holen sich heute PC-Nutzer die Informationen über Reisen, Ferienorte, Wetter, die Börse und vieles mehr? Das Internet ist bereits die größte Wissensbörse geworden. Es kommt nun eigentlich nur noch darauf an, das an alle Nutzer zu kommunizieren und zu leben. Mit entsprechenden Angeboten.

5. Welche weiteren Maßnahmen zur Gestaltung eines Committments haben sich bei Corporate E-Learning bewährt?

Alle Stakeholder haben in dem Spiel „Einführung von E-Learning in das Unternehmen" unterschiedliche Rollen und damit unterschiedliche Aufgaben.

Die Hauptspieler sind die *Nutzer* und die *E-Tutoren*. Um erfolgreich agieren zu können, sind verbindliche Vereinbarungen innerhalb des Entwicklungsprozesses einzuhalten. Diese lassen sich ganz konkret realisieren:

- **Tests, Prüfungen** oder Abschlussgespräche mit verbindlichem Charakter am Ende einer Maßnahme tragen wesentlich zur Motivation der Nutzer bei.

- Die **tutorielle Betreuung** ist im Aufwand nicht zu unterschätzen: Ständiger Kontakt zu den Lernern während einer Selbstlernphase ist in den meisten Maßnahmen etwas Neues. Daher müssen dafür Trainerkapazitäten einkalkuliert und auch von den Trainern ausgeschöpft werden. Ein alleingelassener Lerner mit einem für ihn unlösbaren Problem, gleich welcher Art, ist ein frustrierter Lerner. Er wird nicht erfolgreich sein. Der E-Tutor ist dazu da, ihm zu helfen. Erfolgsfaktoren für tutorielle Tätigkeit können die Häufigkeit der Kontakte zu den Teilnehmern sein, aber auch die Testergebnisse der Teilnehmer.

Damit sind wir wieder bei den Menschen, die die Hauptpersonen im Spiel E-Learning sind. Will man erfolgreich agieren, darf niemand sie vor lauter Technik und Kostenrechnung aus den Augen verlieren. Dann wird auch die Gruppe derer, die Spaß am E-Learning haben können, ständig größer durch die wachsende Anzahl derer, die E-Learning-Möglichkeiten kennen und schätzen gelernt haben.

Management von E-Learning-Wissen:

Die Leitfragen

'Objekt' des Wissensmanagements beim E-Learning:

Welches Wissen ist für die unternehmensweite Implementation von Corporate E-Learning zentral?

Instrumente und Verfahren:

Was sind die zentralen Instrumente/Verfahren zum Management des Wissens bei der Implementation von Corporate E-Learning?

Interprojekt-Lernen:

Wie lässt sich das Lernen zwischen E-Learning-(Teil-)Projekten erfolgreich gestalten?

Communties of Practice bei der Implementation von E-Learning:

Was sind die kritischen Erfolgsfaktoren zur Entwicklung von Communities of Practice bei der Implementation von Corporate E-Learning?

E-Learning-Evolutionspfad:

Nach welchen Prinzipien lassen sich E-Learning-(Teil-)Projekte so anordnen, dass es für die Implementation förderlich ist ('E-Learning-Evolutionspfad')?

Regina Meier-Beer

Evolution gestalten:
Wissensmanagement im E-Learning

Die Autorin

Regina Meier-Beer. UBS Wealth Management & Business Banking. Studien an der Universität Zürich in den Fächern Mathematik, Physik, Pädagogik. Diverse berufsbegleitende Studien. Lehraufträge für Mathematik und Darstellende Geometrie. Seit 1993 tätig bei der UBS: Konzeption und Entwicklung eines Lernsystems zur Ausbildung von Geschäftsprozessen (OCTOPUS). Leitung der Sektion Ausbildungsmedien. Entwicklung von CBT (Computer Based Training), WBT (Web Based Training), Lernvideos und Printmedien (Lehr- und Lernmittel). Grundlagenarbeit zur Zusammenlegung und Reorganisation der beiden Abteilungen „Personal" und „Ausbildung". Projektleitung SMART (Solutions for the MARket of Tomorrow). UBS: Business Cases e-learning UBS Wealth Management & Business Banking. Projektleitung CMS (Content Management System) der Lernplattform STEP (System for Training, Education & Performance). Projektleitungen innerhalb STEP Next (Weiterentwicklung der Lernplattform). Diverse weitere Projekte.

1. Ausgangslage und Fragestellungen

Das Thema *Evolution gestalten: Wissensmanagement im E-Learning*, das an einem Round Table des SCIL-Kongresses St. Gallen vom 8. und 9. Oktober 2003 diskutiert wurde, ist in fünf Fragestellungen aufgeteilt:

1. Objekt des Wissensmanagements beim E-Learning: Welches Wissen ist für die unternehmensweite Implementation von Corporate E-Learning zentral?

2. Instrumente und Verfahren: Was sind die zentralen Instrumente/Verfahren zum Management des Wissens bei der Implementation von Corporate E-Learning?

3. Interprojekt-Lernen: Wie lässt sich das Lernen zwischen E-Learning-(Teil-)Projekten erfolgreich gestalten?

4. Communities of Practice bei der Implementation von E-Learning: Was sind die kritischen Erfolgsfaktoren zur Entwicklung von Communities of Practice (CoP) bei der Implementation Corporate E-Learning?

5. E-Learning Evolutionspfad: Nach welchen Prinzipien lassen sich E-Learning-(Teil-) Projekte so anordnen, dass es für die Implementation förderlich ist (E-Learning-Evolutionspfad)?

Diese Fragestellungen werden im Folgenden auf der Basis der Erfahrungen des E-Learning-Projekts im UBS Wealth Management & Business Banking angegangen. Damit diese Fragestellungen verständlich beantwortet werden können, ist es notwendig, dass die Situation und der Status der E-Learning-Projekte sowie ein Überblick der übergeordneten Projekte aus UBS aufgezeigt werden. Die übergeordnete Basis wird durch ein sogenanntes *Role Defined Model* (RDM) gebildet. Damit kann das in Kompetenzen gebundene Wissen der Mitarbeiter mittels eines durchgängigen Kompetenzmanagements in UBS transparent gemacht werden.

Bevor ich auf den momentanen Stand der Projekte, wie der Denkweisen in UBS, eingehe, werde ich die beiden zentralen Begriffe *E-Learning* und *Wissensmanagement* so beschreiben, wie diese in UBS verwendet werden.

Nach der Vorstellung des Unternehmens UBS, der Beschreibung der Begriffe und der Darstellung der Projekte, werde ich auf die fünf oben genannten Fragestellungen eingehen.

2. E-Learning in UBS WM&BB

2.1   Das Unternehmen UBS

UBS gehört zu den global führenden Finanzdienstleistern für anspruchsvolle Kundinnen und Kunden auf der ganzen Welt. Der Konzern verbindet Innovations- und Finanzkraft mit einer internationalen Unternehmenskultur, die Veränderungen als Chance begreift. UBS ist die weltweit größte Anbieterin von Wealth-Management-Dienstleistungen für wohlhabende Privatkunden. Im Investment Banking und im Wertschriftengeschäft belegt UBS unter den wichtigsten, globalen Finanzinstituten einen Spitzenplatz und zählt zu den größten Vermögensverwaltern weltweit. In der Schweiz ist UBS die klare Nummer eins im Geschäft mit Privat- und Firmenkunden. Als integriertes Unternehmen schafft UBS Mehrwert für ihre Kunden, indem sie ihnen Wissen und Können des gesamten Konzerns zugänglich macht.

Ziel von UBS ist es, ihren Kunden einen erstklassigen Service und die bestmögliche Auswahl von Lösungen zu bieten. Zu diesem Zweck ergänzt sie das eigene Angebot mit sorgfältig geprüften Produkten von Drittanbietern.

UBS hat ihre beiden Hauptsitze in Zürich und Basel und ist mit mehr als 68.000 Mitarbeitern in über 50 Ländern auf allen wichtigen internationalen Finanzplätzen vertreten. Weltweite Präsenz wird bei UBS mit umfangreichen Produkten und Dienstleistungen kombiniert, die über verschiedenste Kanäle angeboten werden. Diese reichen von herkömmlichen Geschäftsstellen bis hin zu modernsten, inter-aktiven Online-Tools. Dadurch können Dienstleistungen noch schneller und effizienter erbracht werden.

Die Division **UBS Wealth Management & Private Banking** (UBS WM&BB) umfasst ca. 30'000 Mitarbeiter und ist neben dem Hauptgeschäft in der Schweiz auch international tätig. UBS WM&BB ist die Zielgruppe der folgenden Ausführungen.

Das Bekenntnis zur Wichtigkeit einer umfassenden Mitarbeiter-Qualifizierung und der Lernkultur ist in die Unternehmens-Vision und -Grundsätze auf oberster Ebene integriert. Dazu einige Zitate:

„UBS will als weltweit bestes Finanzdienstleistungsunternehmen anerkannt sein. Verdienen werden wir uns diese Anerkennung von unseren Kunden, Aktionären und Mitarbeitenden mit unserer Fähigkeit vorauszuschauen, zu **lernen** und unsere Zukunft zu gestalten, und gleichzeitig auf allen Ebenen eine Spitzenqualität zu bieten. Uns allen gemeinsam ist der Wille zum Erfolg."

„Wir reagieren mit kreativen Ideen auf drei Herausforderungen des ständigen Wandels. Durch Innovation werden wir zum Marktführer. Wir fördern und unterstützen unternehmerisches Handeln und **rasches, ständiges Lernen**."

„Im Zuge unserer Entwicklung zu einem führenden globalen Finanzdienstleistungskonzern hat sich eine besondere Unternehmenskultur herausgebildet, die geprägt ist von Leistung,

Lernprozessen und Wille zum Erfolg. Damit konnten wir unser **Know-how** und unsere **Fähigkeiten** kontinuierlich **erneuern und erweitern**…"

„Das Fundament unseres Know-hows bilden Erfahrung, Innovation und **Lernen**…"

„Unser Erfolg erfordert unternehmerisches Denken und Initiative von jedem Einzelnen. Wir wollen jenes Unternehmen sein, das hoch qualifizierte Mitarbeiter am erfolgreichsten rekrutiert, **ausbildet**, **weiterentwickelt** und damit deren langfristige Loyalität sichert…"

2.2 Die Begriffe *E-Learning* und *Wissensmanagement* in UBS Wealth Management & Business Banking

UBS versteht sich als lernende Organisation mit höchsten Ansprüchen an die Qualifikation ihrer Mitarbeiter.

Die Herausforderungen der internen Qualifizierung haben exponentiell zugenommen durch den wachsenden Informationsfluss, die stetige Verkürzung der Halbwertzeit von Wissen sowie der Verkürzung der Life-Cycle-Rhythmen von Produkten, Prozessen (BPR), Projekten, Applikationen, Reglemente, Weisungen etc. Ebenso entstand ein erhöhter Bedarf an Lernen am Arbeitsplatz, an Effektivität (Transferproblematik) und Effizienz (mehr, schneller, günstiger Lernen).

Die Ziele der heutigen Ausbildung in UBS sind demzufolge ein kosteneffizientes, praxisnahes, Just-in-Time-Ausbildungsangebot, die Flexibilisierung und Individualisierung von Lernprozessen, die Förderung von selbstverantwortlichem Lernen und eine enge Verzahnung von Lernen und Arbeiten.

Mit herkömmlichen Ausbildungsmethoden allein sind diese Herausforderungen nicht mehr zu bewältigen!

E-Learning als *elektronische Unterstützung des gesamten Lernprozesses* stellt für UBS neben dem elektronischen Lernen mittels Web Based Training (WBT) auch die elektronische Unterstützung von administrativen, steuernden und organisatorischen Elementen dar. Damit diese Ziele erreicht werden können, soll die letztes Jahr eingeführte Ausbildungs-Plattform STEP (**S**ystem for **T**raining, **E**ducation & **P**erformance) den gesamten Qualifizierungsprozess unterstützen:

- EIN weltweites Ausbildungsmanagementsystem für UBS WM&BB.

- EIN Katalog mit allen Ausbildungsangeboten.

- Umfassendes Angebot an Self-Learning und Blended Learning.

- Testing/Zertifizierung.

- Standardisierte Reportingmöglichkeiten.

E-Learning und STEP werden als Methoden bzw. Instrumente verstanden, die der Optimierung der Ausbildungs- und HR-Prozesse dienen sowie eine enge Verzahnung von Lernen und Arbeiten ermöglichen und damit der Umsetzung der Strategie und Geschäftsziele von UBS dienen.

In UBS wurde bisher kein übergeordnetes Projekt mit der Bezeichnung **Wissensmanagement** durchgeführt. Trotzdem werden einige **Wissensmanagement-Objekte und -Instrumente** eingesetzt. Bisher stand neben einem umfangreichen und vielseitigen Informationsangebot über das Intranet (Bankweb) vor allem das prozessorientierte Wissen im Vordergrund, bei dem Wissensmanagement vor allem als Austausch von Handlungsanweisungen gesehen wird, z.B. mittels Checklisten, Anleitungen, Project Guidelines und Best Practices zur Projektdokumentation, die in einem Projekt-Portal redaktionell aufbereitet zur Verfügung gestellt werden.

Neben Q&A's (Questions & Answers) gibt es in UBS auf Geschäftsbereichsebene Datenbanken mit Wissensdaten (kodifiziertes Wissen) und Yellow Pages (Expertenverzeichnisse).

Als Dokumentenverwaltungssysteme werden nach wie vor Shared Drives (Laufwerk pro Organisationseinheit, Projekt, Arbeitsteam etc.) eingesetzt oder das DocWeb von LiveLink im Intranet benutzt. Die Erfahrung zeigt aber immer wieder, dass die Strukturierung und Aktualisierung dieser Ablagen ein Problemfeld darstellt, das organisatorisch sehr schwierig zu managen ist.

Aktivitäten, die weniger auf Systeme und Strukturen abzielen, werden in UBS durch Organisieren von *Networking* und *virtuelle Teams* sehr vielseitig wahrgenommen. Interpersoneller Wissensaustausch wird in herkömmlichen Veranstaltungen organisiert wie Insights (Informationsanlass mit Vortrag und Diskussion für eine Organisationseinheit), Brown Bag Events (Mittagsveranstaltungen mit Lunchpaket) und Roadshows. In UBS Wealth Management ist hier auch der erfolgreiche transatlantische Wissensaustausch im Produkt- und Marketingbereich zu erwähnen. Ebenso konnte auf Group-Ebene ein *Innovation & Knowledge*-Pilotprojekt erfolgreich durchgeführt werden. In diesem Innovation & Knowledge-Programm werden befristete Netzwerke durch ein zentrales Team betreut und mitorganisiert. Sobald dann ein solches Netzwerk nützliche Maßnahmen identifiziert, wird die Umsetzung an die entsprechende Unternehmensgruppe übergeben.

Mit der Einführung der Ausbildungsplattform STEP werden jetzt mehr und mehr auch Communities of Practice (CoP) gebildet, in denen Wissen und Erfahrungen (Lessons Learned) zu einem eingegrenzten Thema diskutiert und ausgetauscht werden.

E-Learning wird in **Abgrenzung** zum übergeordneten Begriff *Wissensmanagement* als ein Instrument zur Wissensentwicklung und Wissens(ver)teilung bzw. als Methode und elektronische Unterstützung der Wissensvermittlung verstanden.

Der Begriff *E-Learning* wird dabei vor allem für ein didaktisch aufbereitetes bzw. pädagogisch organisiertes Angebot verwendet (WBT, Group-Learning, Web-Teaching etc.), wogegen von *Wissensmanagement* gesprochen wird, wenn Informationen lediglich mehr oder weniger redaktionell aufbereitet sind (Informationen in Intranet/Portalen) oder ein Wissensaustausch ohne Moderation durch Lehrperson stattfindet (Foren, Community of Practice, Best Practice etc.).

Neben der **Information** als Interpretation von Daten wird **Wissen** in UBS als Teil von **Kompetenz** verstanden. Der übergeordnete Begriff *Kompetenzen* wird unterteilt in **Knowledge** = Wissenskompetenzen und **Behaviour** = Verhaltenskompetenzen.

- **Wissenskompetenzen** sind Kompetenzen, die getestet werden können. Wissen wird durch Lernen, Erfahrungen oder Training erworben und kann in branchen-, berufs-, fach-, organisations- oder arbeitsumfeldspezifisches Wissen eingeteilt werden (z.B. Branchenkenntnisse). Wissenskompetenzen sind oft spezifisch für eine gewisse Rollenfamilie definiert.

- **Verhaltenskompetenzen** sind zugrundeliegende Fähigkeiten oder Charakteristiken, die objektiv beschrieben und beobachtet werden können, in der Regel aber schwierig zu testen und zu trainieren sind (z.B. Kommunikationsfähigkeit). Verhaltenskompetenzen sind eher Rollenfamilien übergreifend. Die drei Verhaltenskompetenzen *Kundenorientierung*, *Professionelles Verhalten* und *Teamarbeit* wurden UBS-weit als Kernkompetenzen definiert und erscheinen daher in allen Rollenprofilen.

Kompetenz wird verstanden als Problemlösungsbasis, die verbunden mit persönlichen Verhaltensmustern zu Handlungen führt (vgl. engl. Begriff *Know-how*).

Mit der Einführung des Rollenmodells legt UBS ein spezielles Augenmerk auf das Kompetenzmanagement. Dieses ist stark handlungsorientiert und erlaubt damit eine einfachere Bewertung der Veränderungen als ein Wissensmanagement.

2.3   Das UBS Rollenmodell

Die Aus- und Weiterbildung der UBS fokussiert sich heute auf die Sicherstellung der Kompetenzen, die für die einzelnen Rollenprofile gefordert werden. Das Ziel ist die effiziente und effektive Durchführung der beruflichen Aufgaben.

Im Zentrum des Role Defined Models (RDM) steht eine rollenbasierte Sicht der Organisation.

RDM überträgt die Geschäftsstrategie von UBS WM&BB auf berufliche Rollen und Kompetenzprofile.

Vision von RDM ist die Integration der HR-Prozesse.

Die Integration der verschiedenen HR-Prozesse bedingt eine Zusammenarbeit der verschiedenen Projekte sowie eine Integration der unterschiedlichen IT-Systeme.

Das Role Defined Model wurde in UBS zuerst in der Business Area Private Banking eingeführt und wird seit Oktober 2003 in ganz UBS WM&BB in einer neuen und stark überarbeiteten Form implementiert.

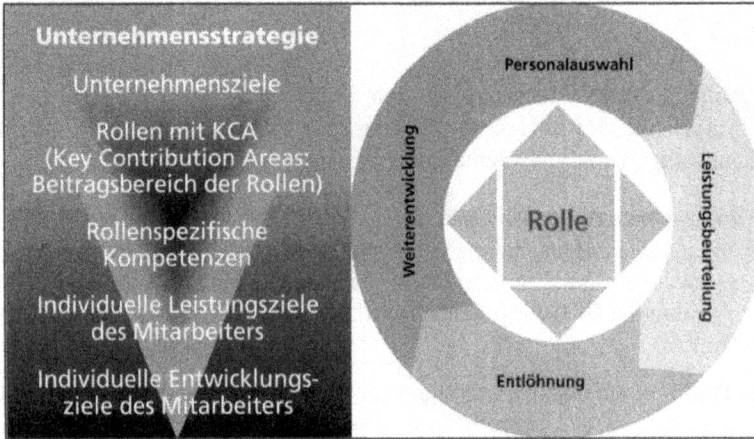

Abbildung 1: Integrierte HR-Prozesse

Im Folgenden wird die Prozessphase *Weiterentwicklung* noch etwas detaillierter dargestellt und das Vorgehen bzw. die verschiedenen Aufgabenstellungen der Projekte aus diesem Bereich aufgezeigt.

Kompetenzmanagement im Qualifizierungsprozess

In der Weiterentwicklung wird zur Umsetzung von RDM sowohl in der Entwicklungsplanung wie auch für das Reporting/Controlling eine Kompetenz-Perspektive eingeführt. Das Ziel ist eine effiziente Steuerung der Aus- und Weiterbildung im Sinne einer Fokussierung auf businessrelevante Lerninhalte.

Abbildung 2: RDM-Qualifizierungsprozess

- Aus der Unternehmensstrategie werden die Rollen – Inhalt und Menge – festgelegt, die zur Umsetzung der Geschäftsziele erforderlich sind.

- Pro Rolle bzw. Funktion ist definiert, welche Kompetenzen auf welchem Level der Rolleninhaber aufweisen soll.

- Mittels Gap-Analysen können neue Mitarbeiter rekrutiert werden oder es kann der Entwicklungsbedarf bei bestehenden Rolleninhabern ausgewiesen werden. Die durch ein Tool erfasste Selbstbewertung und die Bewertung durch den Linienmanager sowie das Sollprofil der Rolle werden miteinander verglichen und innerhalb des Jahresprozesses (Zielvereinbarung und Leistungsbewertung) diskutiert.

- Über die Plattform STEP können die Ausbildungsangebote gefunden werden, mit denen die ermittelten Gaps durch geeignete Schulungen, E-Learning-Angebote oder Praxiseinsätze (Learning on the Job) geschlossen werden können. Aus den über STEP gefundenen Vorschlägen wird im Gespräch zwischen Mitarbeiter und Linienvorgesetzten die definitive Wahl getroffen.

- Der Lernstand wird in STEP permanent aufgezeichnet und mit Tests und Zertifizierungen kann der Wissensstand individuell oder auch für ganze Organisationseinheiten ausgewiesen werden (z.B. für Compliance). Der Personalbetreuer, Trainer oder Linienvorgesetzte kann damit den einzelnen Mitarbeiter unterstützen und das Management kann zur Strategieerreichung steuernd eingreifen.

- Die absolvierte Ausbildung wird bei interner Schulung direkt in der Learning History erfasst, bei externer Schulung muss der Mitarbeiter in Eigenverantwortung den Eintrag in die persönliche Learning History vornehmen.

- Nutzungs- und Management-Reports stellen verschiedene Auswertungen zur Verfügung, die sowohl über den zukünftigen Ausbildungsbedarf des Unternehmens sowie des einzelnen Mitarbeiters Auskunft geben und die Planung (Haedcounts, Ausbildungsbudgets etc.) für das nächste Jahr unterstützen.

Das Wissen über die Zusammenhänge aller dazu notwendigen Projekte ist eine grundlegende Voraussetzung, damit die Implementierung von E-Learning bzw. der Ausbildungsplattform nutzbringend erfolgen kann.

2.4   Die Lernplattform STEP

Seit Oktober 2002 ist in UBS-WM&BB die Lernplattform STEP, System for Training, Education & Performance, eingeführt.

STEP ist eine voll integrierte Businesslösung, die den gesamten Ausbildungsprozess von der Auswahl und Buchung über die Durchführung bis zur Dokumentation und Abrechnung der Ausbildungsmaßnahmen unterstützt und sowohl klassisches Präsenztraining als auch Blended Learning und reine E-Learning-Angebote ermöglicht.

STEP ermöglicht für jeden Mitarbeiter von UBS Wealth Management & Business Banking eine personalisierte Lernumgebung.

STEP setzt sich aus zwei Systemen zusammen:

- Learning Management System (LMS): People Soft/ HRMS

- Content Management System (CMS): CLIX 4.0 von imc

Das LMS beinhaltet Teilnehmer- und Trainermanagement, Learning History, Reporting, Veranstaltungsadministration und Weiterverrechnungen (über SAP). Es ist ins HRMS (Human Resource Management System) integriert und wurde mit PeopleSoft intern entwickelt. Mit dem CMS (Content Management System), das auf Basis der Plattform CLIX durch die externe Firma imc entwickelt wurde, steht eine umfassende Lösung für die Lerninhaltsverwaltung zur Verfügung.

Die Schnittstellenrealisierung zwischen LMS und CMS stellte dabei eine besondere Herausforderung dar.

Abbildung 3: Systemarchitektur STEP

Im ersten Jahr konnten mit STEP folgende Ziele erreicht werden:

- Erfolgreiche, umfassende Implementierung der Lernplattform: STEP ist die Lernplattform für alle Mitarbeiter von UBS-WM&BB.

- Alle Ausbildungsangebote sind im STEP-Kurskatalog (Präsenztrainings, E-Kurse, Blended Learning, Communities etc.). Im Katalog können nach Themen und nach Kompetenzen oder mittels eines detaillierten Suchprogramms individuell Entwicklungsangebote gesucht werden.

- Erfolgreiche Implementierung von E-Learning: Realisierung vielfältiger E-Learning Projekte im Bereich WBT-Entwicklung und Blended Learning Solutions.

- Kontinuierliche zielgruppenspezifische Kommunikation zur Einführung der Education Plattform und von E-Learning bei UBS-WM&BB.

- Umfassende Support- und Qualifizierungsangebote rund um E-Learning durch Aufbau eines Competence Center E-Learning (CCEL).

- Für Mitarbeiter:

  - persönliche Lernumgebung mit allen Ausbildungsaktivitäten (Kurse, Communities, WBTs).

  - Lernfortschrittskontrolle (Lernpfad, Tracking, Learning History).

- Für das Management: Hilfsmittel zur Planung und Steuerung von Ausbildungaufwendungen.

  - Management Reports, Feedback-Auswertungen.

  - Testing/Zertifizierung.

- Commitment: STEP ist für UBS strategisch wichtig.
  „UBS Priority 2003: Advisory Process: We implement a best-in-class advisory process, supported by a comprehensive education and training platform, to ensure delivery of our desired brand experience."

Einer der wichtigsten Erfolgsfaktoren für den Einsatz einer Lernplattform und E-Learning ist die Nutzung. Seit der Einführung im Oktober 2002 wird die Anzahl der Enduser und der Contents kontinuierlich gemessen und evaluiert. Bis jetzt sehen diese Zahlen sehr erfolgsversprechend aus:

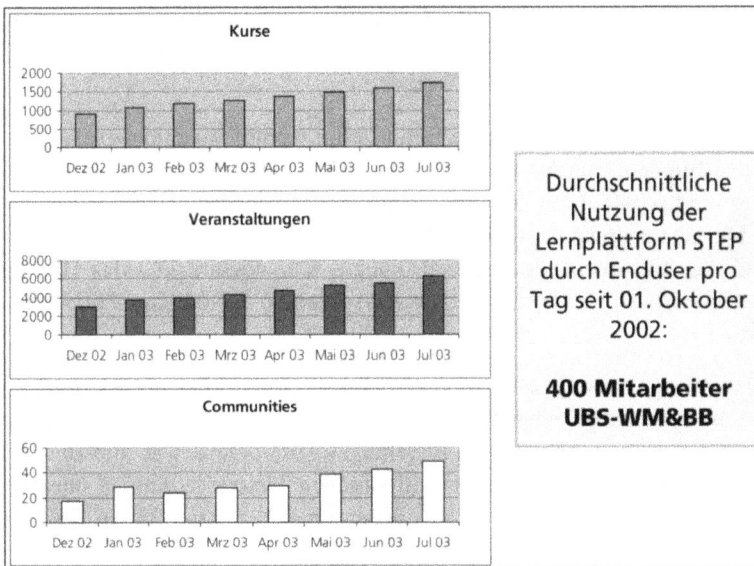

Abbildung 4: Nutzung von STEP Okt. 2002–Aug. 2003

Ein anderer Erfolgsfaktor, der in der heutigen kurzfristigen Sicht der Geschäftsprozesse ausschlaggebend ist, war die extrem kurze Realisierungsphase und Einführungszeit. Aus strategischen Gründen wurde das Ziel gesetzt, Entwicklung und Einführung in nur einem Jahr zu realisieren. Damit wurde auch bewusst in Kauf genommen, dass mit dem kommenden Release im November 2003 noch einige Nachbesserungen anstehen.

Damit die für die Implementierung notwendigen Projekte in so kurzer Zeit umgesetzt und die Systeme erfolgreich eingeführt werden konnten, mussten zusätzliche Bedingungen erfüllt werden und verschiedene Erfolgsfaktoren zum Tragen kommen. Im Folgenden wird aufgezeigt, welches Wissen für die Durchführung dieser Projekte notwendig ist und wie dieses Wissen bereitgestellt, gefördert und unterstützt bzw. *gemanagt* werden kann.

3. Wissensmanagement im E-Learning

3.1 Welches Wissen ist für die unternehmensweite Implementation von Corporate E-Learning zentral?

Für verschiedene Erfolgsfaktoren kann nun aufgezeigt werden, welches Wissen erforderlich ist, damit E-Learning nachhaltig nutzbringend im Unternehmen implementiert werden kann.

Commitment der Geschäftsleitung und des Managements
Das Commitment der Geschäftsleitung zu E-Learning ist eine wichtige Voraussetzung, damit einerseits die Budgets für die Investitionen gesprochen werden und andererseits die Einführung durch das Management unterstützt wird.

Die Einführung von E-Learning und die Bereitstellung einer Ausbildungsplattform erfordert erhebliche Investitionen. Für den Business Case konnte hier für E-Learning – dank der strategischen Verwandtschaft – eine ähnliche Argumentationsweise wie bei E-Banking verwendet werden. Für eine nachhaltig erfolgreiche Implementierung ist die Ausrichtung des Unternehmens auf eine entsprechende Personalstrategie sehr wichtig und das HR-Management musste durch intensives Mitwirken die Business-Vorteile für die Geschäftsleitung transparent machen.

Zudem ist es wichtig, dass E-Learning auch vom mittleren Management und den direkten Vorgesetzten akzeptiert und unterstützt wird. Für den Einsatz von E-Learning am Arbeitsplatz können die einzelnen Abteilungen Regelungen ausarbeiten, wie zum Beispiel, dass der Mitarbeiter seine Lernzeiten plant und im öffentlichen Timetable einträgt oder dass er während des Lernens sein Telefon auf einen Kollegen umstellen kann. In Großraumbüros ist es möglich, Kopfhörer zu verwenden und Tafeln mit *Bitte nicht stören* aufzustellen und teilweise ist es auch machbar, für das Lernen an einen ruhigen Arbeitsplatz zu wechseln.

Verfügbarkeit eines adäquaten Systems
In der Fachliteratur und auf E-Learning-Kongressen wird immer wieder betont, dass E-Learning keine IT-Aufgabe ist, sondern durch die Pädagogen über die Methodik/Didaktik gesteuert werden muss. Dies ist insofern richtig, dass die Pädagogen die für die Umsetzung

von E-Learning notwendigen Funktionalitäten definieren müssen. Trotzdem ist die IT-Leistung nicht zu unterschätzen, die dafür notwendig ist, die richtigen Funktionalitäten richtig zu entwickeln.

Als Voraussetzung für ein passendes Design des Zielsystems müssen die Informatiker einerseits die Anforderungen der internen Aus- und Weiterbildungsabteilungen kennen. Andererseits müssen sie auch wissen, was der Markt an E-Learning-Plattformen anbietet und wie die bestehenden Systeme im Unternehmen beschaffen sind, in die die neuen Funktionalitäten eingebettet werden sollen.

Zudem ist für die Einführung eines E-Learning-Systems erfolgsentscheidend, dass die zur Verfügung gestellten Funktionaliäten dem jeweiligen Entwicklungsstand der E-Learning-Kultur des Unternehmens entsprechen. Falls die Funktionen ungenügend sind (Umfang, Performance) oder ohne Einbindung in bestehende HR-Systeme und -Prozesse *neben* dem Tagesgeschäft stehen, kann keine sinnvolle Prozesserneuerung stattfinden und damit keine Akzeptanz aufgebaut werden.

Strategische und organisatorische Integration der Prozesse und Projekte

Da die Weiterentwicklung der Mitarbeiter ein Teil der HR-Prozesse ist, muss das E-Learning-Projekt in einen grösseren Zusammenhang eingebunden werden und darf nicht nur die Distribution von Lerninhalten im Fokus haben. Die Projektbeteiligten müssen deshalb die laufenden Projekte kennen, die in irgendeinem Zusammenhang zu *Education & Development* stehen. Ebenso sind die neu zu definierenden Prozesse im Rahmen aller bestehenden Arbeits- und HR-Prozesse, die von dem E-Learning-Prozess tangiert werden, zu betrachten und mit geeigneten Instrumenten neu zu entwickeln sowie in einer Betriebsorganisation festzulegen. Im Business Case müssen entsprechende betriebswirtschaftliche Überlegungen und Berechnungen den Nutzen der neuen Prozesse ausweisen können. Dazu ist erforderlich, dass die Optimierung des Qualifizierungsprozesses in Quality, Cost und Time dargestellt werden kann. Ein spezieller Fokus liegt bei dieser Diskussion auf der Einbettung des Lernprozesses in den Arbeitsprozess. Durch eine Lernprozessverlängerung mit Blended Learning und durch ein ausgewogenes Zusammenführen von Lernen und Arbeiten kann direkt auf die Qualität der Aufgabenerledigung eingewirkt und der Lerntransfer sichergestellt werden. Die Mitarbeiter sind nicht mehr wochenweise von der Arbeit weg und können die Lerninhalte mit den täglichen Herausforderungen und Problembewältigungen besser verknüpfen. Durch die Integration von Arbeits-, Lern- und Wissensprozessen wird damit eine bessere Lernmotivation und ein direkterer Bezug zur Wissensentwicklung hergestellt.

Neben der Work Life Balance kommt damit für die Mitarbeiter auch die *Work Learn Balance* ins Blickfeld.

Für das Unternehmen liefert die Lern-/Arbeitsintegration einen Beitrag zur Steigerung des *Human Capitals*. Mit Ausbildungsangeboten, die auf die Rollenprofile zugeschnitten sind und den Mitarbeitern anhand ihrer Gap-Analyse gezielt vorgeschlagen werden, kann eine effizientere Performancesteigerung erreicht werden als mit den herkömmlichen Weiterbildungsangeboten, die meist rollen- und damit auch unternehmensunabhängige Inhalte vermittelten. Eine kompetenzbasierte Aus- und Weiterbildung auf der Basis von Kompetenzanforderungen pro Rolle und Aufgabe stellt sicher, dass die Geschäftsprozesse in der geforderten

Qualität ausgeführt werden können und damit die Kundenzufriedenheit gesteigert werden kann.

Zu jedem der genannten Wissensbereiche müssen eine Vielzahl von Fragen beantwortet werden können. In der folgenden Abbildung ist als Beispiel ein Auszug der anfallenden Fragen im Wissensbereich (*Arbeits-, Lern- und Wissensprozesse*) zusammengestellt, die durch die Projektverantwortlichen der E-Learning- und Plattform-Projekte beantwortet werden sollen.

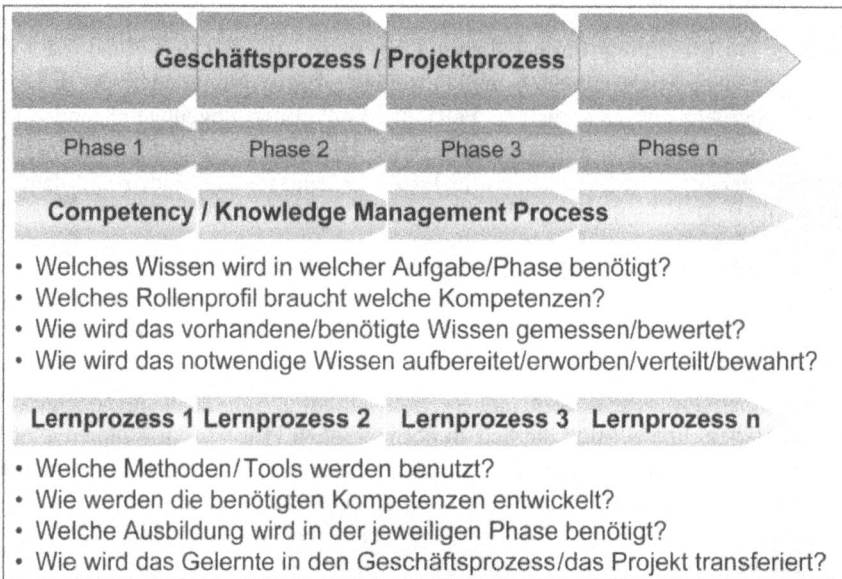

Abbildung 5: Fragen-Beispiele zu Arbeits-, Lern- und Wissensprozessen

Systematische Kommunikations- und Qualifizierungsmaßnahmen

Ein wichtiger Erfolgsfaktor ist ein frühzeitiger Einbezug der Stakeholder. Die Bedürfnisanalyse muss Ausbildungsverantwortliche, Kursmanager, Trainer und Lernende sowie Linienmanager und Controller miteinbeziehen. Damit kann ein möglichst vollständiger Anforderungskatalog die Basis für den Business Case (Cost) und das System-Design (Quality) sowie die Terminplanung (Time) bilden. Mit Budget-Begrenzungen, reduzierter Qualität durch fehlende Funktionen oder durch zeitliche Verzögerungen entstehen große Risiken für die Entwicklung und Einführung. Das Gewinnen von Multiplikatoren ist in einem Großunternehmen unerlässlich, da die Unterstützung eines Kulturwandels, im Falle von E-Learning, auf mehr oder weniger großen Widerstand stößt. Diese Hürden können nicht allein mit einer zentralen Gruppe überwunden werden und es muss in den Abteilungen das Verständnis für E-Learning mit verschiedenen Maßnahmen gefördert werden, um dem E-Learning zum Durchbruch zu verhelfen.

Deshalb war es für UBS WM&BB ein wichtiger Erfolgsfaktor, dass ein Competence Center E-Learning (CCEL) bereitgestellt werden konnte, das zur Einführung von E-Learning und zur nachhaltigen Unterstützung eine Reihe von Kommunikationsmaßnahmen durchführt und

Kurse für Trainer/Tutoren sowie für Kursentwickler anbietet. Zudem werden durch das CCEL Beratungen zur Qualitätssicherung oder auch vollständige Projektdurchführungen zur Entwicklung von E-Learning-Angeboten wahrgenommen. Damit wird auf die Qualifizierung der Stakeholder zur sinnvollen Benutzung des Systems viel Gewicht gelegt. Zur Information der Mitarbeiter sowie zur Qualifizierung von Kursmanagern und Trainern ist ein umfassendes Kommunikations- und Schulungsprogramm notwendig. Die Erfahrung hat gezeigt, dass die Einführung nur gelingen kann, wenn hierzu die richtige Anzahl Ressourcen mit dem notwendigen Wissen eingesetzt werden.

Neben der Qualifizierung der Zielgruppen stellte die Bereitstellung und Entwicklung der Kompetenzen der Projektbeteiligten sowie des Competence Center E-Learning eine besondere Herausforderung dar. Ein weiterer Erfolgsfaktor ist – wie für alle Projekte – die Rekrutierung der Projektmanager und Projektmitarbeiter, die Auswahl des externen Anbieters und die Bereitschaft zum Wandel der Mitarbeiter der Bildungsabteilungen. Hier muss bei allen Beteiligten ein fundiertes Basiswissen vorhanden sein und sie müssen die Bereitschaft, die Flexibilität und das Potential mitbringen, für das Projekt einiges dazuzulernen.

Mitarbeiter, Linienmanager sowie alle Projektteilnehmer müssen befähigt werden, mit E-Learning und mit der System-Plattform entsprechend umgehen zu können.

In der folgenden Tabelle werden die erforderlichen Wissensbereiche pro Erfolgsfaktor nochmals zusammengestellt.

Erfolgsfaktoren	Wissensbereiche
Commitment der Geschäftsleitung und des Managements	▪ Kennen der Unternehmensstrategie und der Personalstrategie. ▪ „Sprache" und Argumentationsweise der Geschäftsleitung. ▪ Geschäfts- und HR-Prozesse. ▪ Anforderungen des Managements der verschiedenen Geschäftsbereiche. ▪ Erstellung eines für das Management *verständlichen* Business Cases. ▪ Überzeugungskraft der Ausbildungsverantwortlichen gegenüber dem Management.
Verfügbarkeit eines adäquaten Systems	▪ Anforderungen der internen Aus- und Weiterbildungsabteilungen. ▪ Momentaner Stand der HR-Prozesse und der E-Learning-Kultur im Unternehmen. ▪ Funktionen und Grenzen der bestehenden IT-Systeme. ▪ Funktionen und Grenzen der Systeme des Marktangebots für E-Learning-Plattformen (Learning Management Systeme). ▪ Design des Zielsystems.

Erfolgsfaktoren	Wissensbereiche
Strategische und organisatorische Integration der Projekte und Prozesse	▪ Unternehmens- und HR-Strategie. ▪ Bestehende(s) Projektportfolio/Schnittstellen zu anderen Projekten. ▪ Business-Prozesse. ▪ HR-Prozesse, E-Learning-Prozesse. ▪ Arbeits-, Lern- und Wissensprozesse (vgl. Abbildung 5). ▪ Integration von Lernprozessen in Arbeitsprozesse (Work Learn Balance). ▪ Business Process Reengineering (BPR). ▪ Betriebsorganisation. ▪ Betriebswirtschaftliche Überlegungen/Berechnungen. ▪ Kompetenzanforderungen für die verschiedenen Rollen und Aufgaben im Unternehmen.
Systematische Kommunikations- und Qualifizierungsmaßnahmen	▪ Überzeugung des Business- und HR-Managements (persönliche Netzwerke), Abholen der Zielgruppeninteressen (Stakeholder). ▪ Marketingprozesse. ▪ Informations- und Kommunikationprozesse. ▪ Qualifizierung von Kursmanager, Trainer und Tutoren für E-Kurse und Blended Learning Solutions. ▪ Beratungen und Qualitätssicherungen für die Erstellung von E-Learning-Inhalten. ▪ Projektmanagement (Sozialkompetenz, Verhandlungsstrategien, Konzepte/Business Case, Projektplanung etc.). ▪ Change Management (technischer und organisatorischer Umgang mit Veränderungen). ▪ Möglichkeiten und Grenzen von E-Learning. ▪ Methodik/Didaktik für E-Learning (E-Kurse/WBT, Blended Learning). ▪ Lernprozesse. ▪ Self-Learning (selbstständiges, selbstgesteuertes Lernen). ▪ Handhabung des Systems.

Tabelle 1: Wissensbereiche pro Erfolgsfaktor

3.2 Was sind die zentralen Instrumente/Verfahren zum Management des Wissens bei der Implementation von Corporate E-Learning?

Im Folgenden wird eine Auswahl von Instrumenten und Verfahren aufgezählt, die in UBS für die Implementierung von E-Learning eingesetzt wurden und teilweise auch heute noch verwendet werden.

Wissensbereich	Instrumente/Verfahren
Funktionen und Grenzen der Systeme des Marktangebots für E-Learning-Plattformen	▪ Evaluation der Anbietersysteme. ▪ Erfahrungsaustausch mit anderen Unternehmen. ▪ Release Management. ▪ Aktive Mitarbeit bei internationalen Standardisierungen.
Anforderungen der internen Aus- und Weiterbildungsabteilungen (Stakeholder)	▪ Interviews/Anforderungsanalysen. ▪ Fachgremien während der Entwicklungsphase der E-Learning-Plattform (Teilnehmer: Stakeholder). ▪ Anforderungsspezifikationen in Zusammenarbeit mit HR-Business. ▪ Gremium Quality Conference für Qualitätssicherung nach Einführung (Teilnehmer: Ausbildungsverantwortliche). ▪ Change Request Prozess und Tool.
Integration Projekte/ Prozesse	▪ Teilzeitprojektarbeit durch Fachleute. ▪ projektübergreifende Mitarbeit/Job-Rotation. ▪ gemeinsame Meetings. ▪ Integration in bestehende Prozesse (z.B. Administration der Präsenzkurse).
E-Learning Prozesse	▪ Betriebsorganisation E-Learning (detaillierte Beschreibung der Abläufe für Entwicklung, Betrieb, Workflows etc.).
Information/Kommunikation	▪ Competence Center E-Learning (speziell eingerichtete Organisationseinheit für Kommunikation, Consulting, Support, Qualifizierungen, WBT-Projektmanagement etc.). ▪ Kommunikationsinstrumente wie zum Beispiel Newsletter/Broschüren/Intranet/Roadshows/Insights (Veranstaltungen für Organisationseinheiten. ▪ Community of Practice während Einführungsphase für dezentrale Ausbildungseinheiten (Forum, Chat, Meetings).

Wissensbereich	Instrumente/Verfahren

Qualifizierung von Kursmanager, Trainer und Tutoren	▪ Kurse wie zum Beispiel:
	  – E-Communication (Blended Learning).
	  – STEP Kursmanager/Tutor Basiskurs (E-Kurs).
	  – STEP Kursmanager Vertiefungskurs (Präsenz).
	▪ Support/Consulting für E-Learning & Content Production.

Prozesse/ Betriebsorganisation	▪ Internes Consulting.
Projektmanagement	▪ Rekrutierung interner und externer Mitarbeiter. ▪ Entwicklungsrichtlinien UBS (Standards für Projektprozess). ▪ Teilzeitprojektarbeit von UBS-Fachleuten. ▪ Projektübergreifende Mitarbeit.

Change Management organisatorisch & Umgang mit Veränderungen & Self-Learning	▪ Projektsteuerungsgremium (Top-Management).
	▪ Pilot Blended Learning zu Leadership Training für oberes Management.
	▪ Fachgremien während Entwicklungsphase der Plattform (Stakeholder).
	▪ Community of Practice während Einführungsphase für dezentrale Ausbildungseinheiten (Forum, Chat, Meetings).
	▪ Selbstlernangebote (WBT):
	  – Besser lernen – mehr erreichen.
	  – Planning & Organising.
	▪ Q&A zu STEP.
	▪ Tipps zum Lernen am Arbeitsplatz.
	▪ E-Learning Set „Bitte nicht stören".
	▪ STEP Package Management (PowerPoint-Präsentation für Manager mit kaskadenartiger Weiterleitung an Sektions- und Teamleiter).
	▪ Projekt SBVg für Nachwuchsausbildung (Blended Learning in der Lehrlingsausbildung zur Einführung der neuen Lernkultur bei zukünftigen Mitarbeitern).

Change Management technisch	▪ Change Request Prozess und Tool.
Methodik/Didaktik für E-Learning & Lernprozesse	▪ Externes Consulting.

Wissensbereich	Instrumente/Verfahren
Handhabung des Systems	• STEP Anwenderschulung „Suchen, Buchen, Lernen" (WBT). • Guide zu First Login STEP (Dokument). • Support bei technischen Problemen. • Support bezüglich Kursangebot.

Tabelle 2: Beispiele von Instrumenten und Verfahren

3.3 Wie lässt sich das Lernen zwischen E-Learning-(Teil-)Projekten erfolgreich gestalten?

Da E-Learning durch sehr unterschiedliche Stakeholder getragen werden muss und für eine erfolgreiche Einführung mehrere Projekte in den verschiedensten Gebieten erforderlich sind, ist eine projektübergreifende Zusammenarbeit und der Austausch von Erfahrungen und Wissen zwischen den beteiligten Projekten unumgänglich.

Einige der oben erwähnten Instrumente und Verfahren lassen sich auch zur Unterstützung des *Intra- und Inter-Projekt-Lernens* einsetzen. Bei den E-Learning-Projekten LMS, CMS, Einführungskommunikation/Marketing, Qualifizierungsmaßnahmen und den HR-Projekten RDM, PMM sowie zwischen den jeweiligen Teilprojekten wurden und werden für den projektübergreifenden Wissensaustausch in UBS folgende Instrumente eingesetzt (nicht abschliessend):

- Projektübergreifende Meetings und Workshops.

- Gemeinsame Dokumentenablagesysteme (Q-Laufwerk, DocWeb/LiveLink auf dem Intranet).

- Gegenseitige Informationen/Präsentationen/Veranstaltungen.

- Zwischenberichte/Schlussberichte.

- Projekt-Reviews.

- Projektübergreifende Mitarbeit/Job-Rotation.

- Teilzeitprojektarbeit durch Fachleute aus den Bildungsabteilungen und aus dem Business.

- Fachgremien mit Vertretern aus den dezentralen Bildungsabteilungen.

- Community of Practice E-Learning (CoPEL) für Austausch der ersten Erfahrungen mit STEP durch Kursmanager und Trainer.

- Förderung des Networking und der Zusammenarbeit.

- Präsentationen an Entscheidungsträger.

- Pilot Blended Learning im Leadership Training mit Zielgruppe Top-Management (Selbsterfahrung mit dem System für das die Entscheidungsträger die Investitionen freigeben müssen).

- Entwicklung von Self-Learning für die Einführung von STEP.

- Consulting für unternehmensübergreifende E-Learning-Inhalte (z.B. Outlook-Schulung, Compliance).

- Mitarbeit in externen Arbeitskreisen zum Thema E-Learning.

- Mitarbeit in internationalen Gremien für Standards.

Das eingesetzte Instrument *Community of Practice E-Learning CoPEL* wird im folgenden Kapitel noch detaillierter beschrieben.

3.4 Was sind die kritischen Erfolgsfaktoren zur Entwicklung von Communities of Practice bei der Implementation von Corporate E-Learning?

Mit der bereits erwähnten *Community of Practice E-Learning CoPEL* wurde ein Kommunikationsinstrument zur Verfügung gestellt, über das sich die beteiligten Kursmanager und Trainer über ihre ersten Erfahrungen mit STEP austauschen konnten. Als Erfolgsfaktoren haben sich dabei folgende Punkte hervorgehoben:

- Teilnehmer: Kursmanager und Trainer aus dezentralen Ausbildungseinheiten zusammen mit Projektbeteiligten.

- Professionelle Konzeption und gute Vorbereitung der Themen (durch externen Anbieter Athemia).

- Gemeinsame Ziele definieren und diese durch Zusammenarbeit zu erreichen versuchen.

- Theoriewissen über didaktische Gestaltung und Online-Tutoring, Kenntnisse über selbstgesteuertes Lernen und kooperatives Lernen in Gruppen, Medienkompetenzen, Kommunikationskompetenzen im Netz und persönliche Erfahrungen des Moderators.

- Nonverbale Signale neu gestalten und einbringen („Verschriftlichung" der Kommunikation).

- Strukturierungsaufgaben: Aufbereitung und Austausch von Ergebnissen, Ideen, themenspezifischen Fragen und Antworten (Q&A).

- Individuell benutzbare Self-Learning-Angebote mit Selbsttest-Möglichkeit.

- Chats bilden als Einstieg und Abschluss den Rahmen.

- Einführung/Anleitung/Support.

- Handhabung des Systems muss vorgängig sichergestellt sein.

- Professionelle Moderation/Online-Tutoring (den neuen Kommunikationsformen angepasst).

- Intensive Betreuung/Motivation (überwinden der Distanz in den Dimensionen Zeit und Raum).

- Individuelle und netzbasierte Gruppenbetreuung.

- In Kooperationen sind Lernende gleich Lehrende und der Moderator ist Koordinator und Betreuer.

- Persönliches Kennenlernen.

3.5 Nach welchen Prinzipien lassen sich E-Learning-(Teil-)Projekte so anordnen, dass es für die Implementation förderlich ist (E-Learning-Evolutionspfad)?

Für eine erfolgreiche Implementierung von E-Learning spielen verschiedene Faktoren eine Rolle. Ein Jahr nach der Einführung können sicher einige davon definiert werden, wobei diese Aufzählung einerseits nicht abschliessend sein kann und andererseits die Frage offen bleibt, ob diese Faktoren in einer anderen Konstellation bzw. in einem anderen Umfeld noch die gleiche Wirkung erzielen würden. Durch die komplexen Abhängigkeiten und deren Auswirkungen lassen sich im Nachhinein nur Vermutungen aufstellen, welche Konstellationen zu einer gelungenen Implementation beigetragen haben könnten.

Folgende Prinzipien bzw. Vorgehensweisen lassen sich für die Einführung von E-Learning in UBS WM&BB als „Evolutionspfad" identifizieren:

1. **Pilotprojekte**
   Damit im Business Case geprüfte Zahlen ausgewiesen und der Geschäftsleitung sowie den Stakeholdern zum besseren Verständnis Beispiele vorgelegt werden konnten, wurden vor der Konzeption von E-Learning und vor der Anforderungsanalyse zur Plattform, sowohl bzgl. verschiedener Inhalte und Methoden als auch bzgl. verschiedener Zielgruppen, Pilotprojekte durchgeführt. Pilotphasen für Content und Plattform sind für die Initialisierung ausserordentlich wichtig, da nur Erfahrungen zeigen können, welche Anforderungen von Belang sind.

2. **Anforderungsanalyse**
   Damit im Business Case der genauere Bedarf bezüglich E-Learning dargestellt werden kann, wurden in allen Geschäftsbereichen auf der Basis der Pilotprojekte Interviews durchgeführt und in einer ausführlichen Anforderungsliste mit Mengengerüst zusammengestellt. Dies diente auch zur betriebswirtschaftlichen Darlegung der Soll-Lösung gegenüber der Ist-Situation.

3. **Identifikation der (Teil-)Projekte und deren Gruppierung**
   In Abbildung 6 sind die wichtigsten Projekte im Zusammenhang mit E-Learning und Plattform zusammengestellt. Das eigentliche Kernprojekt für E-Learning und die Ent-

wicklung der Plattform ist *STEP (System for Training, Education & Performance)*, das wiederum aus mehreren Teilprojekten zusammengesetzt ist.

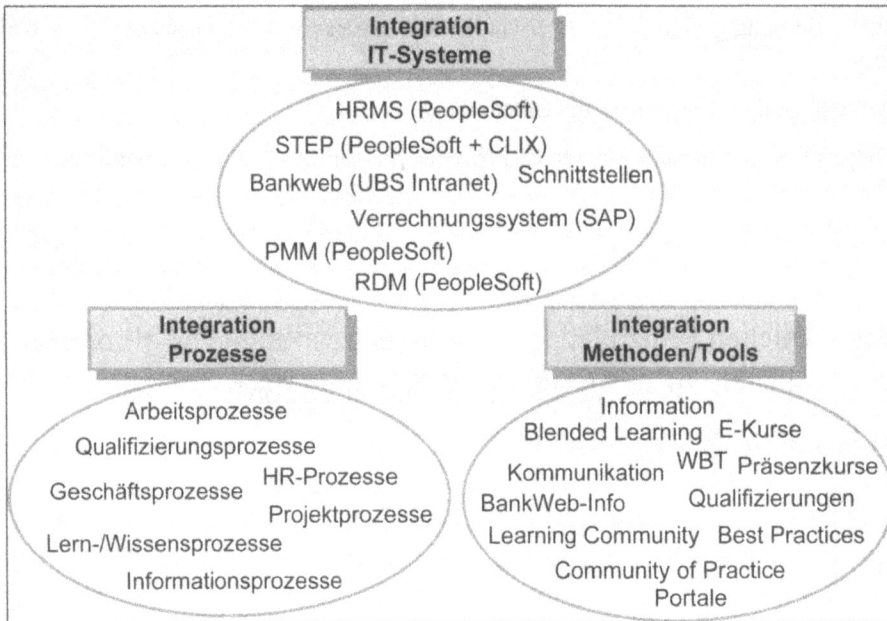

Abbildung 6: Beispiele von Teilprojekten und deren Gruppierung

4. Iterative Vorgehensweise

Aus allen drei Bereichen wurden einzelne Projekte für verschiedene Zielgruppen nacheinander realisiert. Es wurde dabei auf eine sogenannte Ausgewogenheit geachtet und bewusst darauf verzichtet, dass das Schwergewicht auf einen Bereich gelegt wurde. Damit konnte vermieden werden, dass zum Beispiel der Fokus auf nur wenige Zielgruppen oder einseitige Methoden gerichtet war. Das heißt, zum Start von STEP wurden nur Grundfunktionen bereitgestellt. Weiterführende Funktionen wurden im ersten Jahr nach dem Go Live in vier Releases nachgeliefert. Dies hatte zum Vorteil, dass einerseits alle Zielgruppen beteiligt waren und andererseits die Anwender nicht mit zuviel Neuem überhäuft wurden. Teilweise konnten erst bei der Verwendung der Funktionalitäten und nach den ersten Erfahrungen die Anforderungen präzis formuliert werden und teilweise konnten auch noch nachträgliche Anforderungen eingebracht werden, die durch die Arbeit mit dem System entstanden. Dies leistete einen nicht zu unterschätzenden Beitrag für die Akzeptanz der neuen Methoden und Systeme.

5. Kurze Entwicklungs- und Einführungsphase eines adäquaten Systems

Durch die extrem kurze Entwicklungszeit konnte sichergestellt werden, dass das Projekt nicht durch Reorganisationen oder Strategieänderungen gestoppt wurde. Hingegen muss aber auch erwähnt werden, dass die Kehrseite dabei ebenfalls akzeptiert werden muss, nämlich, dass es immer auch Stimmen gab, die die noch fehlenden Funktionalitäten beklagten. Trotzdem ist hier aus unserer Sicht das Prinzip einzuhalten, dass bei der Einführung eines E-Learning-Systems auf eine kurze Realisierungszeit und ein adäquates

System zu achten ist, das heißt, dass nur diejenigen Funktionen zur Verfügung gestellt werden sollten, die den Anforderungen bzw. dem jeweiligen Entwicklungsstand der E-Learning-Kultur des Unternehmens entsprechen.

6. **Change Request Prozess**

Durch eine längere Nachbesserungsphase konnte der Prozess für eine kontinuierliche Weiterentwicklung der Systeme und Konzepte von Anfang an implementiert werden. E-Learning Systeme bzw. Learning Management Plattformen werden in den nächsten Jahren nach allen Prognosen noch an Bedeutung zunehmen. Deshalb ist es für einen nachhaltigen Erfolg wichtig, dass ein Veränderungsprozess institutionalisiert wird.

Mit dieser Konstellation konnte UBS eine erfolgreiche Implementation von E-Learning realisieren und die bereits flächendeckende Nutzung des Systems zeigt auch eine weitgehende Akzeptanz. Trotzdem bestehen auch Lessons Learned, die für die Zukunft einige Erkenntnisse gebracht haben, wie es noch besser gemacht werden könnte. So müssten zum Beispiel die HR-Business-Einheiten für die Anforderungsspezifikationen intensiver durch das Projekt begleitet und unterstützt werden. E-Learning hat sich in den letzten Jahren so stark entwickelt, dass nur noch Experten den Über- und Durchblick haben können, ohne den es sehr schwierig ist, die richtigen Funktionen zu definieren, die auf die Anforderungen passen. Dieser Design-Prozess müsste vermehrt im Teamwork durch HR-Business, IT und Projekt-Team erarbeitet werden.

Zudem entstehen mit der Nutzung immer wieder neue Anforderungen, die meistens nicht schon im Voraus abgeschätzt und entsprechend konzipiert werden können.

Für diesen Evolutionspfad muss genügend Ausdauer der Projektbeteiligten, Goodwill der Geschäftsleitung für Nachinvestitionen und Mitmachen der Lernenden im Prozess des „dauernden Wandels" vorhanden sein.

In diesem Sinn werden in UBS WM&BB bereits wieder neue Bausteine für die Weiterentwicklung von STEP und E-Learning konzipiert. Diese Erweiterungen sollen mit dem nächsten Release in 2004 umgesetzt werden – STEP by STEP:

- Realisierung weiterer E-Learning Inhalte.

- Integration RDM: PMM und STEP ➜ EIN Prozess.

- Ausbau Testing und Zertifizierung.

- Ausbau Reporting und Bildungscontrolling.

Gabi Reinmann

Implementation von E-Learning:
Engineering und Empowerment im Widerstreit

Die Autorin

Gabi Reinmann. Prof. Dr.; Universität Augsburg. Diplom-Psychologin, Promotion an der Ludwig-Maximilians-Universität München in den Fächern Psychologie, Pädagogik und Psycholinguistik. Wissenschaftliche Mitarbeiterin, später Assistentin am Institut für Empirische Pädagogik und Pädagogische Psychologie (Lehrstuhl Prof. Mandl). Habilitation zum Thema Wissensmanagement im Jahr 2000. Nebenberufliche Beratertätigkeit beim Unternehmensreferat Wissensmanagement der Siemens AG in den Jahren 2000/2001. Seit 2001 Professorin für Medienpädagogik (C 3) an der Universität Augsburg mit dem Schwerpunkt Wissen, Lernen, Medien. Seit 2002 Mitglied im Fachrat Lehrerbildung der Virtuellen Hochschule Bayern und Mitherausgeberin der Reihe „Lernen mit neuen Medien" (Huber Verlag). Schwerpunkte in Forschung und Entwicklung: Mediendidaktik, Gestaltung von Lernumgebungen (E-Learning, Blended Learning), (narratives) Wissensmanagement, visuelle und analoge Kommunikation, Evaluation und Design-based Research.

Einführung

Wenn Sie gefragt werden, ob die Implementation von E-Learning mehr mit dem Betreiben einer Kettenfabrik oder einer Kindertagesstätte gemein hat, was antworten Sie? Meine Antwort lautet: Implementation von E-Learning hat sehr wenig gemein mit den Prinzipien, die eine Kettenfabrik am Laufen halten, aber sehr viel Ähnlichkeit mit den Prinzipien, die eine Kindertagesstätte ausmachen. Zeigen möchte ich das im *ersten Teil* meines Beitrags anhand von drei Thesen, die im Folgenden erörtert werden:

- Die Implementation von E-Learning im Unternehmen ist ein Beispiel für *pädagogische Praxis*, von daher müssen die Besonderheiten der pädagogischen Praxis handlungsleitend sein.

- Die Implementation von E-Learning im Unternehmen ist ein *Designprozess*, in dem Theorie und Praxis „schöpferisch" miteinander verbunden werden.

- Voraussetzung für eine gelungene Implementation von E-Learning ist die Beteiligung von *Emotionen* als Energie für jede Form von individuellem und kollektivem Lernen.

Vor dem Hintergrund dieser Thesen soll im *zweiten Teil* des vorliegenden Beitrags die Frage behandelt werden, welchen Stellenwert das Wissensmanagement bei der Implementation von E-Learning spielen kann. In diesem Zusammenhang werde ich die Fragen des Round Table-Gesprächs zu „Evolution gestalten: Wissensmanagement im E-Learning" aufgreifen.

In einem abschließenden *dritten Teil* soll der Grundstein für ein strukturgenetisches Wissensverständnis gelegt werden, der wesentlichen Einfluss auf E-Learning *und* Wissensmanagement hat und den hier gemachten Ausführungen eine theoretische Fundierung gibt.

Teil I: Eine Reformulierung des Implementationsbegriffs

1. Traditionelle Implementationsmodelle

Bisherige Implementationsmodelle konzentrieren sich auf das Ziel, vorhandene (theoretische) Konzepte, wissenschaftliche Erkenntnisse, Neuerungen etc. in der Praxis *anzuwenden*: Implementation gilt als Umsetzung wissenschaftlicher Erkenntnisse in gesellschaftliche Praxis bzw. in praktisches Handeln (Euler & Sloane, 1998, S. 312) oder als gezielte Einführung von Innovationen im Sinne der Umsetzung von Neuerungen (z.B. Breuer & Höhn, 1998). Die meisten Implementationsmodelle postulieren vor diesem Hintergrund verschiedene Phasen der Implementation: die Initiierung oder Vorbereitung (einschließlich Zielsetzung, verschiedene Analyseschritte und Schaffung von Rahmenbedingungen), die (erste) Umsetzung bzw. Anwendung (einschließlich Qualifizierungsprozesse und andere Maßnahmen) sowie die Evaluation und die Institutionalisierung (z.B. Sonntag, Stegmaier & Jungmann, 1998; Euler & Sloane, 1998; Fullan, 1991).

Implementation ist ein prototypisches Beispiel für das Theorie-Praxis-Problem, das vor allem in der Pädagogik ein ständiger Begleiter wissenschaftlicher Arbeit ist. Hier gibt es grundsätzlich zwei Positionen (Kremer, 2003, S. 55 f.): Entweder man geht von einem Primat der Theorie aus, sodass Theorien die Praxis bestimmen und Anleitungen für die Praxis geben sollen – das entspricht auch dem traditionellen Verständnis von Implementation im obigen Sinne. Oder man geht vom Primat der Praxis aus, sodass die Theorie der Praxis dienen muss und auf diese auszurichten ist.

In letztere Richtung geht z.B. Kremer (2003): Für ihn ist Implementation (von Theorien aus dem Bereich des Lernens und Lehrens) eine Gestaltung didaktischer Felder und nicht bloß ein Transfer von Wissenschaft in Praxis; zudem sei Implementation immer auch ein Lernprozess für alle Beteiligten. Den Aspekt des Lernens bzw. der Veränderung führt auch Fullan (1993) ins Feld: Er versteht unter Implementation „die Veränderung eines Brauchs durch die Anwendung einer neuen Idee oder eines neuen Produkts" (Fullan, 1993, S. 1983, zit. nach Kremer, 2003).

2. Implementation von E-Learning als Beispiel für pädagogische Praxis

Wenn man davon ausgeht, dass mit „Implementation von E-Learning" die Einführung und Umsetzung von neuen Medien *und* didaktischen Konzepten und nicht nur der Einsatz neuer IT-Werkzeuge gemeint ist, dann haben wir es mit einem genuin pädagogischen Feld zu tun: Menschen in einer Organisation sollen mit Hilfe der neuen Medien lernen und sie sollen das in einer Weise tun, wie es die Organisation vorsieht. Die Implementierung von E-Learning *ist* vor diesem Hintergrund pädagogische Praxis.

Der Begriff Praxis (sei es pädagogische Praxis, sei es Managementpraxis etc.) wird im Allgemeinen in zwei Bedeutungsvarianten benutzt: Einmal zur Kennzeichnung eines beruflichen Umfeldes einschließlich räumlicher Bedingungen und Tätigkeiten; zum zweiten im Sinne von „Übung" bzw. Vorbereitung einer Leistung. Baumgartner und Payr (1999) definieren auf dieser Grundlage Praxis als „eine Folge von zusammenhängenden, geschickt ausgeführten Handlungen ..., die sich in mehr oder minder gleichartige Typen oder ‚Fälle' unterteilen lässt" (S. 71). Ein erfahrener Praktiker (also der Experte in der Praxis) behandelt Fälle nicht nach starren Regeln, sondern in ihrer besonderen Eigenart. Auch der Praktiker lässt theoretisches Wissen in sein Handeln einfließen, auch der Praktiker reflektiert sein Handeln im Vollzug und bei Bedarf auch aus der Distanz heraus: Aber er wendet Theorien auf Praxis nicht einfach an, sondern lässt diese zusammen mit seiner Erfahrung bzw. modifiziert durch seine Erfahrung, in das Handeln einfließen[1].

Reflektierendes Expertenhandeln in der Praxis zeichnet sich durch folgende Merkmale aus (Baumgartner & Payr, 1999, S. 73): Jedes praktische Problem wird trotz (oder wegen) hohen Wissens und viel Erfahrung als ein einzigartiger Fall behandelt: Statt Standardlösungen einzusetzen, werden Interventionen schrittweise auf die Besonderheiten des Falls zugeschnitten. Es werden ausgehend vom konkreten Fall Ähnlichkeiten zu früheren Situationen erkannt, aber auch „erspürt". Auf diese Weise wird das vorliegende Problem in der Situation erst konstruiert, was eine kreative Leistung ist. Praxis ist demnach nicht die Anwendung von Lösungen auf gegebene Probleme, sondern ein Prozess des Findens und Erkennens, der das Problem erst bearbeitbar macht.

Pädagogische Praxis nun lässt sich neben der allgemeinen Kennzeichnung von Praxis durch mehrere Besonderheiten charakterisieren (vgl. Urban, 1998):

- Pädagogische Praxis ist *nicht-instrumentell*er Art: Es werden keine Güter produziert und es werden auch nicht Dienstleistungen im herkömmlichen Sinne angeboten.

- Pädagogische Praxis ist ein *personales* Geschehen: Es geht um Menschen, die selbst handeln, die empfinden, die sich verändern und damit nicht planbar sind.

- Pädagogische Praxis ist *dynamisch*: Es gibt keine Wiederholung, die beteiligten Menschen bilden eine Gruppe mit eigener Dynamik und irreversibler Zeitstruktur, die jeden Akt der Beeinflussung zu einem einzigartigen Vorgang macht.

- Pädagogische Praxis ist *dialogisch*: Sie ist nie einseitig, sondern hat immer ein Gegenüber; jeder ist Geber und Nehmer zugleich, weil auf jede Aktion eine Reaktion folgt, die wiederum die Situation und die Beteiligten verändert.

- Pädagogische Praxis ist ein *Design*prozess: Es werden Beziehungen gestaltet; Wissen wird nicht bloß angewandt, sondern kommunikativ erzeugt und in der Situation experimentell überprüft.

Die Implementation von E-Learning muss vor diesem Hintergrund mehrere Punkte beachten: Man kann die Implementation von Lernkonzepten einschließlich der dazugehörigen IT-Werkzeuge nicht in derselben Weise betreiben wie die Implementation etwa von Maschinen in der Produktion. Als pädagogische Praxis muss die Implementation von E-Learning als ein dynamischer und jeweils einzigartiger Prozess begriffen werden, der mit Menschen zu tun hat und der vor allem dialogisch ist: Während eine Maschine allenfalls vorprogrammierte Reaktionen zeigt, haben Menschen einen eigenen Willen, eigene Bedürfnisse und reagieren von daher intentional (im Sinne von Handeln), was nicht ohne Einfluss auf den Implementationsprozess bleibt. Von daher braucht man für die Implementation von E-Learning Praktiker, die diesen Prozess als Design- bzw. Gestaltungsaufgabe und als eine Herausforderung

---

[1] Schön (1983) spricht hier von reflection-in-action und von reflection-on-action: Reflection-in-action kann man als einen unwillkürlich ablaufenden Rückkoppelungseffekt (als implizites Feedback) eines sich selbst steuernden Systems bezeichnen. Reflection-on-action dagegen meint eine explizite kognitive Reflexion, z.B. in ungewohnten Situationen oder nach Ablauf einer Handlung.

begreifen, die Einzigartigkeit jedes einzelnen Falls zu erkennen und vor dem Hintergrund ähnlicher Fälle relevante Probleme aufzufinden und im reflektierendem Handeln zu lösen.

3. Implementation von E-Learning als Designprozess

Den Begriff „Design" kennt man gemeinhin aus den Bereichen der Architektur und Stadtentwicklung, aber auch aus der Produktion (Produktdesign) und neuerdings auch aus dem Informationsbereich (Informationsdesign). Das Internationale Institut für Informationsdesign in Wien z.B. definiert Design als das Erfassen einer Problemstellung und die geistige Werkschöpfungsleistung eines Urhebers; sie manifestiert sich in Entwürfen und Plänen, zu denen auch Konzepte und Spezifikationen zählen[2]. Baumgartner und Payr (1999) schlagen vor, den Designbegriff auf alle Tätigkeiten auszuweiten, „die innerhalb bestimmter Rahmenbedingungen verschiedene Gestaltungsmöglichkeiten zulassen" (S. 75). Dabei sind es nach Baumgartner und Payr (1999) vor allem drei zentrale Elemente, die im Begriff des Designs liegen:

- das planerische, entwickelnde und entwerfende Element, das eine Neu- oder Umorientierung bedeutet und bloße Nachahmung oder Reproduktion ausschließt;

- ein „visionäres" Element mit einer harmonischen Verbindung von Form und Inhalt einschließlich eines künstlerischen Aspekts, der einen entsprechenden Gestaltungsspielraum eröffnet; und

- ein Element des Zusammenhangs von Form und Inhalt, was Design von der „reinen" Kunst unterscheidet, denn: Wissenschaftliche Inhalte lassen sich zwar mit kreativen Formen verknüpfen, doch der Formaspekt darf nicht (wie in der Kunst) überwiegen.

Der Begriff „Design" eignet sich dafür, deutlich zu machen, wie wichtig es ist, theoretisches Wissen und Praxiswissen mit einem „aktiven schöpferischen Eingriff" in eine nicht vorab festgelegte Situation miteinander zu verbinden.

Die Implementation von E-Learning umfasst alle der drei genannten Elemente: Wie bereits neuere Modelle aus der traditionellen Linie der Implementationsforschung betonen (s.o.), kommt es bei der Implementation zu einer Verzahnung von Theorieanwendung und Theorieentwicklung; Implementation hat also immer etwas Entwickelndes und Entwerfendes. Zudem müssen Anpassungen an den gegebenen Kontext vorgenommen werden: Noch im Prozess der Implementation werden neue Planungen erforderlich; eine Eins-zu-eins-Umsetzung einer Theorie in die Praxis ist nicht möglich. Die erforderliche Anpassung an den gegebenen Kontext setzt einen Gestaltungsspielraum bei der Implementation voraus: Insbesondere im Rahmen der pädagogischen Praxis kann und darf man diesen Spielraum nicht verplanen, sondern muss diesen für schöpferische Eingriffe offen lassen. Nicht zu verwechseln ist dieser Gestaltungsspielraum hingegen mit reiner Kunst oder gar mit Willkür (oder Zufall): Natür-

---

[2]   http://www.iiid.net/Definition-d.html (Stand: 07.08.03)

lich sind Theorien bei der Implementation von E-Leraning eine zentrale Orientierung und in vielen Fällen auch handlungsleitend.

4. Emotionen als Voraussetzung für die Implementation von E-Learning

Die vorangegangenen Abschnitte sollten deutlich gemacht haben, dass sich die Implementation von E-Learning nicht auf die bloße Anwendung oder den Transfer von Theorien oder anderen Wissensinhalten auf die Praxis reduzieren lässt: Die Implementation von E-Learning *ist* pädagogische Praxis und vereint in seiner geistigen und praktischen Wertschöpfung wissenschaftliche und künstlerische Merkmale. Bis zu diesem Punkt aber bleibt man auf einer kognitiven Ebene: Es geht um Entwerfen, Entwickeln, Anpassen und Reflektieren. Allenfalls das von Schön (1983) als „reflection-in-action" bezeichnete unmittelbare, auch unbewusste Korrigieren von Handeln durch Erfahrungswissen geht in eine Richtung, die über Begriffe wie gefühlsmäßiges Handeln und Intuition auch auf emotionale Aspekte des Geschehens hinweisen.

Ziel einer Implementation von E-Learning in einer Organisation ist, dass Menschen in der Organisation mit Hilfe der neuen Medien lernen (s.o.). Das setzt nicht nur Akzeptanz der didaktischen Konzepte ebenso wie der eingesetzten IT-Werkzeuge voraus. Das erfordert auch ein Mindestmaß an Motivation und emotionaler Beteiligung: „Lernen ist kein rein kognitiver Prozess, sondern emotional eingebettet" (Siebert, 2001, S. 302). Emotionen mobilisieren oder hemmen Wahrnehmungs-, Erkenntnis-, Motivations- und Gedächtnisprozesse; sie schaffen aber auch (biografische) Kontinuität, helfen bei der Ordnung und Hierarchisierung (etwa nach Wichtigkeit) von Denkinhalten, sie können dazu dienen, Komplexität zu reduzieren (z.B. durch Auswählen, Ausblenden, Vergessen) und sind damit für das Lernen von besonderer Bedeutung (Ciompi, 1997). Thesen dieser Art finden in verschiedenen Forschungsrichtungen Bestätigung: in der aktuellen Hirnforschung (z.B. Spitzer, 2000) wie auch in der Entwicklungspsychologie (z.B. Oerter, 1995). So ist bekannt, dass der Mensch von Natur aus neugierig ist und lernen *will*, dass Lernen gar mit Lust verknüpft ist und unser Gehirn nichts lieber tut als lernen. Gleichzeitig aber weiß man auch, dass z.B. Angst denkbar ungünstig für Lernprozesse ist (Pekrun & Jerusalem, 1996) und schlechte Stimmungen erheblichen Einfluss auf das Lernen haben. Trotz dieser offenkundigen Bedeutung der Emotionen unterschiedlicher Couleur beim Lernen ist dieses Phänomen – verglichen etwa mit Fragen der Kognition und der Motivation – ein vergleichsweise vernachlässigtes Thema, was für das E-Learning, aber auch für das Wissensmanagement gilt: In ähnlicher Weise wie beim Lernen werden beim Management von Wissen emotionale Aspekte weitgehend ausgeklammert, als gäbe es keine Machtspiele, Freundschaften und Feindschaften, Ängste und Neidgefühle in der Organisation (vgl. Romhardt, 2002). „Das Handeln und Denken des Menschen wird nie bloß von rein rationalen Entscheidungen und Einsichten bestimmt. Die emotionale Gestimmtheit und die motivationale Tendenz, die jeder Struktur zu eigen ist, moderiert auch ihre Aktivierung" (Seiler, 2001, S. 44).

Will man bei der Implementation von E-Learning auch die Emotionen der Beteiligten berücksichtigen, wird es nicht ausreichen, Implementation als Designprozess zu verstehen (auch wenn im Design aufgrund der künstlerischen Komponente Gefühle nicht ganz außen vor bleiben). Hier aber betreten wir weitgehendes Neuland, das im vorliegenden Beitrag nicht weiter behandelt werden kann (vgl. Reinmann-Rothmeier & Vohle, in Vorbereitung).

5.   Fazit: Kettenfabrik oder Kindertagesstätte?

Für mein Verständnis ist die Implementation von E-Learning ein prototypisches Beispiel für pädagogische Praxis (um die sich Pädagogen allerdings wenig kümmern) und ein Designprozess, der über die Anwendung von Theorie auf die Praxis weit hinausgeht und kreatives Problemlösen sowie schöpferisches Denken und Handeln einschließt. Als humane Praxis muss sich die Implementation von E-Learning an den beteiligten Menschen orientieren und sie muss neben den Kognitionen und Motiven auch deren Gefühle im Blick haben – sowohl die Gefühle der Akteure als der „Betroffenen", die im hier skizzierten Implementationsverständnis ohnehin immer auch aktiv Beteiligte sind. Eine direkte Einflussnahme auf das Lernen und/oder auf das Wissen von Menschen etwa durch Instrumente kommt einer „Steuerungsillusion" gleich (Romhardt, 2002), die verkennt, dass Menschen keine plan- und programmierbare Maschinen oder beliebig bearbeitbare Objekte sind. Ein Denken in Engineering-Prinzipien, wie es für eine Kettenfabrik sinnvoll und zielführend ist, hat in der pädagogischen Praxis – und damit auch bei der Implementation von E-Learning – nichts zu suchen. Ein Denken in Empowerment-Prinzipien, wie es für Kindertagesstätten notwendig und „viabel[3]" ist, wird auch bei der Einführung und Etablierung von didaktischen Konzepten und IT-Werkzeugen von Vorteil sein. Empowerment meint an dieser Stelle die Akzeptanz, dass Menschen und deren Handeln nicht planbar und steuerbar sind wie die Produktion von Gütern, und die echte Bereitschaft und Anstrengung, Menschen zu befähigen, *selbst* neues Wissen zu generieren und Veränderungen herbeizuführen.[4]

---

[3]   Viabel meint im Rahmen des konstruktivistischen Denkens „nützlich".

[4]   Die Gegenüberstellung von „Engineering" und „Empowerment" geht auf Fiedler (2003) zurück.

Teil II: Folgen eines reformulierten Implementationsbegriffs für die Praxis

6. Wissensmanagement bei der Implementation von E-Learning

Wissensmanagement – so schreibt Kai Romhardt (2002) in seinem Buch „Wissensgemeinschaften: Orte lebendigen Wissensmanagements. Dynamik – Entwicklung – Gestaltungsmöglichkeiten" – ist eine paradoxe Veranstaltung geworden: Zum einen wird Wissen als im Kontext verankert und mit Menschen und Kollektiven verbunden beschrieben, zum anderen wird das größte Budget in IT-Lösungen gesteckt. Oder anders formuliert: „Empowerment steht drauf, Engineering ist drin" oder in wieder anderen Worten: Wissensmanagement ist zur größten Mogelpackung des Managements verkommen. Vorstöße in die Richtung, Wissen als Prozess nicht nur zu definieren, sondern auch so zu behandeln, Wissen und Lernen als Einheit zu sehen oder Wissensmanagement z.B. arbeitspsychologisch oder aus einer pädagogisch-psychologischen Sicht zu reformulieren, mag das Interesse von Wissenschaftlern auf sich gezogen haben; Einfluss auf die Praxis hat es bislang wohl kaum gehabt.

Wissensmanagement – jedenfalls so, wie es seit wenigen Jahren in zunehmend fundierter Weise wissenschaftlich bearbeitet wird[5] – hat also selbst ein Implementationsproblem. Fraglich ist da, welchen Beitrag Wissensmanagement für die Implementation von E-Learning leisten kann.

Unabhängig von diesem hausgemachten Implementationsproblem des Wissensmanagements, spiegeln die Fragen des Round-Table-Gesprächs „Evaluation gestalten: Wissensmanagement im E-Learning" ebenfalls eine Paradoxie wider, nämlich den Versuch, eine in Richtung Empowerment gehende grundsätzliche Idee, nämlich E-Learning im Unternehmen als einen evolutionären Prozess zu verstehen, mit Methoden des Engineering auf den Weg zu bringen.

7. Objekte und Instrumente des Wissensmanagements beim E-Learning

Welches Wissen ist für die unternehmensweite Implementation von Corporate E-Learning zentral? Was sind die zentralen Instrumente/Verfahren zum Management des Wissens bei der Implementation von Corporate E-Learning? Das sind die ersten beiden Fragen des Round-Table-Gesprächs, die meiner Einschätzung nach deutlich das oben skizzierte Denken

---

[5]   Dick, M. & Wehner, P. (2003). Wissensmanagement – psychologische Perspektiven und Redefinitionen. Wirtschaftspsychologie, 3 (5) (Themenheft).

in Engineering-Prinzipien verkörpern: E-Learning wird zum neuen Gegenstand des Wissensmanagements deklariert; gleichzeitig wird die Suche nach dem hierzu notwendigen „Wissen" (in Form von konventionalisiertem, also sprachlich kodiertem Wissen) und den Instrumenten aufgenommen. Die Implementation von E-Learning wird stillschweigend mit der Implementation eines neuen Maschinenparks gleichgesetzt, bei dem es darauf ankommt, einmal gemachte positive Erfahrungen zu kopieren und gemachte Fehler zu vermeiden – so wie es das Ziel klassischer Wissensmanagement-Modelle ist. Implementation in diesem Sinne läuft auf eine Nachahmung oder Eins-zu-eins-Umsetzung hinaus – also auf genau das Denken, das in Teil I dieses Beitrags für die pädagogische Praxis als ungeeignet herausgearbeitet wurde.

Legt man ein Denken in Empowerment-Prinzipien zugrunde, so man muss für eine erfolgreiche Implementation von E-Learning theoretisches Wissen, Praxiswissen und Intuition (aus Erfahrung) miteinander verbinden; man muss das Phänomen des Lernens verstanden, also psychologisches Wissen haben; man muss sich Gedanken über die Möglichkeiten des Erkennens machen und damit auch epistemologisches Wissen einbringen. Natürlich können bewährte Instrumente aus der Wissensmanagement-Praxis eingebracht werden; aber man sollte wissen und reflektieren, was man damit tun kann und was nicht, welche Anpassungen notwendig sind und wo Planung und Steuerung im Rahmen humaner Praxis dysfunktional werden. Gefragt ist letztendlich der oben skizzierte Praktiker – der Experte in der Praxis –, der Probleme in der Situation als solche erspürt und erkennt, der den Einzelfall nicht zum Gegenstand von Standardlösungen macht, sondern theoretische Kenntnisse, Erfahrung und Gespür walten lässt und dann aber auch handelt und nicht nur neue Modelle entwickelt. Durchsetzungswille und Durchsetzungsfähigkeit sind gefragt, wenn es darum geht, einmal als (situativ) sinnvoll erkannte Vorgehensweisen schlichtweg umzusetzen.

8. Interprojektlernen und Communities of Practice bei der Implementation von E-Learning

Wie lässt sich das Lernen zwischen E-Learning-(Teil-)Projekten erfolgreich gestalten? Was sind die kritischen Erfolgsfaktoren zur Entwicklung von Communities of Practice bei der Implementation von Corporate E-Learning? So lauten die nächsten beiden Fragen beim Round-Table-Gespräch – Fragen, die die Bedeutung des Lernens in und zwischen Gruppen bzw. Gemeinschaften als wichtiges Element des Wissensmanagements hervorheben. Die Community-Bewegung hat im Bereich des Wissensmanagements ohne Zweifel einen neuen Akzent gesetzt, der sich sogar in manchen Branchen als Gegengewicht zur dominanten IT-Lastigkeit etabliert hat (vgl. Romhardt, 2002). In vielen Unternehmen aber sind die ersten Communities, die gleichsam als „Wildblume" bottom-up entstanden sind und von daher wichtige Merkmale wie Freiwilligkeit, Selbstorganisation und Orientierung an genuinen Interessen der Gemeinschaftsmitglieder aufweisen, dem Kontroll- und Steuerungswahn der Unternehmen zum Opfer gefallen. Communities (oder anders bezeichnete Gemeinschaften) wurden zum Instrument des Wissensmanagements erklärt, damit aber auch gleichzeitig zur

„Kulturpflanze" gemacht (vgl. Reinmann-Rothmeier, 2000). Auch hier haben wir – in anderer Ausprägung – erneut den Widerstreit zwischen Empowerment und Engineering vor uns: *Gewollt* ist ein selbstgesteuertes Lernen zwischen Menschen ebenso wie in und zwischen Gruppen; *gemacht* werden Planungen und Systeme, die letztlich direkten oder subtilen Zwang ausüben und echten Erfahrungsaustausch mehr behindern als fördern.

Wichtig für ein „Interprojekt-Lernen" erscheint mir zum einen eine neue Erzählkultur, in der es weniger darauf ankommt, wer die schönsten und dicksten Projektberichte und Charts abliefert, sondern in der Menschen wieder zuhören und echtes Interesse an den Erfahrungen des anderen haben. Das kann (in Grenzen) durchaus in schriftlicher Form erfolgen (z.B. Reinmann-Rothmeier, Erlach, Neubauer & Thier, 2003), setzt aber voraus, dass der Einzelfall auch ein solcher bleiben darf und nicht schon nach der persönlich gefärbten Einleitung die ungeduldige Frage nach abstrakten Ergebnissen in Form von vermeidbaren Fehlern, Lessons Learned und Best Practices erfolgt. Überhaupt braucht das *Lernen voneinander* Zeit und Raum – eine beliebig wachsende Effizienzsteigerung ist mit Lernen nicht vereinbar.

Eine weitere Möglichkeit für das Interprojektlernen ist aus meiner Sicht eine reziproke Beteiligung (in Anlehnung an die Jigsaw-Methode von Aronson, 1984), bei der Projektmitglieder zeitweise in anderen Projekten mitarbeiten. Diesen Schritt von der reinen Sprachebene (wie wir sie auch bei narrativen Verfahren noch haben) zur Ebene des Handelns und Erlebens halte ich für ausgesprochen wichtig, um Erfahrungen aus anderen Projekten letztlich auch in Handeln im eigenen Projekt transformieren zu können. Denn letztlich ist die Anwendung von Wissen immer mit der Voraussetzung verknüpft, dass Menschen eigenes (idiosynkratisches) Wissen konstruieren, das sie zum Handeln befähigt (s.u.); eine bloße Übernahme von verbalisiertem Wissen anderer ist hierfür in vielen Fällen ungenügend.

9. E-Learning-Evolutionspfad

Nach welchen Prinzipien lassen sich E-Learning-(Teil-)Projekte so anordnen, dass es für die Implementation förderlich ist? Das ist die letzte Frage des Round-Table-Gesprächs, in der die oben erwähnte evolutionäre Idee aufscheint und sogleich wieder zurückgenommen wird. Was meine ich damit?

Evolution kommt vom lateinischen *evolvere* und heißt: *entwickeln*. Dass Lebewesen veränderbar sind und eine bestimmte Entwicklung durchlaufen – dieser Gedanke kam erst Anfang des 19. Jahrhunderts unters Volk. Darwin hat mit seiner Theorie über die Entstehung der Arten und über den Kampf des Daseins durch Selektion für viel Aufruhr gesorgt. Nach wie vor umstritten ist die Frage, wie man Erkenntnisse aus der Evolution in der Tier- und Pflanzenwelt auf komplexe menschliche Gesellschaften und andere soziale Einheiten übertragen kann. Was mit „Evolution" in Unternehmen gemeint sein kann und soll, ist also in hohem Maße offen – das sollte jedem klar sein, der diesen Begriff ins Feld führt.

Wenn man einmal unterstellt, dass der Begriff der Evolution im vorliegenden Zusammenhang eine *Entwicklung* meint, die *langsam* ist und nicht revolutionär, die *eigengesetzlich*
abläuft und nicht nach festen Regeln, die aus *eigenen* Kräften erfolgt und nicht durch äußere
Einwirkung, dann ist auch die letzte Frage paradox: Lassen sich gemeinschaftliche Vorhaben, bei denen es um Lernen geht *anordnen* wie Maschinen in einer Halle? Kann man eine
eigengesetzliche Entwicklung von E-Learning wollen und diese dann gleichzeitig kontrollieren? Ist Evolution im gerade skizzierten Sinne planbar? Nicht zu verwechseln sind kritische
Fragen dieser Art mit einem pauschalen Ablehnen organisierten Handelns, wie es in jedem
notwendigen Projektmanagement zum Ausdruck kommt. Überdenken aber sollte man, ob es
richtig ist, Begriffe zu verwenden, die Selbstorganisation und natürliche Entwicklungsprozesse – und damit Empowerment – implizieren, wenn doch eigentlich Steuerung und Kontrolle – also Engineering – gemeint ist. Ich meine, hier besteht gar die Gefahr einer Täu-
schung von Menschen, die möglicherweise den Worten glauben, aber andere Taten erleben.

Teil III: Ein strukturgenetisches Wissensverständnis

10. Die strukturgenetische Erkenntnistheorie

„Die Theorie der Strukturgenese oder des genetischen Strukturalismus beruht auf konstruktivistischen und evolutionären Annahmen, nach denen menschliches Handeln und menschliches Denken nicht in fertiger Form vorgegeben ist, noch aus einer einfachen und schrittwei-
sen Abbildung von Wirklichkeit entstanden ist, sondern sowohl phylogenetische, als auch
kulturhistorische Entwicklungen voraussetzend, sich nach und nach im Verlauf eines nie
endenden ontogenetischen Entwicklungs- und Veränderungsprozesses herausbildet" (Seiler,
2001, S. 16 f.). Die strukturgenetische Perspektive ist eine erkenntnistheoretische Perspektive, der zufolge menschliche Kognition sowohl konstruktivistisch als auch adaptiv ist: Jeder
Mensch konstruiert sich als erkennendes Subjekt sein (idiosynkratisches) Wissen selbst,
indem er erworbene Erkenntnisstrukturen auf die erfahrene Umwelt anwendet und sie an das
Erfahrene allmählich anpasst.

Zusammenfassend kann man die zentralen Annahmen der strukturgenetischen Erkenntnistheorie wie folgt formulieren:

- Erkennen ist damit verbunden, dass lebende Organismen auf ihre Umwelt handelnd
  einwirken.

- Begriffliche Erkenntnis entwickelt sich aus sensumotorischen und intuitiven Erkenntnisstrukturen durch Verinnerlichung und andere Transformationen.

- Begriffliches Erkennen wirkt zurück auf das Handeln und Wahrnehmen.

Aus strukturgenetischer Perspektive interessiert vor allem die Frage, wie kognitive Strukturen entstehen und sich verändern. Wichtige Prozesse sind hier die Piagetschen Kategorien

der Assimilation und der Akkomodation: Assimilation trägt Erfahrungsinhalte und motorische Vollzüge an neue äußere Gegenstände oder auch innere kognitive Strukturen heran. Die Gegenbewegung zur Assimilation ist die Akkomodation, die die Struktur dem Gegenstand anpasst. Beide Prozesse bedingen sich, das Zusammenspiel von Assimilation und Akkomodation ist algorithmisch nicht fassbar, weil viele zufällige Faktoren und Gewichtungen eine Rolle spielen. Daraus folgt: „Das Neue lässt sich nicht aus dem Bestehenden ableiten, darum sind auch keine strengen Vorhersagen auf zukünftige Entwicklungen möglich" (Seiler, 2001, S. 51).

11. Der strukturgenetische Wissensbegriff

Aus der strukturgenetischen Perspektive ist Wissen das Resultat menschlichen Erkennens, das damit auch auf Erkenntnisstrukturen von Individuen beruht; diese Strukturen wiederum sind das Ergebnis der konstruktiven und adaptiven Auseinandersetzung von Individuen mit der umgebenden Wirklichkeit. Folglich kann Wissen nur durch die Erkenntnistätigkeit von Individuen reaktiviert werden. Seiler (2003; in Druck) unterscheidet vor diesem Hintergrund zwei übergeordnete Formen von Wissen: idiosynkratisches Wissen und objektiviertes Wissen.

- *Idiosynkratisches Wissen* ist das Wissen, das ein Individuum in aktiver oder passiver Weise besitzt. Hier sind mehrere Unterformen zu unterscheiden: a) *Handlungswissen* ist das aus strukturgenetischer Sicht ursprünglichste Wissen und besteht aus Systemen von Handlungen und Wahrnehmungen, die sich gegenseitig steuern; dieses Wissen ist implizit in der Handlungsstruktur enthalten bzw. der Handelnde drückt ein bestimmtes Wissen durch die Art und Weise seines Handelns und Problemlösens aus. b) *Intuitives Wissen* kann unabhängig von Wahrnehmungen und Handlungen in der Vorstellung (bildlich) aktiviert werden; dieses Wissen ist vorbegrifflich und lässt sich (noch) nicht sprachlich artikulieren. Es stützt sich auf bildliche Vorstellungen und erfahrene Beziehungen (im Sinne verinnerlichter Wahrnehmungen). c) *Begriffliches Wissen* entsteht (durch verschiedene Transformationen) aus Handlungswissen und intuitivem Wissen; es ist bewusstseinsfähig und kann explizit artikuliert, auch sprachlich dargelegt werden.

- *Objektiviertes Wissen* ist das Wissen, das Zeichen (vor allem Bilder, Sprache) zugeordnet, in Zeichen objektiviert und durch sie materialisiert ist und damit auch mit anderen geteilt werden kann. Auch hier gibt es Unterformen: a) *Kollektives* (oder konventionelles) *Wissen* ist objektiviertes Wissen, das durch gemeinsame Diskurse und Aushandeln verdichtet, vereinheitlicht, (durch Regeln) normiert und systematisch verbalisiert wurde; diese Form des Wissens kann man als *Information* bezeichnen, und es kann mit anderen Personen geteilt werden. Im objektivierten Zustand ist Wissen allerdings nur potentieller Natur; es ist ein in Zeichen „eingefrorenes" Wissen und kann nur wieder von Individuen aktualisiert werden, die wissen, was die Zeichen bedeuten (vgl. auch Reinmann-Rothmeier, 2001). Kollektives Wissen lebt daher von der lebendigen Interaktion und von Diskursen zwischen Personen, wodurch es fortlaufend verändert wird. b) *Formalisiertes Wissen* ist Wissen, das eine zweite Art der Objektivierung erfahren hat: Informationen werden nach festgelegten Kriterien und Zuordnungsregeln in Daten transformiert, die sich mit formalen Prozeduren weiter verarbeiten lassen. Nur diese Prozesse laufen ohne Steuerung und Kontrolle denkender Individuen ab. Das Problem dabei ist, dass formalisierte Informationsverarbeitung keine Bedeutungshaltigkeit garantieren kann. Letztlich muss immer ein Nutzer über die Sinnhaftigkeit einer formalen Prozedur und über die Bedeutung ihres Ergebnisses entscheiden.

Die nachfolgende Abbildung 1 veranschaulicht noch einmal die wichtigsten Merkmale eines strukturgenetischen Wissensbegriffs (vgl. Seiler & Reinmann-Rothmeier, in Vorb.):

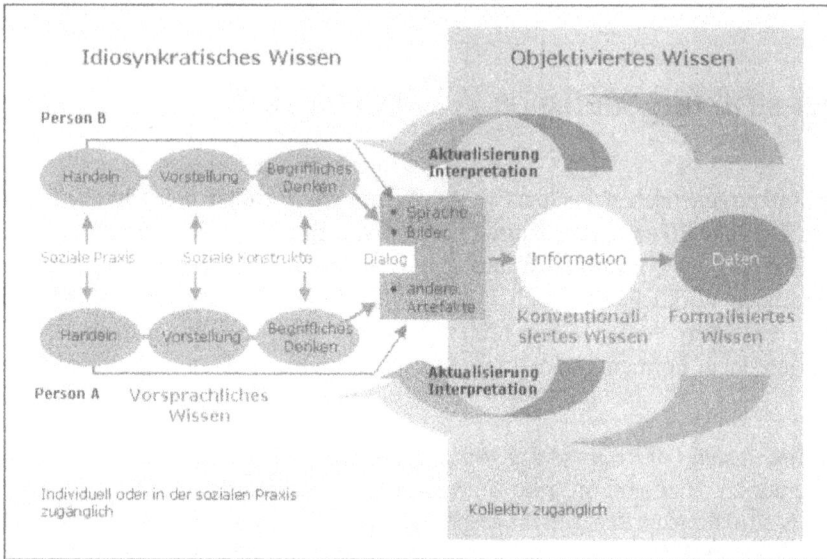

Abbildung 1: Der strukturgenetische Wissensbegriff

12. Folgen einer strukturgenetischen Perspektive für Wissensmanagement und die Implementation von E-Learning

Legt man dem Wissensmanagement eine strukturgenetische Perspektive und damit einen Wissensbegriff zugrunde, der vom einzelnen Menschen seinen Ausgang nimmt und letztlich auch wieder bei ihm endet, dann hat das mehrere praktische Konsequenzen, die keineswegs darauf hinauslaufen, das Management von Information mit Hilfe von IT-Werkzeugen zu verbannen (vgl. auch Seiler, 2003):

- Beim Management von Wissen spielen die *Interpretationen* der beteiligten Menschen eine zentrale Rolle: Auch wenn es um objektiviertes Wissen (in Form von Information) geht, sind die Bedeutungen, die Menschen daraus konstruieren und ihrem Handeln zugrunde legen, immer subjektiv und damit (in unterschiedlichem Ausmaß) verschieden. Wenn aber die Anwendung von Wissen bzw. ein wissensbasiertes Handeln – oder noch besser: ein Expertenhandeln in der Praxis – letztendlich Ziel des Wissensmanagements ist, dann darf man über die subjektive Bedeutungskonstruktion des Einzelnen nicht hinweggehen.

- Wissensmanagement lebt vom *Dialog* der beteiligten Menschen: Da das meiste Wissen nicht in sprachlicher Form vorliegt, sondern in Strukturen von Organisationen und Handlungen von Menschen implizit enthalten (und damit meist auch nicht bewusst) ist, sind Dialoge zwischen Menschen in einer Organisation von zentraler Bedeutung. Dialoge gehören zu den wenigen Möglichkeiten, auch intuitives Wissen zu verbegrifflichen und der sprachlichen Mitteilung zugänglich zu machen. Bedingung dafür ist allerdings ein Klima des Vertrauens und die Bereitschaft zum gemeinsamen Handeln.

- Neben dem objektivierten Wissen muss Wissensmanagement auch das *idiosynkratische* Wissen miteinbeziehen: Sinnhaftigkeit setzt aktiv mitwirkende Menschen voraus, deren subjektives Denken, Fühlen und Erleben im Wissensmanagement mindestens denselben Stellenwert haben müssen wie objektiviertes oder formalisiertes Wissen. Das erfordert neben IT-Werkzeugen auch qualitative Methoden, die individuelle Phänomene erfassen können. Grundlage hierfür sind Kenntnisse über die Psychologie des Wissens und Lernens, aber auch über motivationale und emotionale Aspekte menschlichen Denkens und Handelns.

Will man mit Wissensmanagement nun die Implementation von E-Learning unterstützen oder verbessern, gelten die hier gemachten Anforderungen an ein „verstehendes Wissensmanagement" (Seiler, 2003) natürlich auch im Rahmen des E-Learnings.

Darüber hinaus sollte man vor dem Hintergrund einer strukturgenetischen Perspektive die Auffassung von Lernen in der Organisation überdenken: Nach wie vor dominiert gerade beim E-Learning eine kognitivistische Sicht, bei der weniger der Prozess der Wissenskonstruktion als vielmehr verschiedene Verfahren des Lehrens im Vordergrund stehen (vgl. Reinmann-Rothmeier & Mandl, 2001). Legt man einen strukturgenetischen Wissensbegriff zugrunde, läuft die vorherrschende Art des E-Learnings dem natürlichen Prozess der Konstruktion von Wissen in weiten Teilen zuwider: Während der natürliche Prozess des Erkennens beim individuellen Handeln und/oder in der sozialen Praxis beginnt und über Vorstellungen und Begriffsbildung letztlich zu sprachlich kodiertem konventionalisiertem Wissen werden kann, beginnt man beim E-Learning üblicherweise mit Informationen und hofft darauf, dass daraus einmal Handeln wird.

Natürlich gibt es Situationen, in denen es bis dato wenig befriedigende Alternativen zu diesem Vorgehen gibt. Man wird auch nicht umhinkommen, in vielen Fällen mit der Informationsvermittlung mittels der neuen Medien zu beginnen. Wichtig aber ist, dass man sich der Schwierigkeiten und der Gründe für diese Schwierigkeiten bewusst ist, die dabei auftreten. Erst dann wird es möglich sein, begleitende Maßnahmen zu finden, die neben der Informationsvermittlung ein „natürliches" Lernen im Handeln, im Dialog, in der Praxis unterstützen. Communities of Practice (s.o.) stellen entsprechende Lernfelder zur Verfügung – vorausgesetzt, man zerstört diese nicht, indem man sie im Rahmen des Wissensmanagements für andere Zwecke als dem individuellen und sozialen Lernen instrumentalisiert.

Wissensmanagement, Lernen, E-Learning und die Implementation sowohl von Wissensmanagement als auch von E-Learning unter einer strukturgenetischen Perspektive neu zu konzeptionalisieren, halte ich für ein erfolgversprechendes Unternehmen, das an dieser Stelle nur angerissen werden konnte. Insbesondere hege ich die Hoffnung, dass ein strukturgenetischer Wissensbegriff – sofern er sich in der Praxis von Organisationen durchsetzt – einen wesentlichen Beitrag dazu leisten kann, das Denken und Handeln in Engineering-Prinzipien dort durch Empowerment zu ersetzen, wo es um humane, um pädagogische Praxis geht, wie es bei der Implementation von E-Learning der Fall ist.

Literatur

ARONSON, E. (1984). Förderung von Schulleistung, Selbstwert und prosozialem Verhalten: Die Jigsaw-Methode. In: G.L. HUBER, S. ROTERING-STEINBERG & D. WAHL (Hrsg.), Kooperatives Lernen (S. 48–59). Weinheim: Beltz.

BAUMGARTNER, P. & PAYR, S. (1999). Lernen mit Software. Innsbruck: Studien-Verlag.

BREUER, K. & HÖHN, K. (1998). Die Implementation eines Qualitätsförderungssystems für berufliche Abschlußprüfungen – Eine Interventionsstudie am Beispiel des neu geordneten Ausbildungsberufs Versicherungskaufmann/Versicherungskauffrau. (Arbeitspapiere Heft 37). Mainz: Universität Mainz, Lehrstuhl für Wirtschaftspädagogik.

CIOMPI, L. (1997). Die emotionalen Grundlagen des Denkens. Göttingen: Hogrefe.

EULER, D. & SLOANE, P. (1998). Implementation als Problem der Modellversuchsforschung. In: Unterrichtswissenschaft 26 (4), S. 312–326.

FIEDLER, S. (2003). Ausführungen in einem Weblog vom 17.07.2003. URL: http://seblogging.cognitivearchitects.com/discuss/msgReader$1075 (Stand: 08.08.03).

FULLAN, M. (1993). Change Forces: Probing the Depths of Educational Reform. London: Falmer Press.

FULLAN, M.G. (1991). The New Meaning of Educational Change. London: Cassell Educational Limited.

KREMER, H.-H. (2003). Implementation didaktischer Theorie – Innovationen gestalten. Annäherungen an eine theoretische Grundlegung im Kontext der Einführung lernfeldstrukturierter Curricula. Paderborn: Eusl.

OERTER, R. (1995). Kindheit. In: R. OERTER & L. MONTADA (Hrsg.), Entwicklungspsychologie: ein Lehrbuch (S. 249–309). Weinheim: Psychologie Verlags Union.

PEKRUN, R. & JERUSALEM, M. (1996): Leistungsbezogenes Denken und Fühlen: Eine Übersicht zur psychologischen Forschung. In: 0. KOLLER & J. MÖLLER (Hrsg.), Emotionen, Kognitionen und Schulleistung. Weinheim: Psychologie-Verlags Union, S.3–22.

REINMANN-ROTHMEIER, G., ERLACH, C., NEUBAUER, A. & THIER, K. (2003). Story Telling in Unternehmen: Vom Reden zum Handeln – nur wie? (Teil 1) Wissensmanagement online. Internet: http://www.wissensmanagement.net/online/archiv/2003/02_2003/story-telling.shtml (Stand: 08.08.2003).

REINMANN-ROTHMEIER, G. & VOHLE, F. (in Vorbereitung). Implementation von Wissensmanagement. Erscheint in: G. REINMANN-ROTHMEIER & H. MANDL (Hrsg.), Der Mensch im Wissensmanagement. Psychologische Konzepte zum besseren Verständnis und Umgang mit Wissen. Göttingen: Hogrefe.

REINMANN-ROTHMEIER, G. (2000). Communities und Wissensmanagement: Wenn hohe Erwartungen und wenig Wissen zusammentreffen (Forschungsbericht Nr. 129). München: Ludwig-Maximilians-Universität, Lehrstuhl für Empirische Pädagogik und Pädagogische Psychologie.

REINMANN-ROTHMEIER, G. & MANDL, H. (2001). Unterrichten und Lernumgebungen gestalten. In: A. KRAPP & B. WEIDENMANN (Hrsg.), Pädagogische Psychologie. Ein Lehrbuch (S. 601–646). Weinheim: BeltzPVU.

REINMANN-ROTHMEIER, G. (2001). Münchener Modell: Eine integrative Sicht auf das Managen von Wissen. Wissensmanagement, 5, 51-5. Langfassung: URL: http://www.wissensmanagement.net/download/muenchener_modell.pdf (Stand: 08.08.2003).

ROMHARDT, K. (2002). Wissensgemeinschaften: Orte lebendigen Wissensmanagements. Dynamik – Entwicklung – Gestaltungsmöglichkeiten. Zürich: Versus.

SCHÖN, D.A. (1983). The reflective practioner. How professionals think in action. United States: Basic Books.

SEILER, B. & REINMANN-ROTHMEIER, G. (in Vorbereitung). Ein strukturgenetischer Wissensbegriff im Wissensmanagement. Erscheint in: G. REINMANN-ROTHMEIER & H. MANDL (Hrsg.), Der Mensch im Wissensmanagement. Psychologische Konzepte zum besseren Verständnis und Umgang mit Wissen. Göttingen: Hogrefe.

SEILER, T.B. (2001). Entwicklung als Strukturgenese. In: S. HOPPE-GRAF & A. RÜMMELE (Hrsg.), Entwicklung als Strukturgenese (S. 15–122). Hamburg: Kovac.

SEILER, T.B. (2003). Wissen und Wissensmanagement: Strukturgenetische Reflexionen. (Vortrag). Darmstadt: Technische Universität Darmstadt (Wissensmanagement im universitären Bereich am 19./20.02.03). URL: http://fzbw.de/wisman02/ (Stand: 14.08.03).

SEILER, T.B. (in Druck). Wissen und Wissensverarbeitung aus humanwissenschaftlicher Perspektive. Erscheint in: G. JÜTTEMANN (Hrsg.), Psychologie als Humanwissenschaft. Zur Bedeutung des schöpferischen Subjekts. Ein Handbuch. Göttingen: Vandenhoeck & Ruprecht.

SIEBERT, H. (2001). „Erwachsene – lernfähig, aber unbelehrbar?". In: Arbeitsgemeinschaft Qualifikations-Entwicklungs-Management (Hrsg.), Kompetenzentwicklung 2001. Tätigsein – Lernen – Innovation (S. 281–333). Münster: Waxmann.

SONNTAG, K., STEGMAIER, R. & JUNGMANN, A. (1998). Implementation arbeitsbezogener Lernumgebungen – Konzepte und Umsetzungsverfahren. Unterrichtswissenschaft, 26 (4), S. 327–347.

SPITZER, M. (2000). Geist im Netz. Modelle für Lernen, Denken und Handeln. Heidelberg: Spektrum Akademischer Verlag.

URBAN, M. (1998). Qualitätsentwicklung als dialogischer Prozeß. Qualitätsentwicklung in der Tagesbetreuung, 3. URL:
http://www.liga-kind.de/pages/398.htm (Stand: 08.08.2003).

Peter Schütt

Wissensmanagement im E-Learning

Der Autor

Peter Schütt. Dr.; IBM Deutschland GmbH. Seit Anfang 2001 leitet Dr. Peter Schütt die Line of Business für Knowledge Management bei IBM Software Services in Zentraleuropa und Berät IBM-Kunden aus allen Branchen zu den Themen Wissensmanagement und On Demand Workplaces (Mitarbeiterportale). Als Repräsentant des IBM Cynefin Centre for Organisational Complexity in London engagiert er sich aktiv im Forschungsfeld „Teams & Communities". Buch „Wissensmanagement" (Falken/Gabler, 2000). Gastdozent im Executive Master Studiengang für Wissensmanagement an der TU Chemnitz und im Studiengang Kommunikations-Wissenschaften an der FH Solothurn in der Schweiz. Zuvor Regionalleiter für Knowledge Management Services für Zentraleuropa bei IBM Global Services in Stuttgart. Sein Einstieg in das Thema Wissensmanagement erfolgte im Jahr 1996: Er verantwortete die weltweite Einführung von Knowledge Management im IBM Geschäftssegment Systems Management & Networking Services.

Wissensmanagement ist zu seinen Anfängen zurückgekehrt: Es geht um die Produktivität am Wissensarbeitsplatz. Dabei ist das Thema „Lernen" ein besonders wichtiges. Hier muss allerdings unterschieden werden, ob es um ein Lernen von gewünschtem, organisationalem Wissen geht oder um die unmittelbaren Wissensbedürfnisse des Mitarbeiters bzw. der Mitarbeiterin. Besonders schwierig ist der Punkt, echtes Erfahrungswissen zu enthüllen und weiterzugeben. Hierzu werden erfolgreiche Verfahren angesprochen und die Rolle des E-Learnings dabei besonders betont.

1. Wissensmanagement heute

Wissensmanagement ist in jüngerer Zeit sehr stark in Verruf gekommen, weil viele Firmen negative Erfahrungen gesammelt haben: Hatten sie früher einen „Chief Knowledge Office", so stellte sich bald heraus, dass der gar nicht wusste, was er eigentlich tun sollte. Hatte man dann in der zweiten Welle versucht, Wissensdatenbanken Leben einzuhauchen, so zeigte sich bald, dass das trotz eines teueren, zusätzlichen Anreizsystems auch nicht hinzubekommen war. Die Berater sprachen von „für Wissensmanagement noch nicht geeigneter Unternehmenskultur" und man verabschiedete sich vom Thema Wissensmanagement.

Das ist insofern problematisch, als das Wissensmanagement schon im Verständnis eines seiner Väter, nämlich Peter Druckers, eine ganz wesentliche Rolle im zukünftigen Unternehmenserfolg spielen wird. Es geht darum, die bisher unbeantwortete Frage zu klären, wie die Produktivität von Wissensarbeitern gemanagt und erhöht werden kann (Drucker 1993). In der zweiten Welle, als man versuchte Wissensdatenbanken breitflächig einzusetzen, waren viele einem Missverständnis unterlegen. Man glaubte, dass der Japaner J. Nonaka mit seinem SECI Wissensmodell (Nonaka 1995) einen Weg aufgezeigt hätte, wie man Wissen als ein Objekt managen und speichern könnte und unbedingt müsste. In anderen Worten hieß dass, dass man glaubte, dass man Wissen managen könne, ähnlich anderer Systeme.

Dem hatten aber bereits 1998 schon namhafte Experten wie Larry Prusak – Co-Autor von „Working Knowledge" – und eben auch J. Nonaka selbst widersprochen. Nonaka schrieb 1998 bei der Vorstellung seines Nachfolgemodells „Ba": „Wissen wird nicht vom Individuum erzeugt, sondern durch Wechselwirkungen zwischen Individuen und mit der Umgebung. Wissen ist nicht greifbar, grenzenlos und dynamisch und kann nicht gelagert werden. Es muss benutzt werden, wenn es Wert erzeugen soll (Nonaka 2001). Das führt von der Systemtheorie des Wissens weg, wieder hin zu Peter Drucker. Denn letztendlich heißt das, dass es beim Wissensmanagement vielmehr darum geht, Wissen*arbeit* zu managen, wie es zum Beispiel auch im 3-D KM Modell des Autors beschrieben wird (Schütt 2003).

Die Erkenntnis, dass Wissen nicht speicherbar ist, hat natürlich einen wesentlichen Einfluss auf das Thema E-Learning. Das leidet seit Jahren schon unter der Frage, wo denn eigentlich (bezahlbare) Inhalte herkommen sollen. Was nun, wenn man Wissen nicht dokumentieren kann? Bevor man das beantworten kann, ist erst einmal zu klären, was denn „Lernen" in einem Unternehmens- oder Organisationskontext bedeutet: Im deutschen Sprachraum wird selten ein klarer Unterschied zwischen „Lernen" und „Trainieren" gemacht. Letzteres wird eher auf körperliches Training, etwa beim Sport, angewandt, während „Lernen" eher als etwas Geistiges verstanden wird. Dabei steckt darin noch ein ganz anderer Unterschied: Lernen ist etwas, was man selbst und vor allen Dingen selbstgesteuert macht und was nur bedingt von außen zu beeinflussen ist, während Training typisch etwas tayloristisches hat und vorgegeben ist. Dave Snowden weist in der Anwendung seines Organisationsanalyse-modells Cynefin auf Communities sehr deutlich auf diesen Unterschied hin (Snowden 2000). Er deutet auch an, dass der Begriff E-Learning eigentlich falsch ist. Vielmehr müsste es „E-Training" heißen, denn die Inhalte sind aus der Organisation heraus vorgegeben, das Management hat für wichtig befunden, dass diese Inhalte bestimmten Mitarbeitern beige-bracht werden müssen, die Inhalte sind ausgearbeitet und oftmals rezensiert worden. Der Prozess ist also top-down: der Lernende kann eigentlich nur noch entscheiden, ob er mit-macht oder nicht – die Inhalte sind anders von ihm nicht zu beeinflussen. Unter aktivem „Lernen" würde ich in diesem Zusammenhang etwas anderes verstehen, nämlich den umge-kehrten bottom-up Prozess auf der Basis überwiegend eigener Entscheidung durch Kopieren, Nachmachen, Nachfragen usw., von anderen zu lernen – so, wie es übrigens auch alle Kinder intuitiv machen. Ein echtes E-Learning ist dann etwas anderes, als wir heute darunter verste-hen. Natürlich hat auch E-Training durchaus seine Berechtigung. Wenn man es zum Erfolg bringen will, muss man nur verstehen, was man eigentlich macht oder machen will, weil die Erfolgsrezepte ganz andere sind.

Und natürlich kann man auch aus Büchern (oder anderen Texten) lernen, nur steht in den Büchern streng genommen kein Wissen, sondern Helmut Willkes These folgend, dass man sowieso nur Daten weitergeben kann (u.a. Willke 1998), eben „Daten". Diese werden beim Lesen durch Nutzung des vorhandenen Wissens zu Informationen – und damit Entschei-dungsgrundlagen – und teilweise zu neuem Wissen. Der Vorgang ist aber höchst individuell und hängt wesentlich vom bestehenden Wissen ab. So kann das Studium eines Buches – oder auch schon eines Satzes oder auch nur Wortes – bei unterschiedlichen Personen schnell zu unterschiedlicher Interpretation führen. Insofern macht Dokumentieren – etwa von Trai-ningsmaterial – schon oft Sinn, man sollte nur die Einsatzmöglichkeiten klar verstehen und nutzen. Das ist u.a. einer der Gründe, warum die unflexiblen Computer based Trainings (CBT) aus der Anfangszeit des E-Learnings so wenig funktionierten und man heute eher Mischformen aus CBT und klassischem Unterricht unter dem Namen „Blended Learning" anbietet.

Für die meisten Unternehmen ist es zunächst wichtig, festgelegte Trainingsinhalte zu vermit-teln, weil sich darüber so etwas wie ein organisationales Wissen aufbaut. Das wird als Grundlage erachtet, dass die Mitarbeiter Aufträge sehr ähnlich bis fast gleich lösen. Hierbei geht es um Kostenaspekte – Räder nicht doppelt erfinden – und Qualitätsaspekte, weil man möchte, dass die Dinge zu einem vorgegebenen Qualitätsniveau erledigt werden, das wieder-um durch Kostenkalkulationen, Kundenanforderungen und bisherigen Erfahrungen (Mach-barkeit) bestimmt wird. So genannte „Lessons Learned"- oder „Best Practices"-Prozesse werden u.a. heute dafür eingesetzt, solche Niveaubestimmungen zu machen und das entspre-chende Trainingsmaterial zu erstellen.

2. Best Practices handhaben

Best Practices sind genauso wie Lessons learned natürlich immer „past Practices", also Dinge aus der Vergangenheit und man muss bei ihrem Wiedereinsatz immer darauf achten, dass die Rahmenbedingungen immer noch gleich oder ähnlich sind, weil sonst ein Schiffbruch vorprogrammiert ist. In klassisch-hierarchischen Organisationsstrukturen hat immer der Leiter entschieden, was denn nun Best Practices ist – fachlich oftmals wenig nachvollziehbar. Das hat in modernen Organisationen dazu geführt, dass man Experten in Wissensnetzwerken (engl.: Community of Practice) zusammengeführt hat. Aufgabe dieser offiziellen Netzwerke ist es u.a. herauszuarbeiten, was im Arbeitsumfeld der Mitglieder zum geschäftsrelevanten Kernthema der Gruppe Best Practices ist. Das macht man zum Beispiel bei DaimlerChrysler in den TechClubs und bei IBM in den ICM-Netzwerken, aber auch bei vielen kleineren Unternehmen.

Solche Wissensnetzwerke bauen zu einem großen Teil auf Freiwilligkeit auf, weil Wissensweitergabe grundsätzlich nur freiwillig und typischerweise in Vertrauensumgebungen funktioniert, und unterscheiden sich damit von anderen Organisationsstrukturen wie Teams oder Arbeitsgruppen. In einem solchen Netzwerk gilt auch nicht Macht als wichtigstes Steuerungselement, sondern eben Wissen. Es gibt einige kritische Erfolgsfaktoren, die die Wahrscheinlichkeit des Erfolgs solcher Netzwerke bestimmen: Neben der Freiwilligkeit sind es Elemente wie eine sinnvolle Kernteamstruktur, Möglichkeiten zum direkten und virtuellen (Intranet als Medium) Austausch und besonders das Vorhandenseins eines Sponsors aus dem höheren Management in der Rolle eines „Aufsichtsrats" des Netzwerks (siehe auch Schütt 2000). Damit kann es gelingen, Netzwerke zu einem Motor der Innovation innerhalb des Unternehmens zu machen.

Werden innerhalb der Netzwerke Methoden und Vorgehensweisen als Best Practices identifiziert, so sind diese durch entsprechende Prozesse in dem Netzwerk mit den wichtigsten Erfahrungen anzureichern. Danach erfolgt normalerweise zunächst ein Praxistest. Das kann ein Pilotprojekt oder ein Rohmodell eines Produkts sein. Die Beteiligten an diesem Projekt sind prädestiniert, ihre positiven und negativen Erfahrungen an andere weiterzugeben. Das kann klassisch in einer Klassenraumschulung geschehen oder über modernste E-Learning Technologie, die live-Übertragungen mit einschließt, letztlich aus einem (leeren) Klassenraum.

3. Intra- und Interprojektlernen

Die meisten Erfahrungen der Mitglieder aus Wissensnetzwerken entstammen natürlich dem Arbeitsalltag oder speziell auch Projekten, wo andererseits – hauptsächlich bei Neubeginn – auch die größte Nachfrage nach Best Practices-Erfahrungen herrscht. Insofern ist die Frage des Lernens von anderen Projekten oder Arbeitsplätzen mit ähnlichen Elementen eine sehr wichtige. Tatsächlich findet das in der Praxis überwiegend durch Lernen im obig beschriebenen Sinne statt.

Nur bei besonders kritischen Dingen oder bei potentiell hoher Wiedernutzungswahrscheinlichkeit lohnt es sich, Trainingsmaterial zu erstellen. Dabei ist die nicht triviale Kunst, an die wichtigen Erfahrungsbausteine zu kommen und nicht nur „wir waren super"-Geschichten. Das ist etwas, womit übliche Interviewtechnik oft versagt. Es bieten sich drei andere Wege an:

1. Die wichtigsten dokumentierten Erfahrungen werden dem Wissensnetzwerk zur Best Practices-Begutachtung zugesandt. Alternativ werden sie auch und gerade in nicht dokumentierter Form auf Wissenskonferenzen des Netzwerks ausgetauscht.

2. Speziell ausgebildete „Debriefer" befragen Projektteilnehmer gezielt nach wichtigen Erfahrungen. So wird es zum Beispiel bei Henkel gemacht und auch – in einem etwas aufwendigeren Verfahren – als projektorientierte „Wissensstafette" bei Volkswagen.

3. Per Story Telling Methodik (Schütt 2003a) werden die wichtigsten Geschichten um das Projekt ausgewertet und daraus werden ggf. neue Trainingsgeschichten entwickelt. Das Story Telling bietet neben der Wissensextraktion auch besonders effektive Möglichkeiten zur Aufbereitung von Trainingsmaterial.

Verstehen wir E-Learning nicht als „Training", sondern tatsächlich als „Learning", dann sind ganz andere Dinge gefordert: So zum Beispiel die Möglichkeit spontan auf potentielle Wissensträger zuzugreifen, was auch die Problematik, dass man Wissen zwar hat, aber nicht dokumentieren kann, zumindest teilweise auflöst. Technologisch hilft dabei Software, wie Team Workplaces, in der Kollegen zusammen eine virtuelle Vertrauensumgebung haben und darin erfahrungsgemäß ziemlich offen Dokumente austauschen. Bewährt hat sich ferner Instant Messaging Software, die auch den Erreichbarkeitsstatus der Personen anzeigt und mit der es möglich ist, spontan oder geplant so genannte Web-Konferenzen – also Besprechungen über Internettechnologie – durchzuführen. Das bei der IBM dazu eingesetzte Lotus Sametime hat es zur, der Häufigkeit des Einsatzes nach, wichtigsten Anwendung im Unternehmen gebracht – noch vor E-Mail. Als integrierter Baustein, z.B. in der E-Learning Software IBM Live Virtual Classroom, kann dieselbe Funktionalität auch benutzt werden, um live oder aufgezeichnet Trainingseinheiten an den Arbeitsplatz der Mitarbeiter zu bringen.

4. E-Learning Evolutionspfade aufbauen

Das führt wieder auf die Frage zurück, welche Inhalte wie erschlossen werden sollen und können. Während Training in der Regel eine etwas längere Zeit (Stunden oder Tage) der Beschäftigung mit einem Thema erfordert, kann Learning auch ganz kurz sein. Wenn sich z.B. ein Monteur fragt, wie er jetzt eine bestimmte Schraube an einer Maschine herausdrehen kann, dann ist er gar nicht an einer langen Ausbildung über die Maschine interessiert, sondern nur fokussiert auf die Lösung der Frage. Ein kurzes Video multimedial gespeichert und abrufbar könnte hier helfen oder das Befragen eines wissenden Kollegen, falls es das Video gar nicht gibt. Für wichtige und wiederkehrende Themen kann es also sinnvoll sein, entsprechende Kurzdokumentationen (Beschreibung, Zeichnungen, Video, usw.) anzulegen und über Learning Management Systeme (LMS) zu verwalten und allgemein zugänglich zu machen. Eventuell liegen viele solcher Materialien bei den (erfahrenen) Mitarbeitern schon auf der Festplatte – das Einsammeln ist dann die Kunst. Für eigene Trainingsmaterialien gibt es nach wie vor den nicht ganz billigen Weg der professionellen Erstellung, der bei besonders wichtigen Inhalten in jedem Fall vorzuziehen ist. Es gibt aber auch andere Trainingsinhalte, deren Aufbereitung sehr kostengünstig sein kann. Ein Beispiel: Wenn der Unternehmens- oder Bereichsleiter heute seinen Vertriebschefs das neue Produkt vorstellt, dann ist das simpel mit einer guten Webcam gefilmt und etwas geschnitten, sofort eine Trainingseinheit für den gesamten Vertrieb, den man zu der Veranstaltung nur nicht eingeladen hatte, weil man keine Halle mieten und zudem Reisekosten sparen wollte. Dafür lassen sich schnell viele weitere Beispiele finden. Beide, Trainings- und Lerneinheiten, können effizient über aktuelle E-Learning Software bearbeitet und auch verwaltet werden. Besonders wichtig ist natürlich, dass diese Software in die Arbeitsplätze weitgehend integriert ist. Führt ein Mitarbeiter etwa im Intranet eine Suche durch, dann sollten nicht nur irgendwelche Dokumente angezeigt werden, sondern auch die Trainings- und Lerneinheiten dazu. Und wenn es besonders gut sein soll, dann natürlich auch eine Liste von Kollegen, die potentiell weiterhelfen können.

Literatur

DRUCKER, P. (1993), The Post-Capitalyst Society, HarperBusiness, New York

NONAKA, I. & TAKEUCHI, H. (1995). The knowledge creating company, Oxford University Press, New York

NONAKA, I. & KONNO, N., (1998). The concept of Ba: Building a foundation for knowledge creation. California Management Review 40(3): 1–15

SCHÜTT, P. (2000), Wissensmanagement, Falken/Gabler-Verlag, Niedernhausen

SCHÜTT, P. (2003), 3-D KM, (www.wissensmanagement.net), Heft 7/2003 und 8/2003

SCHÜTT, P. (2003), Story Telling, (www.wissensmanagement.net), Heft 1/2003 und Heft 2/2003

SNOWDEN, D. (2000), Cynefin: a sense of time and place, in Knowledge Horizons: The present and the promise of Knowledge Management, Butterworth

WILLKE, H. (1998), Systemisches Wissensmanagement, Lucius & Lucius, Stuttgart

Corporate E-Learning evaluieren:

Die Leitfragen

Partner:

Unter welchen Voraussetzungen können Partner, vor allem Peers und Stakeholder, in die Evaluation eingebunden werden?

Evaluationsinstrumente:

Welche Instrumente haben sich bei der Evaluation von Corporate E-Learning bewährt?

Inhalte:

Welche Themen sind bei der Evaluation von Corporate E-Learning zentral?

Projektübergreifende Evaluation:

Wie lässt sich der Erfolg des Corporate E-Learnings projektübergreifend erfassen?

Zertifizierung:

Welche Rolle kann eine E-Learning-Zertifizierung beim Corporate E-Learning spielen?

Peter Baumgartner

Corporate E-Learning bewerten

Der Autor

Peter Baumgartner, Prof. Dr.; Fernuniversität Hagen. Bis 2003 Inhaber des Lehrstuhls für Wirtschaftspädagogik und Leiter der Abteilung „Wirtschaftspädagogik und Evaluationsforschung" am Institut für Organisation und Lernen der Universität Innsbruck. Von 2001–2003 Austrian National Research Expert der OECD im Rahmen des Programms „ICT and the Quality of Learning". Begründer und wissenschaftlicher Leiter des „MeDiDa-Prix 2000". Sprecher der nationalen Steuerungsgruppe „Neue Medien in der Lehre an Universitäten und Fachhochschulen" des Bundesministeriums für Bildung, Wissenschaft und Kunst (2001–2003). Delegierter der Österreichischen Rektorenkonferenz für das Kuratorium des Instituts für Technikfolgenabschätzung der Österreichischen Akademie der Wissenschaften (ÖAW) (2002–2004).

1. Zur Definition des Evaluationsbegriffes

Schon bei einem meiner früheren Beiträge zur „Evaluation mediengestützten Lernens" (Baumgartner 1999) habe ich festgestellt, dass praktisch jeder Autor/jede Autorin sich sowohl der Bedeutung als auch der Problematik des Evaluationsbegriffes bewusst ist. Ähnlich auch im Beitrag von Wilbers (2001, S. 33) wo in Anlehnung an Dubs (1996, S. 12f., zitiert nach Wilbers, 2001, S. 34) verschiedene Funktionen von Evaluierung angeführt werden:

- Steuerung des Entwicklungsprozesses (Steuerungsfunktion).

- Kontrolle durch die Unternehmensleitung (Kontrollfunktion).

- Legitimation der verwendeten Ressourcen (Legitimationsfunktion).

- Kommunikation nach innen oder nach außen (PR-Funktion).

Außerdem wird – ebenfalls in Anlehnung an Dubs – erwähnt, dass Evaluation auch im Sinne eines Qualitätsmanagements verstanden werden kann (ebd.).

Ich persönlich halte eine Vorgehensweise, die Evaluation durch ihre (möglichen) Funktionen (= Verwendung, Ziel) beschreibt, jedoch nicht für zielführend. Das Wesen (der Charakter) eines Objekts/Verfahrens lässt sich nicht alleine aus den *zugeschriebenen* Funktionen und den empirisch vorgefundenen Verwendungszielen erschließen, sondern muss aus der inneren Struktur und Dynamik bestimmt werden.

Um Missverständnisse zu vermeiden: Ich bezweifle nicht, dass Evaluationen unterschiedliche Verwendungen und Ziele zugeschrieben werden und dass sie unterschiedliche Funktionen erfüllen helfen sollen. Daraus jedoch den Schluss zu ziehen, dass damit das Wesen von Evaluationen erfasst sei, ist ein methodischer Zirkelschluss. Ein Zirkelschluss der letztlich zu einer relativistischen Position führt.

1.1 Evaluation läßt sich nicht definieren: die relativistische Position

> *Evaluation – more than any science – is what people say it is; and people currently are saying it is many different things.* (Glass & Ellet 1980, S. 211, zitiert nach Shadish, Cook und Leviton. 1991, S. 30)

Dieses Zitat stellt quasi die Reinform der relativistischen Position dar: Evaluation ist alles und nichts. Der Hintergrund für diese Ansicht – die durch das Fehlen jeglichen Definitionsversuches charakterisiert ist – liegt darin, dass sowohl die Ansichten zur Evaluation als auch die zu beobachtende Praxis der Evaluation mannigfaltig ist. Bei Befragungen sowohl von evaluierten Personen und EvaluationsexpertInnen, hat sich ein äußerst vielfältiges und uneinheitliches Bild ergeben. Unter Evaluation des Lernerfolges werden ganz unterschiedliche Prozesse bzw. Produkte verstanden (vgl. Will, Winteler und Krapp 1987), wie z.B.:

- die quantitative Bestimmung von Lernergebnissen am Ende eines Kurses;

- die sporadische oder systematische Rückmeldung zur Verbesserung des Unterrichts an die Dozenten/Trainer;

- die wissenschaftliche Begleituntersuchung eines Reform- oder Pilotprojekts, Modellversuchs etc.;

- die ökonomisch-quantitative Kostenanalyse eines Ausbildungsmodells.

Ich persönlich halte die relativistische Position, die sich auf ein konstruktivistisches Verständnis von Wissenschaft beruft, nicht nur für äußerst unbefriedigend, sondern auch für falsch: Erstens, werden damit wissenschaftliche Forschungsfragen, wie z.B. „Wohin soll sich die Evaluationspraxis entwickeln?", „Welche Evaluationsmodelle sind wissenschaftstheoretisch zu vertreten?", ausgeblendet und unterbunden. Zweitens, wird die wesentliche Aufgabe des konstruktivistischen Diskurses (um im Paradigma des konstruktivistischen Wissenschaftsverständnisses zu bleiben), der zur Ausarbeitung einer einheitlichen Sichtweise und Praxis führen soll, negiert.

In einer abgeschwächten Form findet sich diese relativistische Position meiner Ansicht nach auch im Aufsatz von Wilbers, der unter Bezugnahme auf Dubs unterschiedliche (mögliche) Funktionen und die dahinter stehenden praktischen Verfahrensweisen zur Charakterisierung des Evaluationsbegriffes heranzieht.

Dem möchte ich eine andere Sichtweise gegenüberstellen, eine Sichtweise, die ich schrittweise aus der Auseinandersetzung mit unterschiedlichen Definitionsversuchen entwickeln werde. Wenn ich mich hier nun im Weiteren recht ausführlich mit Definitions- und Abgrenzungsfragen beschäftige, so geht es mir dabei nicht in erster Linie darum, eine operationale, möglichst umfassende theoretische Definition zu präsentieren. Obwohl sich dies auch − sozusagen als ein praktisches Nebenprodukt meiner Überlegungen − ergeben wird. Vielmehr möchte ich zeigen, dass die verschiedenen Sichtweisen deutlich unterschiedliche Auswirkungen auf die für die Evaluation relevanten Fragestellungen, aber auch auf das Evaluationsdesign (wie kann die Evaluation von corporatives E-Learning organisiert werden?), haben.

Ich werde jeweils die allgemeine Position, wie sie sich in der Literatur vorfindet, darlegen. Am Ende der jeweiligen Unterkapitel werde ich dann Querbezüge zum Wilbers-Artikel herstellen.

1.2   Evaluation als quantitatives Analyseverfahren

Manchmal wird in der Literatur Evaluation implizit mit der Konstruktion und Auswertung von Tests (oder anderer quantitativer Messverfahren) gleichgesetzt. Ein typisches Beispiel dafür stellt das Lehrbuch „Measurement and Evaluation in Psychology and Education" (Thorndike, Cunningham et al. 1991) dar: Während im Titel sowohl Messverfahren als auch Evaluation gleichrangig genannt werden, handelt der Standardtext mit einer einzigen Ausnahme von statistischen Problemen quantitativer Messverfahren wie Auswertung, Normierung, Reliabilität und Validität. Bei dem erwähnten Sonderfall handelt es sich bloß um ein kleines Kapitel mit 15 – von insgesamt 500 – Seiten über Leistungs- und Produktevaluation. Doch selbst hier werden überwiegend methodische Probleme, wie die Konstruktion von Skalen, Durchführung systematischer Beobachtung etc., behandelt.

In meiner Kritik dieser Sichtweise möchte ich nicht nur das Fehlen qualitativer Verfahren anführen, das alleine würde zu kurz greifen. Bei der Evaluation geht es nicht bloß um eine systematische (genaue, umfassende, relevante usw.) Erfassung von Daten, sondern ganz wesentlich um ihre Bewertung (vgl. den englischen Wortstamm „value" = Wert).

> ...evaluation is a much more comprehensive and inclusive term than meas-
> urement. Evaluation includes both qualitative and quantitative descriptions
> of pupil behavior plus value judgments concerning the desirability of that
> behavior. Measurement is limited to quantitative description of pupil behav-
> ior. It does not include qualitative descriptions nor does it imply judgments
> concerning the worth or value of the behavior measured. The following dia-
> grams clearly show the relationship between measurement and evaluation:
>
> Evaluation =   Quantitative descriptions of pupils (measurement) +
>   Value judgments
>
> Evaluation =   Qualitative descriptions of pupils (nonmeasurement) +
>   Value judgments.

(Gronlund 1976, S. 6)

Unter Bewertung ist jedoch hier nicht bloß eine statistische Interpretation gemeint, sondern vor allem die Entscheidung darüber, ob und wie weit der *Evaluand* (die evaluierte Sache, der evalu-ierte Prozess etc.) den Wünschen bzw. Vorstellungen entspricht oder aber modifiziert bzw. gar eingestellt werden soll. Die Begriffe „Entscheidung" und „Wunsch" zeigen mit aller Deutlichkeit Gebiete auf, die weder durch die Statistik noch – wie ich weiter unten ausführlich zeigen werde – durch eine umfassende Methodenlehre (Methodologie) abgedeckt sind.

Eine Reduktion von Evaluierungen auf quantitative Analyseverfahren ist im Wilbers-Artikel keineswegs angelegt. Im Gegenteil: Indem Wilbers vier Punkte als gleichermaßen wichtig hervorhebt (Partner, Instrumente, Konsens, „Lessons Learned") wird ein vielschichtiges Panorama unter Einbeziehung der Interessen von Stakeholder und kommunikativer Aspekte (Konsensbildung!) gezeichnet. Mehr noch: Für Wilbers ist solch eine mögliche Reduktion überhaupt kein Thema. Ansonsten hätte er nicht von „pragmatischer Konzentration" gespro-chen, wenn – zumindest gegenüber der quantitativen Analyseposition – das Evaluationsfeld ausgeweitet und verbreitert wird. Es scheint, dass sich Wilbers hier vielmehr (implizit) von der Annahme, dass Evaluation einem komplexen Sozialforschungsmodell folgen muss, ab-grenzen will. Doch darüber später ...

1.3   Evaluation als eine Anwendung von Methoden (Methodenlehre)

Sieht man sich Evaluationsliteratur durch, so erkennt man, dass die überwiegende Mehrzahl der Bücher und Artikel sich mit der Beschreibung, Diskussion und Umsetzung von (sozialwissenschaftlichen) Methoden beschäftigt[1]. Obwohl nach dieser Ansicht nun auch qualitative Verfahren einbezogen werden und die Zusammenhänge dieser Methoden mit Fragestellung, Umsetzungs- und Auswertungsproblemen diskutiert werden, greift auch dieser Definitionsversuch meiner Meinung nach zu kurz.

Evaluation bloß als ein Bündel von Methoden zu betrachten, würde es mit untergeordneten Spezialgebieten wie Feldforschung, experimentelles Design oder Psychometrie gleichsetzen. Demgegenüber möchte ich festhalten, dass Evaluation nicht nur ein selbstständiges wissenschaftliches (multidisziplinäres) Feld darstellt, sondern auch einen eigenen speziellen Inhalt (nämlich: be*wert*en) und eine eigene innere Logik besitzt.

Die Gleichsetzung von Evaluation und Methodenlehre läuft letztlich auf eine bloß „objektive" bzw. „intersubjektive" Beschreibung eines Sachverhaltes (des Evaluanden) hinaus. Nach dem Motto „give them just the facts" wird die eigentliche Aufgabe der Evaluation, die *Bewertung* der Fakten bzw. des Datenmaterials, nicht durchgeführt.

> *As a specialty, evaluation is most like methodological specialties – ethnography, psychometrics, experimental design, or survey research ... Evaluation may be the broadest methodological specialty. Its theory includes a vast array of decisions about the shape, conduct, and effects of an evaluation. To inform evaluators about choosing methods, it needs to discuss philosophy of science, public theory, value theory, and theory of use.*
>
> *Without its unique theories, program evaluation[2] would be just a set of loosely conglomerated researchers with principal allegiances to diverse disciplines, seeking to apply social science methods to studying social programs. Program evaluation is more than this, more than applied methodology. Program evaluators are slowly developing a unique body of knowledge that differentiates evaluation from other specialties while corroborating its standing among them.*

(Shadish, Cook und Leviton 1991, S. 31)

Fasst man Evaluation daher – wie im Zitat angedeutet – umfassender, so ergeben sich unter Einschluss der allgemein akzeptierten Methodenfrage vor allem fünf große inhaltliche Aufgabengebiete der Evaluationsforschung:

- Welche inhaltlichen Probleme deckt der Evaluand ab? Kann das durch den Evaluanden abgedeckte Bedürfnis anders besser befriedigt werden?

---

[1] Obiger Kritikpunkt an der impliziten Gleichsetzung von quantitativen Analyseverfahren und Evaluation kann dabei als ein einschränkender Sonderfall der Sichtweise „Evaluation = Methodenlehre" aufgefasst werden.

[2] Gemeint sind hier Programme im Sinne von sozialen Maßnahmenpaketen oder Projekten (also Gesundheits-Bildungsprogramme ...) und nicht etwa Software. Die im obigen Zitat implizierte Gleichsetzung von „Evaluation = Programm-Evaluation" wird von mir nicht akzeptiert, weil es auch andere Evaluationsfelder (Produkt-, Performance-, Personalevaluation etc.) gibt. Ich gehe aber in diesem Artikel auf die Besonderheiten dieser unterschiedlichen Felder nicht näher ein.

- Wie werden gültige Fakten zur Analyse und Bewertung gewonnen? (Erkenntnistheorie, Wissenschaftstheorie)

- Wie ist der Evaluand zu bewerten? (Werttheorie)

- Wie können die Ergebnisse der Evaluation umgesetzt werden? (Theorie über gesellschaftlichen – bzw. in unserem Zusammenhang vor allem auch betrieblichen – Wandel)

- Welches pragmatische Design soll für die Evaluation gewählt werden? (Angewandte Methodologie)

Wiederum wird diese – in meinen Augen falsche Position einer Gleichsetzung von Evaluation mit Methodenlehre – im Wilbers-Artikel implizit widerlegt, indem ein komplexes Design inklusiver kommunikativer Prozesse beschrieben wird. Das ist jedoch nur ein Argumentationsstrang. Eine andere Begründung bei Wilbers wendet sich gegen eine Vielzahl von Instrumenten und Methoden und favorisiert die Arbeit mit Einschätzskalen (Wilbers, 2001, S. 35), weil sie kommunikationsanregend wirken und einen kennzahlenorientierten Vergleich ermöglichen.

Diese Argumentationslinie ist für mich jedoch nicht nachvollziehbar:

1. Es sind meistens nicht die Instrumente selbst (in unserem Fall die Einschätzskalen), die kommunikationsanregend wirken, sondern ihre (kommunikative) Einbindung in das Evaluationsdesign. Es geht vielmehr darum, wie Urteile, Bewertungen, Einschätzungen – aber auch „objektive" Messungen rückgemeldet werden und in einem kommunikativen *Prozess* veränderungswirksam und konsensbildend eingesetzt werden. Warum sollen also bloß Einschätzskalen kommunikationsanregend eingesetzt werden?

2. Wenn über Kennzahlenvergleiche (Benchmarking) gesprochen wird, werden üblicherweise „objektiv" erhobene Messdaten gemeint. Ich persönlich habe nichts dagegen, auch die „subjektiven" Einschätzskalen als Kennzahlen und ihren Vergleich als Benchmarking zu bezeichnen. Warum aber sollen andere Messverfahren als Einschätzskalen (wie Tests, Beobachtungen, Befragungen etc.) nur „ergänzend" (Wilbers, 2001, S. 36) eingesetzt werden? Auch die Ergebnisse dieser Instrumente können rückgemeldet und damit „kommunikationsanregend" wirken.

Obwohl Wilbers richtigerweise Evaluationsprozesse nicht auf bloße Methodik reduziert, ist seine Betonung einer einzigen Methode aus prinzipiellen – und wie ich meine: falschen – Erwägungen eine unzulässige Prioritätensetzung. Und diese Kritik ist meines Erachtens unabhängig davon, dass – zugegebenermaßen – in vielen der heute vorfindbaren Evaluationsverfahren der kommunikativen Komponente zu wenig Beachtung geschenkt wird. Ein stärkerer Einsatz von Einschätzskalen könnte hier daher durchaus helfen. Der Begründungszusammenhang bei Wilbers verfremdet allerdings die Diskussion des Evaluations*designs* unzulässigerweise auf eine Diskussion der Evaluations*methodik*.

1.4   Evaluation als Verbesserung praktischer Maßnahmen (Treatments)

Sehr häufig wird der Sinn von Evaluationen in der Entwicklung von Verbesserungs-vorschlägen gesehen. Dabei werden Maßnahmen zur Verbesserung des Evaluanden nicht bloß als ein (mögliches) Kriterium für gelungene Evaluationen definiert, sondern quasi als das wesentliche Ziel jeglicher Evaluationsbemühungen gesehen. Diese pragmatische Position argumentiert mit Erfordernissen aus der Praxis und setzt Evaluationen mit Verbesserungs-vorschlägen gleich.

Gegen diese Sichtweise ist zweierlei einzuwenden: Evaluationen können auch für bloße „go/stop"-Entscheidungen sinnvoll durchgeführt werden: Soll z.B. eine bestimmte Maßnah-me (z.B. Ersatz von Präsenzkursen durch virtuelle Weiterbildungsseminare) fortgeführt oder abgebrochen werden? Andererseits ist festzuhalten, dass die Entwicklung von Verbesse-rungsvorschlägen eine ganz andere Logik impliziert, als sie Evaluationen im Allgemeinen innewohnen.

In erster Linie geht es bei Evaluationen nämlich um die Erstellung und Zuweisung eines Werturteils (Evaluand = gut/schlecht, wertvoll/wertlos). Bei der detaillierten Analyse von Mängeln handelt es sich jedoch oftmals um ein anderes fachliches Themengebiet, als dies bei der Evaluation selbst der Fall ist. Es werden daher ganz andere Inhalte und demgemäß auch andere Kenntnisse angesprochen.

So kann z.B. eine vergleichende Evaluierung des Lernerfolges bei unterschiedlichen me-diendidaktischen Strategien zu klaren Ergebnissen kommen und daher eines der beiden Kursdesigns deutlich präferieren. Wie und ob diese Mängel im Lernerfolg bei jenem Kursde-sign, das schlechter abgeschnitten hat, behoben werden können oder sollen (!), ist eine ganz andere Sache und verlangt eine andere Expertise mit anderen inhaltlichen Kompetenzen (Instruktionsdesign, Kostenkalkulation, etc.), als sie von EvaluationsexpertInnen beim De-sign, bei der Durchführung und bei der Auswertung der Evaluation benötigt werden. Evalua-tionsexpertInnen sind in der Regel keine InhaltsexpertInnen, und ExpertInnen zum „Content" sind in der Regel keine EvaluationsexpertInnen.

Die Position von Wilbers ist zu diesem Punkt für mich nicht einschätzbar. Zu kurz und zu marginal sind seine Betrachtungen, die dazu unter der Überschrift „Lessons Learned" abge-handelt werden (Wilbers, 2001, S. 37).

1.5   Evaluation als angewandte Sozialforschung

Vor allem im pädagogischen Bereich handelt es sich hier um eine der häufigsten Ansichten, um nicht zu sagen, um die Standardmeinung. Evaluation wird dabei bloß als ein (weiteres) Anwendungsgebiet der Sozialforschung gesehen. So heißt es im wohl bekanntesten und am weitest verbreiteten Standardlehrbuch zur Evaluation:

> *We begin this volume with a simple definition of evaluation, or evaluation research (we will use the terms interchangeably): Evaluation research is the systematic application of social research procedures for assessing the conceptualization, design, implementation, and utility of social intervention programs. In other words, evaluation researchers (evaluators) use social research methodologies to judge and improve the ways in which human services policies and programs are conducted, from the earliest stages of defining and designing programs through their development and implementation.* (Rossi und Freeman 1989, S. 18. Hervorhebungen im Original, vgl. auch die deutsche Übersetzung Rossi, Freeman und Hofmann 1988, S. 3)

Untersucht man diese Argumentation etwas genauer, so zeigen sich in der Definition von „Evaluation als angewandte Sozialforschung" zwei Schritte der Reduktion:

1. Zuerst wird Evaluation auf Programm-Evaluation (also auf Bildungs-, Gesundheits-, Sozialhilfe- oder andere soziale Interventionsmaßnahmen) eingeschränkt. Damit werden aber andere Evaluationsfelder mit ganz unterschiedlichen Zugängen, wie z.B. Produktevaluation, aus der Definition ausgeklammert.

2. Mit der Betonung von *angewandter* Sozialforschung werden grundsätzliche philosophische oder ethische Fragestellungen (Erkenntnistheorie, Werttheorie) nicht besonders ausgewiesen, sondern nur mehr unter der Rubrik „Sozialwissenschaft" behandelt. Nun wird aber durch das Weber'sche Postulat der Wertfreiheit (Weber 1988a, b) gerade eine Trennung von Beschreibung und Werturteil in den Sozialwissenschaften gefordert. Die Aufhebung dieser Trennung sehe ich jedoch gerade für eine Definition von Evaluation als wesentlich an!

Obwohl ich mich selbst in erster Linie als Sozialwissenschafter sehe, halte ich die Vorstellung, Evaluationen bloß als ein (weiteres) Einsatzgebiet angewandter Sozialforschung zu sehen, sowohl für die Selbstsständigkeit als auch für die weitere Entwicklung dieser jungen Disziplin für verhängnisvoll. Statt Evaluation bloß als spezifischen Anwendungsfall von Sozialforschung zu begreifen, sollte sie vielmehr als eine eigene Hilfswissenschaft (tool discipline) ähnlich der Statistik, Logik oder Designwissenschaft betrachtet werden (vgl. dazu ausführlich Scriven 1991c, insbesondere S. 13–26).

Nur unter dieser erweiterten Sichtweise kann sich die Evaluationsforschung von einem „bag of tricks and bricks" (Scriven 1991c, S. 24) zu einem eigenständigen intellektuellen Konstrukt in der komplexen Wissenschaftstaxonomie entwickeln. Das schließt mit ein, dass es einer inhaltlichen Besonderheit bedarf, die die Bezeichnung und Abgrenzung einer eigenständigen Disziplin rechtfertigt[3]. Erst damit lässt sich eine adäquate eigenständige Methodologie identifizieren, die in Zusammenhang mit einer wachsenden Datenbasis von Erkenntnissen, allgemeinen Prinzipien und Theorien auch die Entwicklung einer Metatheorie ermöglicht.

---

[3] Wie bereits mehrmals angedeutet, sehe ich diese Besonderheit in der Wertfrage, im Übergang von der Datensammlung über einen Evaluanden zur Bewertung desselben.

Ich habe schon erwähnt, dass Wilbers hier eine ganz ähnliche Auffassung vertritt, auch wenn er sie nicht explizit argumentativ untermauert, sondern diese Ansicht im Zuge seiner „pragmatischen Konzentration" auf Partner, Instrumente, Konsens und „Lessons Learned" entwickelt.

Allerdings möchte ich in diesem Zusammenhang auf die in meinem Schema nicht vorgesehene Funktion des Qualitätsmanagements von Evaluationen eingehen: Die Möglichkeit Evaluationen als Bestandteil des Qualitätsmanagement einzusetzen, ergibt sich aus der Tatsache, dass das Evaluations*ergebnis* („summative" Evaluation) in einem länger betrachteten Prozess als „change agent" wieder in einen Evaluations*prozess* eingespeist werden kann und dann als „formative" Evaluierung wirkt.

Der in der Literatur häufig referierte Gegensatz von formativer und summativer (bilanzierender) Evaluierung wird unter einer größeren Zeitperspektive aufgehoben. Die Ergebnisse einer Kursevaluation (summative Evaluation) werden (später) für die Veränderung des Kursdesigns – und unter Umständen auch für die Veränderung des Kurscurriculums – verwendet. In der Behandlung dieser Fragestellung bei Wilbers wird – wie bereits in einem anderen Zusammenhang erwähnt – Evaluations*design* mit Evaluations*definition* vermischt.

1.6   Evaluation als Bewertung

In der Diskussion und Abgrenzung zu den unterschiedlichen Definitionsversuchen dürfte meine Position inzwischen deutlich geworden sein: Ich stimme mit jenen Auffassungen überein, die im Evaluationsbegriff vor allem den Prozess der Bewertung hervorheben:

> *Evaluation is the determination of a thing's value.*
> (Worthen und Sanders 1987, S. 22)
> *Evaluation is the process of determining the merit, worth and value of things, and evaluations are the products of that process.*
> (Scriven 1991c, S. 1)

Nach diesem Verständnis hat der Begriff der Evaluation sowohl Prozess- als auch Produktcharakter:

- Als *Prozess* ist unter Evaluation eine Form von angewandter Forschung (Evaluationsforschung) zu betrachten, die sowohl handlungsanleitend (Entscheidungshilfe, „Problem"lösung) als auch auf Erkenntnisgewinn (Generieren von Weltwissen) ausgerichtet ist. Der starke Praxisbezug (pragmatische Charakter) schließt weder die Möglichkeit von Grundlagenforschung und Theoriebildung (Evaluationstheorie) noch die selbstbezügliche Metaebene aus (Metaevaluation als eine Evaluation von Evaluationen).

- Als *Produkt* ist unter Evaluation sowohl das Ergebnis der forschenden Aktivitäten in einem bestimmten Evaluationsfeld zu verstehen, aber auch die sich aus diesen Ergebnissen seit den 60er Jahren formierende Disziplin selbst.

Als zusammenfassende These für diesen Abschnitt, des Versuchs einer Definition des Evaluationsbegriffes, möchte ich daher vorschlagen:

These: Unter Evaluation sind alle Aktivitäten und/oder Ergebnisse zu verstehen, die die Bedeutung, Verwendbarkeit, (Geld-)Wert, Wichtigkeit, Zweckmäßigkeit, … einer Sache beurteilen bzw. bewerten. Nur dieses weit gefasste Verständnis von Evaluation kann sowohl die Charakteristika besonderer Evaluationsfelder berücksichtigen als auch einen adäquaten Beitrag zur Theoriebildung leisten.

2. Vergleich: Sozialforschung versus Evaluation

Eine Sichtweise, die in der Frage der Aufstellung und Zuweisung von Werten das zentrale Anliegen von Evaluationen sieht, ist nicht trivial, sondern hat ganz spezifische Auswirkungen auf Ablauf und Praxis von Evaluationen. Ich möchte dies exemplarisch in einem Vergleich Sozialforschung versus Evaluation demonstrieren.

Es ist für das Verständnis der Unterschiede dabei äußerst instruktiv, wenn wir uns die unterschiedliche immanente Logik von sozialwissenschaftlichen Forschungsprozessen und Evaluationen vor Augen führen.

2.1 Ablauf sozialwissenschaftlicher Forschung

Der logische Ablauf sozialwissenschaftlicher Untersuchungen kann grob in drei Phasen eingeteilt werden (vgl. Friedrichs 1990, S. 50–55):

- *Entdeckungszusammenhang (context of discovery):* Darunter wird der Anlass (z.B. soziales Problem, Theoriebildung, Auftrag), der zur Entstehung eines Forschungsprojektes führt, verstanden. Er ist klar interessensorientiert und hebt aus der Unendlichkeit der Realität bestimmte, für die Forscher „interessante" Zusammenhänge heraus.

- *Begründungszusammenhang (context of justification):* Darunter sind jene methodologischen Schritte zu verstehen, mit deren Hilfe das (herausgegriffene) Problem untersucht werden soll. Diese Phase stellt den eigentlichen wissenschaftlichen Bereich der Untersuchung dar, der möglichst exakt, reliabel, valid und intersubjektiv überprüfbar („objektivierbar") sein soll.

- *Verwertungs- und Wirkungszusammenhang (context of utilization):* Darunter sind alle Folgen der wissenschaftlichen Untersuchung zu rechnen, ob sie nun intendiert oder nicht intendiert sind. Streng genommen gehört hierzu auch bereits die Darstellung der Ergebnisse (wissenschaftlicher Artikel, Referate, Bericht etc.), da sie sowohl die Zugänglichkeit der Studie als auch deren Wirksamkeit beeinflusst. Wie die erste Phase ist auch dieser Abschnitt von Interessensorientierungen und Werturteilen geprägt.

2.2   Ablauf von Evaluationen

Zur Logik des Ablaufs von Evaluationen wird nach wie vor ein heftiger wissenschaftlicher Disput geführt. Gerade die unterschiedlichen Sichtweisen zur Evaluation, wie sie sich in den oben erwähnten Definitionsversuchen äußern, sind eine Ursache für die wenig übereinstimmenden Positionen. Die nachfolgende Zusammenstellung folgt Scriven, dessen wissenschaftsphilosophische und -theoretische Arbeiten zur Evaluationslogik großen Einfluss und Verbreitung gefunden haben (vgl. Scriven 1980 und 1991a):

- *Formulierung von Wertkriterien:* In der ersten Phase werden jene Kriterien ausgewählt und definiert, die der Evaluand erfüllen muss, um als gut, wertvoll etc. gelten zu können.

- *Formulierung von Leistungsstandards:* Für jedes einzelne Kriterium wird eine Norm definiert, die der Evaluand erreichen muss, damit das Kriterium als erfüllt angesehen werden kann (Operationalisierung).

- *Messung und Vergleich (Analyse):* Nun wird jedes Kriterium beim Evaluanden untersucht, gemessen und mit den jeweils vorgegebenen Leistungsstandards verglichen.

- *Werturteil (Synthese):* In dieser letzten und wohl schwierigsten Phase von Evaluationen müssen die verschiedenen Ergebnisse zu einem einheitlichen Werturteil integriert werden.

Die nachfolgende Aufstellung versucht, diese Unterschiede zwischen Sozialforschung und Evaluation zusammenzufassen (in Anlehnung an Wottawa und Thierau 1990, S. 48ff.).

Abbildung 1: Unterschiede zwischen Sozialforschung und Evaluation

These: Während die Sozialwissenschaften dem Postulat der Wertfreiheit verpflichtet sind, stellt die Zuweisung von Werten in Evaluationen gerade das zentrale Element dar. Während in den Sozialwissenschaften die Problemdefinition und die Verwertung aus dem eigentlichen Forschungszusammenhang ausgeklammert werden, werden Evaluationen (Inhalt, Methodologie und Design) gerade durch die Interessen und Ziele von Auftraggebern und Beteiligten charakterisiert.

3. Taxonomie von Evaluationsansätzen

These: Die definitorische Besonderheit von Evaluationen, wie sie in diesem Aufsatz vertreten wird (Zuweisungen von Werturteilen), ist auch ein ausgezeichnetes Kriterium für eine Einteilung der verschiedenen bei Evaluationen verwendeten Ansätze (Modelle). Gelingt es damit, eine stimmige Gliederung der mannigfachen Evaluationskonzepte durchzuführen, so wird damit gleichzeitig auch die Nützlichkeit der hier vorgeschlagenen Definition illustriert.

Ich habe eingangs erwähnt, dass im Beitrag von Wilbers statt einer theoretisch motivierten Taxonomie von Evaluationsfunktionen die aktuelle Praxis als Ausgangsbasis genommen wurde. Ich möchte nun die Gegenprobe zu dieser Kritik unternehmen und aufzeigen, wie von einer theoretischen Grundlage (Evaluation als Wertzuweisung) eine Kategorisierung der Evaluationsansätze vorgenommen werden kann. Ich werde dabei ganz besonders auf die auch bei Wilbers hervorgehobene Bedeutung von Kommunikation, Konsensbildung und Interessensorientierung (Stakeholder) eingehen.

Je nachdem, wie Evaluationen mit der grundsätzlichen Frage der Zuweisung von Werturteilen umgehen, lassen sich bereits als erste grobe Annäherung bestimmte Studien als unechte Pseudo- und Quasi-Evaluationen stigmatisieren (Stufflebeam und Shinkfield 1985, S. 45–57). In dieser Hinsicht stellt die Gleichung (Evaluation=Bewertung) bereits ein sehr scharfes Trennkriterium dar.

3.1 Pseudo-Evaluationen

Darunter sind alle Untersuchungen einzuordnen, die entweder politisch gesteuert sind oder ganz klar die Festigung (Bestätigung) einer bestimmten Meinung intendieren. Besonderes Kennzeichen dieser Art von Studien ist es, dass keine vollständige, umfassende und ausgewogene Analyse und Bewertung vorgenommen wird. Ausgangspunkte für diese Art von Erhebungen sind:

- Gefährdete Interessen einer Adressatengruppe von echten Evaluationen (Interessenskonflikt). Die Pseudoevaluation soll Argumente für die gefährdete Position liefern und so die damit verbundene Interessensgruppierung stärken (= *politisch kontrollierte Studie*). Meistens werden diese Arten von Untersuchungen verdeckt durchgeführt. Dadurch wird einerseits vermieden, dass die Öffentlichkeit vorzeitig ihre Aufmerksamkeit auf den Interessenskonflikt lenkt. Andererseits bleibt die Studie – falls ihre Ergebnisse den Auftraggebern nicht entsprechen – in der Schublade und wird nicht veröffentlicht.

- Der Versuch, durch gezielte Verbreitung bestimmter Informationen andere Interessensgruppierungen in ihrem Verhalten zu beeinflussen. Meistens dient dies dazu, ein bestimmtes Objekt (z.B. Konsumprodukt) in einem besonders vorteilhaften Licht erscheinen zu lassen (= *Public-Relation Studie*). Ein besonderes Kennzeichen dieser Studien ist ihre methodologische Fragwürdigkeit („quick and dirty"), die meistens zu einem (intendierten) systematischen Fehler führt.

Pseudo-Evaluationen geben nur vor, Evaluationen zu sein. Sie versuchen, die Autorität von echten Evaluationen für ihre eigenen (dubiosen) Interessen einzusetzen. Im weiteren Artikel werde ich daher diese Form der Untersuchungen – die bei Wilbers (nach Dubs) unter die Rubriken Legitimations- und PR-Funktion fallen – nicht mehr weiter betrachten. Sie definieren Verwendungszwecke von Evaluierungen, die nicht unter einer argumentativ nachvollziehbaren Wertzuweisung und Prioritätensetzung (Gewichtung) der verschiedenen Kriterien durch *alle* Stakeholder gemeinsam erfolgen.

3.2 Quasi-Evaluationen

Hierbei handelt es sich um Untersuchungen, die zwar methodisch korrekt durchgeführt werden, jedoch bereits eine eingeschränkte – nicht mehr weiter zu hinterfragende – Ausgangsfragestellung haben. Besonderes Kennzeichen dieser Analysen ist, dass sie eine Begründung, Diskussion und eventuelle Kritik der aufgestellten Wertansprüche vernachlässigen oder aber kritiklos zulassen. Sie nehmen die Aufgabenstellung unhinterfragt hin und beschäftigen sich sogleich mit der Auswahl einer adäquaten Methode zur Untersuchung der Problematik. Typische Beispiele für Quasi-Evaluationen sind:

- *Zielorientierte Evaluationsansätze,* wie sie z.B. von Ralph Tyler in den 30er Jahren entwickelt worden sind. Dazu ist auch die von Provus entwickelte Diskrepanz-Analyse zu zählen. Ausgehend von breit formulierten Zielen, die dann verfeinert und operationalisierbar gemacht werden, sollen Diskrepanzen zwischen Ziel und Realisierung festgestellt werden. Im Extremfall, wie z.B. bei gewissen Management-Informations-Systemen (MIS), wird nur mehr beobachtet, ob der Evaluand gewisse Minimalkriterien überschreitet bzw. erfüllt (*Monitoring*). Obwohl zielbasierte Ansätze scheinbar objektiv sind, bedeuten sie immer eine Art von Tunnelvision, weil nur mehr vorgegebene Ziele untersucht werden. Damit ist die Legitimität der Untersuchung gefährdet, außerdem bleiben nicht intendierte Effekte unberücksichtigt. Scriven (1991a) schlägt daher vor, diese mögliche Verzerrung (*bias*) durch eine ergänzende zielfreie Evaluation (*goal-free evaluation*) zu korrigieren. Dabei wird der Evaluand völlig unvoreingenommen untersucht. Offizielle Ziele, programmatische Papiere, Meinungen des Staffs und des Managements etc. werden in dieser ersten Phase absichtlich nicht erhoben.

- *Experimentelle Untersuchungen,* wie sie z.B. im quasi-experimentellen Forschungsdesign (Vergleichsgruppen) üblich sind (vgl. Thorndike et al. 1991; Wiersma 1991). So wird beispielsweise der Lernerfolg zweier Gruppen untersucht, die unterschiedlichen Maßnahmen (treatments) ausgesetzt worden sind (z.B. traditioneller Unterricht kontra Verwendung von interaktiver Software). Die sorgfältige Beachtung methodologischer Forderungen (Vortest, Ähnlichkeit der beiden Gruppen in anderen als der untersuchten Variablen wie Alter, Geschlecht etc.) verdeckt, dass die darin enthaltenen Werturteile unwidersprochen und z.T. sogar unbewusst akzeptiert werden. Was gilt z.B. als Kriterium für einen Lernerfolg? Ist es wirklich die bloße Erinnerung bei einem multiple-choice Test oder die richtige und vollständige verbale Reproduktion der vermittelten Inhalte bei offenen Fragen? Obwohl die komplexen Untersuchungsinstrumente (Fragebogen, multiple-choice Test) zwar methodisch einwandfrei konstruiert worden sind, messen sie immer nur das, was bereits als Ausgangspunkt ihrer Konstruktion unhinterfragt angenommen wurde („methodischer Zirkelschluss"). Und das kann oft auch völliger Unsinn sein („garbage in – garbage out").

Im Gegensatz zu den Pseudo-Evaluationen können Quasi-Evaluationen durchaus ihre Berechtigung haben und im Einzelfall sogar sehr wertvoll sein. Sie klammern jedoch sowohl grundsätzliche Fragen zu den Zielsetzungen und den damit verbundenen Werturteilen als auch moralische Aspekte aus und sind oft interessensdominiert.

Bei Wilbers werden zielorientierte Ansätze und Diskrepanzanalyse (Monitoring) als Kontroll- und Steuerungsfunktion von Evaluierungen geführt. Nach meiner Kategorisierung gehören auch diese beiden anderen Evaluierungsaspekte der Dubschen Funktionsdifferenzierung noch immer nicht zum eigentlichen Kerngebiet von Evaluierungen und stellen daher in meinem Argumentationszusammenhang immer noch keine „echten" Evaluationen dar.

3.3   Echte Evaluationen

Hier handelt es sich um Untersuchungen, die sowohl die Definition als auch Begründung und Beurteilung von Wertansprüchen (Zieldefinition) in den Mittelpunkt der Analyse stellen. Diese Erhebungen zeichnen sich durch Methodenvielfalt, die Möglichkeit einer zielfreien Evaluation und den Versuch einer „gerechten" Vorgangsweise und Darstellung aus (Interessensausgleich).

4.   Interessensorientierungen von echten Evaluationen

Selbstverständlich werden auch echte Evaluationen nicht in einem interessensneutralen Raum durchgeführt. Gerade die definitorische Bedeutung von Wertzuweisungen bei Evaluationen ist interessensgeleitet. Je nach der unterschiedlichen Interessensorientierung können daher die echten Evaluationen weiter unterteilt werden. Die nachfolgende Grafik soll einen plastischen Eindruck dieser verschiedenen Gruppierungen vermitteln:

Interessen und Ansätze

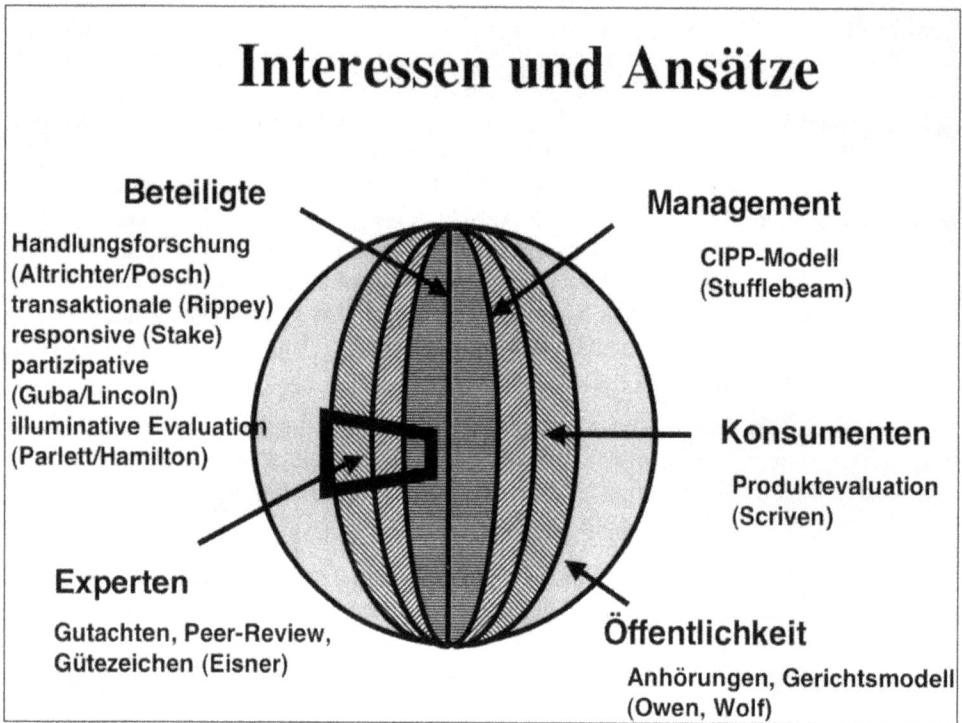

Beteiligte

Handlungsforschung
(Altrichter/Posch)
transaktionale (Rippey)
responsive (Stake)
partizipative
(Guba/Lincoln)
illuminative Evaluation
(Parlett/Hamilton)

Management

CIPP-Modell
(Stufflebeam)

Konsumenten

Produktevaluation
(Scriven)

Experten

Gutachten, Peer-Review,
Gütezeichen (Eisner)

Öffentlichkeit

Anhörungen, Gerichtsmodell
(Owen, Wolf)

Abbildung 2: Evaluationsunterteilung

4.1 Management-orientierte Ansätze

Diese Evaluationsformen fungieren oft auch als Entscheidungsfindungs-Modelle. Von ganz besonderer Bedeutung ist dabei das von Stufflebeam ausgearbeitet *CIPP-Modell* (Stufflebeam und Shinkfield 1985), das einem systemtheoretischen Ansatz verpflichtet ist. Die Abkürzung steht für *Context-, Input- Process-* und *Product-Evaluation*, die jeweils verschiedene Abschnitte bzw. Phasen der Evaluation charakterisieren.

- Die *Kontextevaluation* soll Planungsentscheidungen evaluieren: Welche Bedürfnisse sollen durch einen Evaluanden abgedeckt werden? Mit der Kontextevaluation sollten die institutionellen Rahmenbedingungen definiert, Zielgruppe(n) und ihre Bedürfnisse eruiert und bewertet werden. Dabei sollen auch bereits mögliche Probleme (Konflikte), die diesen Bedürfnissen zugrunde liegen, diagnostiziert und beurteilt werden, ob die vorgeschlagenen Ziele die festgestellten Bedürfnisse überhaupt abdecken können.

- Die *Inputevaluation* dient der Bewertung von Strukturentscheidungen: Welche Ressourcen (Finanzen, Personal, Zeit) sind vorhanden? Welche alternativen Strategien (Evaluanden) kommen für die Befriedigung der festgestellten Bedürfnisse in Betracht? In dieser Phase werden auch mögliche Designs für die Implementierung ausgearbeitet und bewertet. Welche Pläne scheinen die besten Umsetzungsmöglichkeiten zu haben?

- Die *Prozeßevaluation* widmet sich der Analyse von Implementierungsentscheidungen: Wie gut wurde der Evaluand implementiert? Welche Probleme gefährden seinen Erfolg? Es wird der Evaluand nicht nur in seiner statischen Erscheinung, sondern auch in seiner Entwicklung und seinen funktionalen Aktivitäten beurteilt. Welche Korrekturen sind notwendig? Die Fragen in dieser Phase helfen, ein kontinuierliches Monitoring-System für das Management aufzubauen.

- Die *Produktevaluation* schließlich widmet sich der Beurteilung von Verwertungs-entscheidungen: Welche Ergebnisse hat der Evaluand gebracht? Wie weit wurden Bedürfnisse auch tatsächlich befriedigt? Was soll mit dem Evaluanden weiter geschehen?

Die Beschreibung und Bewertung aller Phasen wird jeweils mit den anderen drei Evaluationsarten rückgekoppelt.

Das CIPP-Modell ist vor allem in betriebswirtschaftlichen Feldern sehr beliebt, weil es sich klar auf die Entscheidungsträger (Management) bezieht und mit ihnen eng zusammenarbeitet. Das Sammeln von überflüssigen Informationen wird meist vermieden, weil als Ausgangspunkt die zu treffenden Entscheidungen dienen und daher ein dementsprechender Fokus immer vorhanden ist. Als Nachteil wird allerdings oft gerade diese enge Konzentration auf die Entscheidungsträger moniert. Es wird ein unfaires und undemokratisches Vorgehen befürchtet, bei dem die Interessen der Evaluierten, aber auch der allgemeinen Öffentlichkeit zu wenig berücksichtigt werden.

Auch die Beachtung der Trennung von Bewertung und Entscheidung kann in diesem Ansatz leicht verwischt werden. Obwohl die Aufgabe des Evaluators ganz klar die Formulierung von Werturteilen und die Bewertung selbst ist, soll er/sie keine Entscheidungen vorschlagen oder gar treffen. Nach Cronbach (1983) sollen EvaluatorInnen die näheren Umstände beleuchten, aber nicht die Entscheidungen diktieren. Sie soll den AuftraggeberInnen helfen, die Komplexität der Probleme zu verstehen (d.h. sie sollen Entscheidungsgrundlagen liefern), aber keine einfachen Antworten auf zu eng definierte Fragestellungen geben.

4.2   Konsumenten-orientierte Ansätze

Diese Evaluationsmodelle werden häufig auch als Produkt-Evaluationen bezeichnet. Die Idee dabei ist, dass jeder Evaluand auch als Produkt betrachtet werden kann, das von bestimmten Adressatengruppen konsumiert wird. Dieser Ansatz beinhaltet zwar offensichtlich eine Marktorientierung, doch muss sich dies nicht in eng betriebswirtschaftlichen Kategorien niederschlagen. So kann unter einem *educational product* zwar alles verstanden werden, was am Bildungsmarkt erhältlich ist (Workshops, Lernsoftware, Lehrbücher, jede Form von Materialien, selbst Dienste und Methoden: Checklisten, Reviews und Reports), doch werden damit öffentliche (volkswirtschaftliche) Produkte (Schulen, Hochschulen etc.) nicht ausgeschlossen.

Der Konsumenten-orientierte Ansatz wird vor allem durch unabhängige Institutionen gefördert, finanziert bzw. durchgeführt (z.B. Konsumentenvereinigung). Die wichtigsten Ausarbeitungen für dieses Modell finden sich in den Arbeiten von Michael Scriven (1980, 1981,

1991a und b, 1999). Die Produktevaluation ist zwar meistens eine *summative* (= zusammen-fassende, abschließende) Evaluation, allerdings kann sie in einem größeren Zeitrahmen auch als *formative* (= gestaltende, eingreifende) Evaluation dienen, indem neue oder gerade entwickelte Produkte sich in Zukunft ja auch den vorab definierten Kriterien stellen müssen.

Als Vorteil dieses Modells gilt, dass es große Publikumswirkung hat und hilft, bestimmte Standards aufzustellen und durchzusetzen (z.B. Ergonomie bei Büromöbeln). Produkt-Evaluationen sind daher ein gewisses Gegengewicht gegenüber den Versprechungen der Industrie geworden. Außerdem haben sie auch eine wichtige Bildungsfunktion, weil die Konsumenten durch die Evaluationsberichte die Produkte in ihrer Funktionalität kritischer betrachten.

Allerdings sind auch eine Reihe von Nachteilen der Konsumenten-orientierten Ansätze anzu-führen: So besteht z.B. die Gefahr, dass die Evaluationskosten den Produktpreis erhöhen können. Firmen versuchen, Zeit und Kosten von internen Evaluationen, die von den For-schungs- oder Prüfabteilungen durchzuführen sind, in die Preisgestaltung einzubeziehen. Andererseits fördert die Orientierung an definierte Standards nicht gerade die kreative Suche nach (neuen) Alternativen. Ein weiterer Nachteil besteht darin, dass bei Produkt-Evaluationen lokale Initiativen nicht gefördert werden. Aus Gründen der Professionalität und Kostenreduktion werden zentrale Stellen eingerichtet, die dann die Evaluationen stellvertre-tend vornehmen und entsprechende Empfehlungen publizieren. Im Bildungsbereich heißt dies, dass die Auseinandersetzung über Stärken und Mängel eines bestimmten Produkts (z.B. Buch, Software) nicht von den Ausbildern selbst durchgeführt wird. Statt geprüftem Lehrma-terial wären jedoch materialprüfende Lehrer bildungspolitisch oft weit sinnvoller!

4.3   Experten-orientierte Ansätze

Sie gehören wahrscheinlich zu den ältesten und am weitesten verbreiteten Evalua-tionsansätzen. Obwohl in allen Modellen die Zuweisungen von Werten letztlich durch Sub-jekte erfolgen müssen und daher in gewisser Weise subjektive Werturteile beinhalten, be-steht die Besonderheit von Experten-orientierten Ansätzen gerade darin, dass sie damit kein Problem haben, sondern ganz offen und direkt auf dieser subjektiven professionellen Exper-tise aufbauen. Beispiele für die Expertenorientierung sind: Kommissionen zur Antragsprü-fung (Forschungsantrag), Karriere (Habilitationskommission), Beglaubigungskörperschaften (Akkreditierung) bzw. Vergabe von Qualitätssiegeln (z.B. das Gütesiegel „EuroStudyCenter" im Bereich der Fernstudien), Peer-Reviews bei wissenschaftlichen Zeitschriften, Preisverlei-hungen, wie z.B. der Mediendidaktische Hochschulpreis (MeDiDa-Prix) und der European Academic Software Award (EASA) (Baumgartner und Frank 2000; Baumgartner und Payr 1996) sowie speziell eingesetzte Auditkommissionen (wie z.B. die soeben im Auftrag der deutschen Bundesregierung vom Projektträger Neue Medien eingesetzte Expertenkommissi-on zur Evaluierung der Medienförderprogramme von 2000–2003) etc.

Experten-orientierte Ansätze können nach dem Grad der Formalisierung (formales vs. infor-melles Begutachtungssystem) und der Anzahl der Experten (Komitee vs. individueller Bewertung) unterschieden werden (vgl. Worthen und Sanders 1987, S. 99). Die für die Ausprägung der jeweiligen Dimension entscheidenden Fragen sind:

- Existiert eine Struktur für laufende Evaluationen?

- Gibt es publizierte Standards, die Teil dieser Evaluationen sind?

- Gehen in die Evaluation Meinungen von mehreren Experten ein?

- Haben die Ergebnisse der Evaluation Auswirkungen auf den Status des Evaluanden?

Von diesen traditionellen und bereits seit längerem geübten Verfahren ist der unkonventionelle Ansatz der Kennerschaft (engl. *Connoisseurship*, z.B. Weinkenner) von Elliot Eisner zu unterscheiden (Eisner 1979 und 1985): Dabei wird eine quantitative Analyse (und manchmal überhaupt ein formales Vorgehen) abgelehnt. Es wird für eine detaillierte narrative Beschreibung plädiert, die auch emphatische Momente nicht ausschließt. Künstlerische und humanistische Betrachtungen sind diesem Ansatz wichtiger als rein wissenschaftliche Kriterien (daher ist dieses Evaluationsmodell auch als Kritizismus, z.B. in der Literatur*kritik*, bekannt).

Die Vorteile Experten-orientierter Ansätze liegen wie bei der Produktevaluation (die ja auch oft von Experten durchgeführt wird) in der laufenden Entwicklung von Qualitätsbewußtsein, Förderung guter Beispiele, Zurschaustellung und Kritik schlechter Fälle. Im Allgemeinen führen selbst informelle Evaluierungen mit der Zeit zu einer gewissen Formalisierung (Richtlinien), die dann selbst wiederum zur formativen Evaluierung dienen können. Damit ist – trotz der bewußt subjektiven Komponente – auch in diesem Ansatz eine intersubjektive Überprüfbarkeit und Metaevaluierung gegeben. Schon allein das Bewußtsein, einer Evaluierung durch Experten ausgesetzt zu werden, führt zu verstärkten Anstrengungen (selfreviewing). Die durch das Kennerschaftsmodell erworbenen Perspektiven sind häufig nicht nur interessant, sondern eröffnen oft völlig neue, kreative und konstruktive alternative Sichtweisen.

Das wichtigste Problem, das mit diesem Ansatz jedoch untrennbar verbunden ist, ist die geringe Reliabilität des Verfahrens: Die Urteile der Experten sind oft schwer nachzuvollziehen, d.h. andere Experten kommen oft zu ganz anderen Resultaten. Außerdem vertreten die Experten häufig ganz andere Ansichten als die öffentliche Meinung, bzw. haben einen anderen „Geschmack". Sie stellen daher keine zuverlässigen Führer für die Allgemeinheit dar. Zusätzlich birgt das Eisner-Modell auch noch die Gefahr der Irrelevanz (Validitätsproblem) in sich.

Weitere Schwierigkeiten in diesem Modell liegen im Umgang mit den Interessenskonflikten: Einerseits ist die Kritik manchmal zu wenig scharf, da die evaluierenden Experten selbst wiederum evaluiert werden („Eine Krähe hackt der anderen kein Auge aus"); andererseits ist sie zu übertrieben, z.B. dann, wenn der jeweilige Experte sich selbst im evaluierten Gebiet bei knappen Ressourcen behaupten muss. Vor allem aber ist zu beachten, dass die Experten meistens aus inhaltlichen Gründen (Domain-Experts) ausgewählt wurden und wenig Erfahrung mit Evaluierungen haben können, d.h. keine EvaluationsexpertInnen sind.

4.4 Öffentlichkeits-orientierte Ansätze

Darunter werden all jene Modelle verstanden, die nicht nur eine geplante Anstrengung unternehmen, unterschiedliche (meist Pro- und Kontra-) Sichtweisen in die Gesamtevaluation zu integrieren, sondern die konfligierende Bewertung und Zuweisung von Werten auch öffentlich austragen (*Hearing*). Dazu gehören die sogenannten Gegnerschafts-orientierten Ansätze (*adversary* oder auch *advocate-adversary*-approaches), wo zwei getrennte Teams jeweils die Vorzüge bzw. Nachteile des Evaluanden untersuchen. Eine besondere Erweiterung dieses Modells ist der *judicial-approach*, der den Prozess vor Gericht als Metapher nimmt und weit über einfaches pro und kontra hinausgeht (Phase der Faktensammlung, Kreuzverhör von Zeugen, Beweiserhebung und andere gerichtliche Prozeduren wie Jury, Richter etc.).

Die Vorteile dieser Modelle sind vielfältig:

- Diese Evaluationen erzeugen großes öffentliches Interesse.

- Sie haben eine bildende Rolle sowohl für die Öffentlichkeit als auch für die „Geschworenen". (Welche Argumente bzw. Fakten sind wichtig? Was soll bewertet werden?)

- Eine einseitige Sichtweise wird bereits durch das Design vermieden.

- Dieser Ansatz unterscheidet sich stark vom sozialwissenschaftlichen Modell der Evaluation, das oft nur für ein kleines, auserlesenes Publikum („scientific community") verständlich ist (Scriven 1991a, S. 203).

- Durch die Einbeziehung unterschiedlicher Standpunkte wird eine größere Glaubwürdigkeit erreicht, die für nachfolgende Maßnahmen die Akzeptanzschwelle senkt.

- Öffentlichkeits-orientierte Ansätze erfordern immer eine intensive Planung und haben in sich bereits eine Art Meta-Evaluation eingebaut. (Welche Daten sind relevant? Welche verschiedene Interpretationen/Sichtweisen/Kritiken gibt es?)

Allerdings stehen den zahlreichen Vorteilen auch eine Reihe ernster Kritikpunkte gegenüber:

- Die Öffentlichkeitsorientierung ist relativ teuer.

- Diese Ansätze streben vor allem nach Fairness. Gerechtigkeit ist jedoch nicht mit korrekter Bewertung gleichzusetzen. Das birgt die Gefahr in sich, dass der Interessensausgleich (Kompromiss) auf Kosten der Beurteilung stattfindet.

- Diese Ansätze schaffen durch die öffentliche Kontroverse oft auch „heißes Blut", wodurch bereits bestehende Differenzen zu offenen Widersprüchen auswachsen können. Dies wird noch durch die Konkurrenzsituation von Pro- und Kontra-EvaluatorInnen verstärkt. Damit werden Kompromisse und oft die weitere Arbeit erschwert („vergiftete Atmosphäre").

- Die Anlehnung an die Gerichtsmetapher kann auch zu schweren Schäden (z.B. im Bildungsbereich) führen: Prozesse finden erst bei vermuteten Überschreitungen statt, Evaluationen sollten jedoch gerade diese krisenhaften Situationen meistern helfen. Bei Evaluationen geht es nicht um die Frage „schuldig" oder „nicht schuldig". Außerdem betont das Gerichtsmodell die Rolle der wirkungsvollen Rhetorik gegenüber der detaillierten Analyse.

Öffentlichkeits-orientierte Ansätze sind daher wegen der Betonung von Kritik und der im Verhältnis dazu geringeren Rolle der Ursachenanalyse vorwiegend für summative Evaluationen brauchbar. Die Anwendung dieses Evaluationsmodelles ist daher besonders dann sinnvoll, wenn

- viele Menschen vom Evaluanden betroffen sind,
- über den Evaluanden schon öffentlich debatiert wurde und daher ein gewisses Vorverständnis im Bewusstsein der öffentlichen Meinung bereits vorhanden ist,
- summative Entscheidungen zu treffen sind,
- externe Evaluatoren die Untersuchung durchführen,
- klare Themen vorgegeben sind,
- Administratoren und Politiker über die Intensität (Zeit und Kosten) dieses Ansatzes informiert sind und sie befürworten,
- die notwendigen Ressourcen (Zeit, Kosten, Personal) für die Ausarbeitung unterschiedlicher (gegensätzlicher) Standpunkte vorhanden sind.

4.5 Teilnehmer-orientierte Ansätze

Darunter sind alle Ansätze zu verstehen, die nicht nach einem präskriptiven Muster vorgehen, sondern auf die Bedürfnisse und Interessen der Teilnehmer bzw. unmittelbar von der Evaluation Betroffenen eingehen und natürliche (vs. experimentelle, künstliche) Methoden anwenden. Daher werden diese Modelle auch als natürliche Evaluationen (*naturalistic evaluations*) bezeichnet. Bei den verwendeten Methoden handelt es sich meistens um qualitative Ansätze, obwohl dies kein unbedingtes Erfordernis darstellt. Häufig werden Methoden aus der Anthropologie verwendet, wie z.B. die von Geertz vorgeschlagene „dichte Beschreibung" (1973 und 1983). Dadurch bekommen diese Ansätze große Ähnlichkeit mit ethnographischen Studien.

Teilnehmer-orientierte Modelle gehen nicht starr von vorgefassten Zielen aus und sind daher sehr flexibel. Mit der Einbeziehung von subjektiven Präferenzen und Interessensorientierungen aller Beteiligten widersprechen sie dem traditionellen objektivistischen Wissenschaftsparadigma. Sie betonen induktives statt deduktives Schlussfolgern, sind auf Verstehen (Interpretationen) statt auf statistische Zusammenhänge ausgerichtet und bevorzugen Feld- bzw. Fallstudien. Sie gehen von einem Weltbild multipler Realitäten (Perspektiven) statt von einer einzigen objektiven Realität aus und erheben dementsprechend auch die Daten von unterschiedlichen Gesichtspunkten und mit unterschiedlichen Methoden. In der Methodenliteratur ist dieses Verfahren, das den Evaluanden von verschiedenen Perspektiven betrachtet, als *Triangulation* (Daten-, Methoden-, Forscher- und Theorie-Triangulation) bekannt (vgl. Patton 1991, S. 187ff.).

Teilnehmerorientierung ist – zumindest in der Evaluierungsforschung – derzeit in Mode, so dass ich hier nachfolgend nur eine kursorische Auflistung der vielen unterschiedlichen Ansätze geben werde:

- *Countenance-Modell* (Stake 1967): Beschreibung und Bewertung mit Hilfe einer Matrix.

- *Transactional-Modell* (Rippey 1973): 5-Phasen-Konfliktmanagement, das v.a. notwendige Veränderungsprozesse begleiten soll.

- *Illuminative-Modell* (Parlett und Hamilton 1976): Dichte Beschreibung um das Verstehen komplexer Prozesse zu fördern. Es finden keine Wertungen statt, sondern es wird bloß eine progressive Fokussierung (Eingrenzung des Evaluanden, der Fragestellung etc.) und Triangulation (Perspektivwechsel) vorgenommen.

- *Democratic-Modell* (MacDonald 1974 und 1976): Unterscheidet bürokratische, autokratische und demokratische Evaluationen (je nachdem, wer über die Ergebnisse, verwendeten Methoden, Ziele etc. bestimmt). Es ist ein pluralistischer Ansatz, der jedoch jegliche Wertzuweisung vermeidet.

- *Responsive-Modell* (Stake 1975, Beywl 1988): Interagiert mit den InteressensvertreterInnen (*Stakeholder*-Ansatz) mit dem Ziel, deren Informationsprozess untereinander bzw. deren Verständnis über den Evaluanden zu fördern.

- *Naturalistic-Modell* (Guba und Lincoln 1981, Lincoln und Guba 1985, House 1980): Ist eigentlich kein eigenes Modell, sondern eher eine Verallgemeinerung der genannten Verfahrensmodelle. Statt Wahrheit wird Glaubwürdigkeit, statt externe Validierung wird Anwendbarkeit (Passung, „fit"), statt Konsistenz oder Reliabilität wird Auditabilität (Prüfung durch eine nochmalige Evaluation, die durch Dritte, d.h. externe Evaluatoren durchgeführt wird), statt Neutralität oder Objektivität wird Bestätigbarkeit forciert.

Die Vorteile von Teilnehmer-orientierten Ansätzen liegen darin, dass sie

- die betroffenen Menschen bei den Evaluationen in den Mittelpunkt rücken,

- die Bedeutung einer breiten Sichtweise mit multiplen Perspektiven betonen,

- auf neue Erkenntnisse ausgerichtet sind (ethnographische Forschung),

- methodisch und vom Design äußerst flexibel sind,

- durch die Einbeziehung aller Beteiligten das Bewusstsein aller Stakeholder verändern, wodurch die spätere Implementierung der Ergebnisse erleichtert wird.

Die Nachteile einer Teilnehmerorientierung liegen

- im relativ hohen Zeit- und Kostenaufwand,

- in der Neigung, extern sinnvolle Evaluationsstandards nicht zu erfüllen, da das aktuelle Feld mit seinen Bedürfnissen und Problemen Priorität hat,

- in den notwendig hohen sozialen Kompetenzen der EvaluatorInnen, die flexible und in direkten Kompromissen mit den Betroffenen auszuhandelnde Vorgangsweisen erforderlich machen,

- in der improvisierten Erscheinungsform dieses Evaluationsmodells, das gegenüber dem – als besonders wichtig empfundenen – Kriterium der Glaubwürdigkeit teilweise kontraproduktiv wirkt,

- in der häufig zu beobachtenden Enthaltsamkeit bei der Zuweisung von Werturteilen,

- der Konzentration auf nur wenige typische Fälle, die gut ausgesucht werden müssen, um systematische Fehler zu vermeiden,

- in der Betonung der Prozessaspekte der Evaluation, die gegenüber den Ergebnissen und der Bewertung Vorrang genießen.

5. Zusammenfassung

Der Ausgangspunkt meiner Diskussion mit dem Evaluierungsteil des Artikels von Wilbers ist eine Diskussion um das Wesen von Evaluationen bzw. um eine Definition des Evaluierungsbegriffes. Der daraus entstandene Ansatz wird dann in einem Vergleich der unterschiedlichen Ablauflogiken von Sozialforschung und Evaluationen konkretisiert und mündet schließlich in eine Kategorisierung von unterschiedlichen Evaluierungsansätzen. Wesentliches Moment dabei ist die methodisch abgesicherte und im Diskurs der unterschiedlichen Interessensorientierungen verschiedener Stakeholder immer wieder konsensual herzustellende Wertzuweisung. Außerdem hat sich gezeigt, dass Evaluationsforschung ein eigenständiges Forschungsfeld darstellt – und nicht etwa eine Nachbemerkung – wie es die heute bereits obligatorisch „internen Evaluierungen" von E-Learning Projekten vermuten lassen. Entsprechend der Fragestellungen muss sich die Evaluation betrieblicher E-Learningprozesse einer adäquaten Methodenmischung bedienen.

Die Evaluation von Corporate E-Learning folgt hier keinen anderen Gesichtspunkten. Ganz im Gegenteil: Hier wird ganz besonders deutlich, dass das für die Sozialforschung formulierte Postulat der Wertfreiheit einer pragmatisch orientierten – aber methodisch einwandfreien – Wertzuweisung weichen muss. Nur so wird eine Qualität sichernde und über die einzelnen E-Learning Projekte hinausgehende Wirkung der Evaluierungen zu erreichen sein.

Literatur

BAUMGARTNER, PETER 1999. Evaluation mediengestützten Lernens. Theorie – Logik – Modelle. In: MICHAEL KINDT. Projektevaluation in der Lehre – Multimedia an Hochschulen zeigt Profil(e). Münster, Waxmann. 7: 61–97.

BAUMGARTNER, PETER UND STEFAN FRANK 2000. Der Mediendidaktische Hochschulpreis (MeDiDa-Prix) – Idee und Realisierung. In: FRIEDRICH SCHEUERMANN. Campus 2000 – Lernen in neuen Organisationsformen. Münster, Waxmann: 63–81.

BAUMGARTNER, P. UND S. PAYR. 1996. Learning as action: A social science approach to the evaluation of interactive media. In: *Proceedings of ED-MEDIA 96 – World Conference on Educational Multimedia and Hypermedia*, Hg. VON P. CARSLON UND F. MAKEDON. Charlottesville: AACE. 31–37.

BEYWL, W. 1988. *Zur Weiterentwicklung der Evaluationsmethodologie. Grundlegung, Konzeption und Anwendung eines Modells der responsiven Evaluation.* Frankfurt/M.: Peter Lang.

CRONBACH, L. J. 1983. *Designing Evaluation of Educational and Social Programs.* 2. Aufl. San Francisco: Jossey-Bass.

EISNER, E. W. 1979. *The educational Imagination: On the design and evaluation of school programs.* New York: Macmillan.

EISNER, E. W. 1985. *The art of educational Evaluation. A personal view.* London: The Falmer Press.

FRIEDRICHS, J. 1990. *Methoden empirischer Sozialforschung.* 14. Aufl. Opladen: Westdeutscher Verlag.

GEERTZ, C. 1973. *The Interpretation of Cultures.* o.O.: Basic Books.

GEERTZ, C. 1983. *Local Knowledge. Further Essays in Interpretive Anthropology.* New York: Basic Books.

GRONLUND, N. E. 1976. *Measurement and Evaluation in Teaching.* New York: McGraw-Hill.

GUBA, E. G. UND Y. S. LINCOLN. 1981. *Effective evaluation.* San Francisco: Jossey-Bass.

HOUSE, E. R. 1980. *Evaluating with validity.* Beverly Hills, CA: SAGE.

LINCOLN, Y. S. UND E. G. GUBA. 1985. *Naturalistic Inquiry.* Beverly Hills, CA: SAGE.

MACDONALD, J. B. 1974. An evaluation of evaluation. *Urban Review.* Bd. 7, Nr. 1: 3–14.

MACDONALD, J. B. 1976. Evaluation and the control of education. In: *Curriculum evaluation today: Trends and implications*, Hg. von D. TAWNEY. London: Macmillan.

PARLETT, M. UND D. HAMILTON. 1976. Evaluation as illumination: A new approach to the study of innovatory programms. In: *Evaluation studies review annual*, Hg. VON G. V. GLASS. Beverly Hills, CA: SAGE.

PATTON, M. Q. 1991. *Qualitative evaluation and research methods.* 2. Aufl. Newbury Park: SAGE.

RIPPEY, R. M., Hg. 1973. *Studies in transactional evaluation.* Berkeley, CA: McCutchan.

ROSSI, P. H. UND H. E. FREEMAN. 1989. *Evaluation. A Systematic Approach.* 4. Aufl. Newbury Park: SAGE.

ROSSI, P. H., H. E. FREEMAN UND G. HOFMANN. 1988. *Progamm-Evaluation. Einführung in die Methoden angewandter Sozialforschung.* Stuttgart: Enke.

SCRIVEN, M. 1980. *The Logic of Evaluation*. Inverness, CA: Edgepress.

SCRIVEN, M. 1981. Product Evaluation. In: *New techniques for evaluation*, Hg. VON N. L. SMITH. Beverly Hills, CA: SAGE. 121–166.

SCRIVEN, M. 1991a. *Evaluation Thesaurus*. 4. Aufl. Newbury Park: SAGE.

SCRIVEN, M. 1991b. Evaluation: Logic's Last Frontier, In: *Critical Reasoning in Contempo-rary Culture*, Hg. VON R. A. TALASKA: SUNY Press.

SCRIVEN, M. 1991c. Introduction: The Nature of Evaluation. In: *Evaluation Thesaurus*, Hg. von M. SCRIVEN. 4. Aufl. Newbury Park: SAGE. 1–43.

SCRIVEN, M. 1999. The Evaluation of Hardware und Software. In: Aliza Duby. Studies in Educational Evaluation, special issue. Tel Aviv, Tel Aviv University.

SHADISH, W. R. J., T. D. COOK UND L. C. LEVITON. 1991. *Foundation of Program Evalua-tion. Theories of Practice*. Newbury Park: SAGE.

STAKE, R. E. 1967. The countenance of educational evaluation. *Teachers College Record*, Nr. 68: 523–540.

STAKE, R. E. 1975. *Evaluation the arts in education. A responsive approach*. Columbus, OH: Charles E. Merril.

STUFFLEBEAM, D. L. UND A. J. SHINKFIELD 1985. *Systematic Evaluation*. Boston: Kluwer.

THORNDIKE, R. M., G. K. CUNNINGHAM, R. L. THORNDIKE ET AL. 1991. *Measurement and Evaluation in Psychology and Education*. 5. Aufl. New York: Macmillan.

WEBER, M. 1988a. Der Sinn der "Wertfreiheit" der soziologischen und ökonomischen Wis-senschaften. In: *Gesammelte Aufsätze zur Wissenschaftslehre*, Hg. VON M. WEBER. 7. Aufl. Tübingen: UTB Mohr. 489–540.

WEBER, M. 1988b. Die "Objektivität" sozialwissenschaftlicher und sozialpolitischer Er-kenntnis. In: *Gesammelte Aufsätze zur Wissenschaftslehre*, Hg. VON M. Weber. 7. Aufl. Tübingen: UTB Mohr. 146–214.

WIERSMA, W. 1991. *Research Methods in Education*. 5. Aufl. Needham Heights, MA: Simon & Schuster.

WILBERS, K. 2001. E-Learning didaktisch gestalten. In: ANDREAS HOHENSTEIN UND KARL WILBERS. Handbuch E-Learning. Köln, Fachverlag Deutscher Wirtschaftsdienst.

WILL, H., A. WINTELER UND A. KRAPP, Hg. 1987. *Evaluation in der beruflichen Aus- und Weiterbildung*. Heidelberg: Sauer.

WORTHEN, B. R. UND J. R. SANDERS. 1987. *Educational evaluation: Alternativ approaches and practical guidelines*. White Plains: Longman.

WOTTAWA, H. UND H. THIERAU. 1990. *Lehrbuch Evaluation*. Bern: Huber.

Andreas Hohenstein

Evaluation in der Praxis als Beitrag nachhaltiger Kompetenzentwicklung

Der Autor

Andreas Hohenstein, Diplom-Psychologe. Seit 1993 Mitunternehmer in der SYNERGIE GmbH, Sprockhövel. Seit 1997 im Managementteam der SYNERGIE GmbH. Seit 2001 im Blended-Learning-Managementteam des SYNERGIE Network. Beratungs-/Coaching- und Trainingserfahrung im Bereich Blended Learning. Mitglied diverser Fachbeiräte, z.B. Fachbeirat des Förderprogramms Lernkultur Kompetenzentwicklung – Lernen im Netz und mit Multimedia, Bundesministerium für Bildung und Forschung.

1. Blended Learning erfolgreich gestalten? – eine Geschichte aus der Weiterbildungspraxis!

Seit zwei Jahren bastelt der Personalentwicklungsbereich eines Unternehmens an einer Corporate University. Durch Verkürzung von Seminarzeiten und Einsparung von Oppurtunitätskosten sollen 15 Prozent des Bildungsbudgets eingespart werden. Der Vorstand hat nun eine Task Force gegründet, die nun endlich dafür sorgen soll, dass Pilotprojekte durchgeführt werden, um dem Return of Investment näher zu kommen.

Bisher hatte sich die Arbeit im Rahmen der Corporate University auf die Schaffung der technischen Infrastruktur zum Corporate E-Learning konzentriert.

Das anschließend intern entwickelte Konzept für das Blended Learning-Pilotprojekt und dessen spätere Umsetzung kombinierte eine reduzierte Anzahl von Seminartagen mit einem WBT zu einem ausgewählten Thema, zu dem sonst ausschließlich („Präsenz-")Seminare durchgeführt wurden. Einem Kick-Off folgte eine anschließende Phase des Lernens am Arbeitsplatz. Schnell entstand der Eindruck, wer Zeit zum Lernen hat, hat offensichtlich zu wenig Arbeit. Hinzu kommt, dass die nicht informierten Kollegen vor Ort das Pilotprojekt nicht unterstützten. Für das Lernen am Arbeitsplatz war ein Diskussionsforum im Intranet und die Möglichkeit zur Kontaktaufnahme mit dem Tutor eingerichtet worden. Das Diskussionsforum wurde jedoch nicht genutzt, der Tutor kaum kontaktiert. Der abschließende Seminartag war mit den bisherigen Trainern als Erfahrungsaustausch der Lernenden gedacht. Die Trainer, die wie üblich wenig auf die Konsequenzen von Blended Learning Prozessen für das eigene Handeln vorbereitet worden waren, fielen jedoch schnell in das Muster des foliengesteuerten Unterrichts zurück. Das Problem der Übertragung des Gelernten auf die Praxis am Arbeitsplatz blieb unbeachtet.

Das ganze Projekt wurde in eine moderne didaktische Rhetorik verpackt: Konstruktivistisch und handlungsorientiert sollte es sein. Das WBT als Kern des Projekts war ein tutorielles Programm, das um ein Lexikon und einige Internetlinks ergänzt wurde. Elemente des Gruppenlernens fehlten. Die Evaluation des Projektes war von Anfang an als wichtig erachtet worden. Dabei erwies sich der Lernerfolg als ein allen Beteiligten gut zu vermittelnder Erfolgsmaßstab. Allerdings wusste niemand so recht, wie man den Erfolg misst, aber glücklicherweise konnte man mit der Lernplattform recht schnell Multiple-Choice-Tests erzeugen, so dass man nachher zumindest einige Zahlen vorzeigen konnte.

Die obige Geschichte aus der Praxis wurde auf der Basis der Erfahrungen in sehr verschiedenen Unternehmen fiktiv zusammengestellt. Wie die umfassende Auseinandersetzung von Wissenschaftlern, Anbietern, Beratern und Anwendern im Handbuch E-Learning zeigt, sind nicht wenige Projekte in der Praxis durch mindestens eines der folgenden Merkmale gekennzeichnet:

- Fehlende Authentizität der didaktischen Modelle,

- technische Zentrierung, wie z.B. zu frühe Fokussierung auf die Lernplattform,
- Implementierung wird nicht als komplexer Veränderungsprozess angegangen,
- mangelnde Kompetenzen der Akteure,
- unzureichende Begleitprozesse (Bildungsmarketing, Projektmanagement, Lenkungs-ausschuss).

2. Leitfrage *Partner*: Unter welchen Voraussetzungen können Partner, vor allem Peers und Stakeholder, in die Evaluation eingebunden werden?

Der kontinuierliche Entwicklungs- und Veränderungsprozess auf dem Weiterbildungsmarkt hat seit der Implementierung des netzbasierten Lernens noch an Dynamik gewonnen. Im Bereich des Corporate E-Learnings gibt es mittlerweile eine große Anzahl von (Pilot-)Projekten in unterschiedlichsten Organisationen der produzierenden, handelnden und dienstleistenden Industriezweige.

Damit E-Learning jedoch langfristig den Status von (Pilot-)Projekten verliert und zu einem integralen Bestandteil einer ganzheitlichen Personalentwicklung wird, bedarf es einer Betrachtung der E-Learning Entwicklungen aus einer systemischen Sichtweise. Erst diese systemische Sichtweise ermöglicht es dem Betrachter und den Organisationen, die Corporate E-Learning-Ansätze einführen, diese als soziale Systeme zu verstehen. Es handelt sich hierbei um soziale Systeme, die sich in ihrer Komplexität durch eine erhebliche Anzahl von zu berücksichtigenden Elementen (Prozesse, Strukturen, Sach- und Zeitressourcen, Menschen, etc.) auszeichnen. Die einzelnen Elemente sind stark miteinander vernetzt, zudem erfordern die aktuell unterschiedlichen Handlungs- und Entscheidungszusammenhänge ein situativ spezifisches Vorgehen.

Erfolgreiches Corporate E-Learning fordert von der Implementierung und von der Evaluation die gleichzeitige Betrachtung von Organisation, Mensch und Technik.

Auf der Basis der evaluationstheoretischen Erkenntnisse geht es in der Praxis vor allem darum, im Rahmen der Evaluation verschiedenste Maßnahmen bei der Implementierung von Corporate E-Learning (Veranstaltungen, Aktionen, Vorhaben, Strategie, u.a.) zu untersuchen und zu bewerten, mit dem Ziel, Maßnahmen in ihrer Notwendigkeit, ihrer Qualität und ihrer Wirksamkeit zu überprüfen und abzusichern:

- Tun die Akteure das Richtige?
- Tun die Akteure es richtig?
- Welche Folgen hat das Tun?
- Wie können die Akteure es noch besser tun?

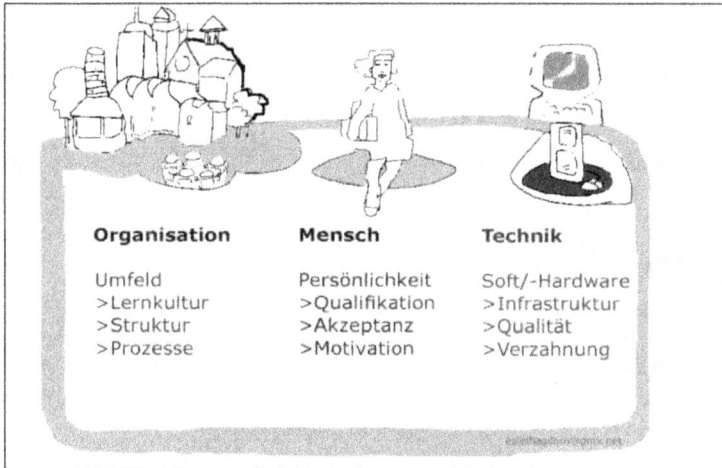

Abbildung 1: Organisation, Mensch und Technik: Erfolgreiche Corporate E-Learning-Ansätze in Unternehmen

Eine derartig komplexe Herangehensweise und das Verständnis der Einführung von Corporate E-Learning als komplexen Veränderungsprozess erfordert die rollen- und funktionsadäquate Einbeziehung aller beteiligten Akteure in jeder Phase der Implementierung und der Evaluation. Nur auf diesem Wege lässt sich die notwendige Akzeptanz erzeugen.

Hierbei sind nicht nur die Trainer und die zukünftigen Lerner zu berücksichtigen, sondern alle „Mitgestalter", die aus ihrer jeweils spezifischen unternehmerischen Funktion heraus am Implementierungsprozess von E-Learning beteiligt sind: Das Topmanagement, die Führungskräfte, die Mitbestimmungsgremien, die IT-Verantwortlichen. Die Bildungsverantwortlichen ihrerseits müssen Trainer, IT-Verantwortliche, Führungskräfte und Vertreter der Zielgruppen (Lerner) in ihre Aktivitäten einbeziehen und verantwortlich partizipieren lassen.

3. Leitfrage *Evaluationsinstrumente*: Welche Instrumente haben sich bei der Evaluation von Corporate E-Learning bewährt?

Die Evaluation von Corporate E-Learning kann aus unterschiedlichen Perspektiven betrachtet werden. So kann sich Evaluation zum Beispiel auf Lehrende, Entwickler oder gesamte Systeme beziehen. Ebenso kann sich die Evaluation auf die Leistung der Lernenden beziehen. Evaluation kann prozess- und/oder ergebnisbezogen sein.

Die daraus abzuleitenden Evaluationsziele können ebenso unterschiedlich sein. Die Evaluation kann darauf abzielen,

- den Bedarf zu analysieren;

- Effekte festzustellen;

- Kosten-Nutzen Relation;

- Qualität zu verbessern;

- Lernprozess zu steuern;

- Entscheidungen zu finden;

- Erkenntnisse zu gewinnen;

- Qualität zu verbessern.

Führende Lernmanagementsysteme verfügen standardmäßig über ein Set von einfacheren Evaluationsinstrumenten. Für eine reliable und valide Evaluation von komplexen Corporate E-Learning-Prozessen reichen diese Instrumente allein nicht aus.

So bedürfen Lernerfolgskontrollen in der Praxis ein Set von Methoden und Instrumentarien. Dokumentationsmethoden in Verbindung mit arbeitsplatznahen Projekten einerseits sowie kriterienbezogene Prüfungen basierend auf empirisch ermittelten Tätigkeitsanforderungen andererseits bilden die beste Gewähr für den validen Nachweis der Entwicklung bedeutsamer berufsrelevanter Kompetenzen.

In der gegenwärtigen Praxis werden meist Methoden und Instrumente zur Messung des Lernerfolges eingesetzt, die einer empirischen Prüfung auf Validität und Reliabilität selten genügen. Meist werden Befragungen oder Selbsteinschätzungen durchgeführt, die dem Anspruch nicht gerecht werden, tatsächliche Lernerfolge, die sich in kompetenterem Verhalten in konkreten Situationen zeigen, zu messen.

Die „bewährten" Instrumente der Evaluation sind meist auch in ihrer Gestaltung eher einfach gehalten, ganz einem gängigen E-Learningspruch folgend: KISS, **Keep It** Simple and Stupid. In den Lernerfolgskontrollen reihen sich textbasierte Multiple-Choice-Aufgaben, Lückentexte oder auch Zuordnungsaufgaben aneinander.

Die Evaluationsverfahren, -methoden und -instrumente müssen verstärkt sowohl an das Konzept des Corporate E-Learnings adaptiert werden, als auch die Umfeldbedingungen in dem Unternehmen einbeziehen.

Die Komplexität der Evaluationsinstrumente steigt einerseits mit der Komplexität des Corporate E-Learning-Prozesses. Andererseits stellt die bei der Beantwortung der anderen Leitfragen skizzierte Verschiebung von Qualifikations- hin zu Kompetenzzentriertheit besondere Anforderung an spezifische Messverfahren.

Fachlich-methodische, sozial-kommunikative, personale und handlungsbezogene Kompetenzen können nur auf der Basis von reliabler Messung und Evaluation in komplexen Handlungskontexten erfolgen.

4. Leitfrage *Inhalte*: Welche Themen sind bei der Evaluation von Corporate E-Learning zentral?

Aus dem zuvor geschilderten wird klar, dass die Themen der Evaluation sehr vielschichtig sein können.

In der Folge werde ich auf einen Themenbereich eingehen, der aus meiner Sicht zukünftig nicht nur im Kontext der Evaluation als vielmehr in der Gesamtgestaltung von betrieblichen Bildungsprozessen zunehmend an Bedeutung gewinnen wird: Kompetenzentwicklung und Kompetenzmessung.

Die strategische Bedeutung des Kompetenzbegriffs liegt in der neuen ganzheitlichen Sichtweise, die er ins Spiel bringt. Es steht nicht mehr das Entsprechungsverhältnis zwischen funktionalen Erfordernissen eines Arbeitsplatzes und mehr oder weniger exakt beschreib- und kontrollierbaren fachlichen und überfachlichen Qualifikationen eines Arbeitnehmers im Mittelpunkt des wissenschaftlichen, pädagogischen und unternehmerischen Interesses. Das Augenmerk liegt auf dem offenen Verhältnis zwischen prinzipiell ungewissen, sich wandelnden Anforderungen der Arbeit und dem Mitarbeiter als selbstorganisiert denkender, handelnder und lernender Persönlichkeit, die sich in der Auseinandersetzung mit beruflichen und außerberuflichen Aufgabenstellungen und Situationen beständig weiterentwickelt.

Im Einzelnen schälen sich folgende Aspekte von Kompetenz als weitgehend konsensfähig heraus:

- Kompetenz beruht auf der Selbstorganisationsfähigkeit des Menschen. Der selbstorganisativ-dispositionelle Aspekt von Kompetenz markiert den qualitativen Fortschritt gegenüber dem Qualifikationsbegriff.

- Kompetenz ist die Befähigung zur Bewältigung wechselnder, zieloffener Situationen. Der Kompetenzbegriff zielt auf eine umfassende (berufliche) Handlungsfähigkeit.

- Kompetenz als Handlungsfähigkeit enthält Könnens-Komponenten, Sach- und Handlungswissen, motivationale, normative, volitionale, habituelle und identitätstheoretische Komponenten.

- Kompetenz schließt Persönlichkeitsbildung ein, sie entwickelt sich im individuellen, biographischen Prozess.

- Kompetentes Handeln entsteht in einer Wechselwirkung von organisationalen Strukturen und individueller Handlungskompetenz.

Ein solches Verständnis von Kompetenz erfordert eine veränderte Auffassung von Lernen, Lernzielen, -inhalten und -methoden, eine neue „Lernkultur" und die Entwicklung von Verfahren der Kompetenzerfassung und -bewertung. Evaluation muss sich verstärkt auf die Begleitung von Kompetenzentwicklung und auf die Messung von Kompetenzen fokussieren. Die heute übliche Konzentration auf klar umrissene Qualifikationen mit entsprechenden Kenntnissen, Fertigkeiten und Fähigkeiten greift zu kurz.

5. Leitfrage *projektübergreifende Evaluation*: Wie lässt sich der Erfolg des Corporate E-Learnings projektübergreifend erfassen?

Ein wichtiger Aspekt für den projektübergreifenden Erfolg ist eine formative Evaluation, die sich an dem komplexen Einführungsprozess von Corporate E-Learning ausrichtet.

Von der strategischen Analyse und der Konzeption über die Implementierung bis zum Regelbetrieb muss die formative Evaluation einen Schwerpunkt darauf legen, die Verzahnung des eigentlichen Corporate E-Learning Projektes mit Entwicklungen des Gesamtunternehmens zu begleiten.

In der summativen Phase, vor dem Regelbetrieb, sollte die Evaluation den Fokus auf Wirkungszusammenhänge, Kosten-Nutzenaspekte und Veränderungsnotwendigkeiten im Unternehmen legen.

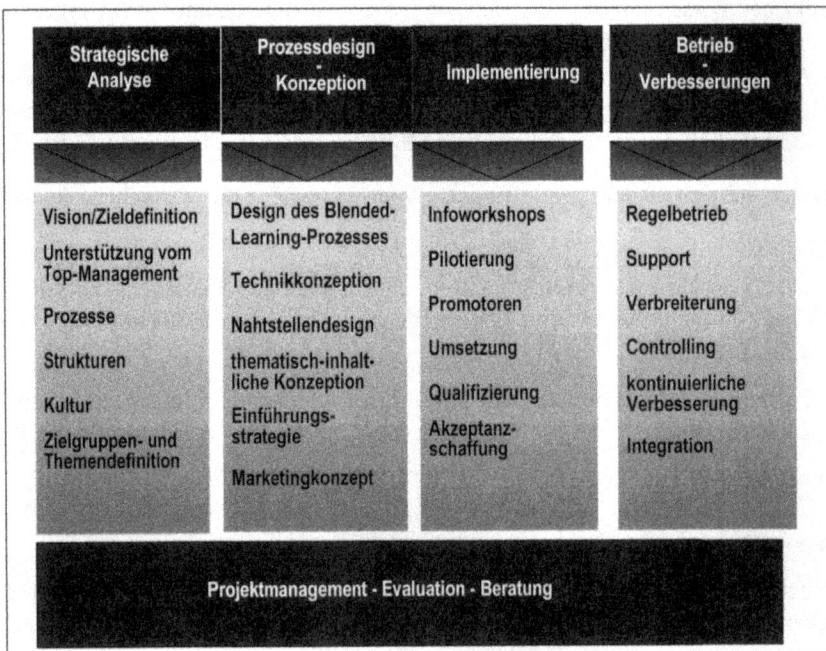

Abbildung 2: Ausrichtung der Evaluation am Einführungsprozess als Basis projektübergreifenden Erfolges von Corporate E-Learning

Über diese strenge Ausrichtung der Evaluation am Einführungsprozess hinaus, hängt der projektübergreifende Erfolg von Corporate E-Learning insbesondere von der unternehmensinternen Veränderungsbereitschaft bezüglich grundlegender Strukturen, Prozesse und Lernkulturen, wie bei der Implementierung von medienintegrierenden Lern- und Arbeitsmethoden, ab.

In diesem Zusammenhang scheint der Hinweis mittlerweile müßig, daß Veränderungen natürlich Unsicherheiten und Ängste bedingen, die sich als Hemmnisse für sinnvollen Wandel verselbständigen können und rechtzeitig in der Strategieentwicklung aufgegriffen werden müssen. Doch in der Praxis ist häufig zu beobachten, dass es genau an dieser Stelle typische Vorgehensfehler bei der Implementierung von Corporate E-Learning gibt, die einen projektübergreifenden Erfolg erschweren.

Nachfolgend möchte ich kurz auf diese typischen Vorgehensfehler eingehen.

- **Vorgehensfehler: Alles Gute kommt von oben**
  Corporate E-Learning-Strategien werden meist und auch zurecht auf Managementebene entwickelt. Langfristige Veränderungen in der Bildungslandschaft einer Organisation müssen vom Management getragen und gestaltet werden. Doch immer noch viel zu oft sind ausschließlich ausgewählte Führungskräfte mit der Strategieentwicklung befasst. Selten werden in dieser frühen Phase des Prozesses hierarchieübergreifend Mitarbeiter zusammengezogen, um gemeinsam an einer Strategie zu arbeiten. Oft sind folgende Symptome in Organisationen zu beobachten:

  – Es entsteht ein Gefühl der Selbstinszenierung des Managements.

  – Diskussionen finden hinter verschlossenen Türen statt.

  – Es gibt eine hektische Betriebsamkeit des Managements.

  – Die Betroffenen werden mit Andeutungen auf Distanz gehalten.

  – Die Lösung wird so lange vorenthalten, bis sie endgültig feststeht.

  – Die Bekanntmachung wird zum Großereignis einer Verkündigung hochstilisiert.

  – Die Manager wollen als aktive Retter verstanden werden.

  – Die Mitarbeiter werden als „verlängerte Werkbank" betrachtet.

Vor dem Hintergrund dieser Symptome ist es nicht verwunderlich, wenn Corporate E-Learning-Pilotprojekte häufig von der Mitarbeiterschaft als praxisfern und wenig bedarfsgerecht abgelehnt werden. Häufig entstehen durch fehlende Einbindung und Transparenz Gefühle wie Angst und Misstrauen bezüglich der Sicherheit des eigenen Arbeitsplatzes.

Der Erfolg von Corporate E-Learning-Strategien hängt in großem Maße davon ab, inwieweit hierarchieübergreifend alle Beteiligten einbezogen werden.

- **Vorgehensfehler: Das „Not invented here"-Syndrom**
  Wenn Menschen sich nicht einbezogen fühlen, reagieren sie häufig mit Widerstand oder auch Gleichgültigkeit. Während die Energie des Widerstandes eventuell noch in die richtige Richtung umgeleitet werden kann, ist das Phänomen der „inneren Kündigung" schwer zu erkennen. Bei der Umsetzung von Corporate E-Learning-Strategien ist dann zu beobachten, dass

  – sich die Mitarbeiter dagegen sträuben, ein „fertiges Produkt" zu übernehmen;

  – bei der Umsetzung die Kritik der dann einzubeziehenden „Nichtbeteiligten" zu zeitaufwendigem Nachbessern führt;

- die „Nichtbeteiligten" zu beweisen versuchen, daß es so nicht funktioniert;
- Mitarbeiter in Passivität einfach abwarten, bis auch diese Welle der Veränderung an ihnen vorbeizieht.

Corporate E-Learning-Strategien sollten demnach nicht nur hierarchieübergreifend, sondern auch bereichsübergreifend entwickelt werden. Denn die Möglichkeit, mit einem eigenen Beitrag an der Strategieentwicklung mitzuwirken, sichert die Identifikation mit der Strategie und erhöht die Motivation der aktiven Umsetzung.

- **Vorgehensfehler: Der Palast in der Wüste**
  Bei der Einführung von Corporate E-Learning stellt sich insbesondere die Frage nach der unternehmensinternen Veränderungsbereitschaft bezüglich der internen Prozesse. Pilotprojekte werden häufig nicht in die Breite der Organisation getragen, da

  - sie oft in mehr oder weniger starkem Gegensatz zu den Prozessen, den Strukturen und der Kultur in der Organisation stehen;
  - sie überschnell neues Denken, neues Verhalten einführen wollen, das bisher weder üblich noch beabsichtigt war, noch viel weniger belohnt und deshalb auch nicht gelernt wurde;
  - beim Transfer in die während der Pilotphase nicht beteiligten Bereiche enormer, auf Dauer nicht leistbarer Betreuungsaufwand entsteht.

Strukturelle und prozessorientierte Nahtstellen des bestehenden organisatorischen Regelwerkes sollten analysiert und bewertet werden. Die Umsetzung der Corporate E-Learning-Strategie sollte in ersten authentischen Realprojektphasen erfolgen und weniger in Pilotprojekten, für die eigens ein künstlicher Mikrokosmos in der Organisation geschaffen werden muss.

Soweit zur Berücksichtigung der „psychologischen" Faktoren bei der Gestaltung von Veränderungsprozessen, wie es die Implementierung von Corporate E-Learning darstellt.

6. Leitfrage *Zertifizierung*: Welche Rolle kann eine E-Learning-Zertifizierung beim Corporate E-Learning spielen?

Lernen und Wissen sind für viele Organisationen zu **den** nachhaltigen Erfolgsfaktoren im globalen Wettbewerb geworden.

Globaler Wettbewerb bedeutet auch globaler Bildungsmarkt. Die *Human Performance* muss permanent und flexibel weiterentwickelt werden. Vor diesem Hintergrund sind neben der tradierten Zertifizierung von Berufsbildern, wie die jüngste Neuordnung der IT-Berufsbilder nach APO-IT, vor allem zwei Trends zu beobachten: Zum einen die Zertifizierung anforderungsadäquater Kompetenzen und zum anderen die Vergabe und Entwicklung international anerkannter Zertifikate.

Die Zertifizierung von anforderungsadäquaten Kompetenzen, anstatt von auf Berufsbilder bezogenen Qualifikationen, wird damit zu einem wichtigen Faktor der Entwicklung und Bewertung des *Intelectual Capitals* eines Unternehmen.

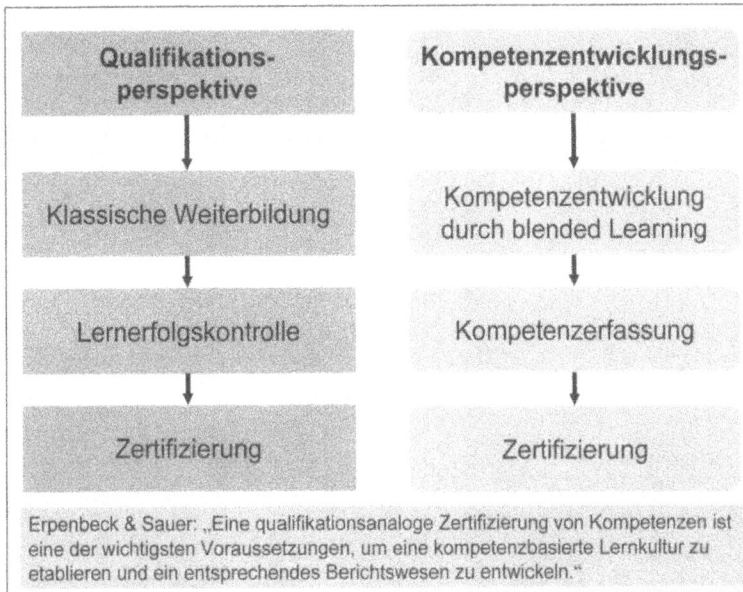

Abbildung 3: Qualifikationsperspektive versus Kompetenzperspektive

Von entscheidender Bedeutung für die Zertifizierung von Kompetenzen ist es, dass den Messungen eine umfassende Beschreibung der spezifischen Anforderungen und eine konkrete Operationalisierung der Kompetenzen zugrunde liegt.

Darauf aufbauend sollten relevante Persönlichkeitseigenschaften und Handlungsfähigkeiten erfasst und in einem authentisch-komplexen Handlungskontext die anzuwendenden Kompetenzen gemessen werden.

Nur durch den vernetzten Einsatz quantitativer und qualitativer Methoden der Kompetenzmessung können kompetenzbasierte Zertifizierungen so durchgeführt werden, dass sie, im Unterschied zu punktuellen Qualifikationszertifikaten, einen wichtigen Beitrag für die Entwicklung und Bewertung nachhaltiger Handlungsfähigeit in einer sich immer rascher ändernden Welt bilden.

Willst Du im laufenden Jahr ein Ergebnis sehen, so säe Körner -
Willst Du in 10 Jahren ein Ergebnis sehen, so setze Bäume -
Willst Du das ganze Leben ein Ergebnis sehen, so entwickle Menschen.

Kuan Chung Fen

Peter Schenkel – Arno Fischer – Sigmar Olaf Tergan

Stakeholder im Evaluationsnetz

Die Autoren

Peter Schenkel, Dr., Projektleiter im Bundesinstitut seit 1977 mit den Arbeitsgebieten: Kaufmännische Erstausbildung, Weiterbildung, Stabsleiter der Pilotprojekte des BMBF „Nutzung des weltweit verfügbaren Wissens für Aus- und Weiterbildung und Innovationsprozesse", Früherkennung von Qualifikationen zum E-Learning, wissenschaftliche Begleitung von Modellversuchen, Vorbereitung von Kongressen und Workshops. Mitglied der Task Force „Multimedia Educational Software" der EU und Evaluator von Projekten in verschiedenen EU Programmen wie Socrates, Leonardo, Telematics Application; Mitherausgeber der Reihe „Multimediales Lernen in der Berufsbildung"; Herausgeber und Verfasser von Büchern zur Evaluation und zum Design von E-Learning. Seit 2004 Beratung von Projekten zum E-Learning und zur Evaluation.

Arno Fischer, Prof. Dr., Fachhochschule Brandenburg. Arbeitete mehr als 10 Jahre bei der Sietec, einem Tochterunternehmen der Siemens AG in Berlin als Projektleiter in verschiedenen IT-Themen. 1994 Wechsel an die Fachhochschule Brandenburg. Diverse Projekte. Gründungsbeauftragter der neuen Studienrichtung Digitale Medien an der Fachhochschule Brandenburg, Gründung der Competence Center für Digitale Medien GmbH – Institut an der Fachhochschule Brandenburg. Projektleiter der Entwicklung des http://www.evaluationsnetz.de, einem netzgestützten Evaluationssystems für E-Learning, Medienbeauftragter der Hochschule und Evaluator des Modellversuchs eKOM zur Einrichtung und Herstellung der Betriebsbereitschaft einer E-Learning-Plattform für Brandenburg.

Sigmar-Olaf Tergan, Dr., Institut für Wissensmedien (IWM)/Tübingen. Studium der Psychologie an den Universitäten Göttingen, Innsbruck, Marburg (Diplom-Prüfung); Promotion zum Dr. rer. soc. (Universität Tübingen); Ergänzungsstudium Erziehungswissenschaften. Von 1994 bis 2000 wissenschaftlicher Mitarbeiter in der Abteilung Angewandte Kognitionswissenschaft des Deutschen Instituts für Fernstudienforschung (Leitung: Prof. Dr. Dr. F.E. Hesse). Seit 2001 wissenschaftlicher Mitarbeiter am Institut für Wissensmedien (IWM).

1. Stakeholder in der Evaluation von E-Learning

Nach der anfänglichen Euphorie und der darauf folgenden Ernüchterung stellt sich jetzt eine realistische Einschätzung der Möglichkeiten von E-Learning ein. Dies führt geradezu zwangsläufig zu einer höheren Bedeutung von Evaluationen. Euphorie und Ernüchterung sind ja durch Erwartungen bzw. Fehlschläge gekennzeichnet, die ihre Ursache häufig in unzureichenden Informationen haben. Nur wenn eine Situation beschrieben und bewertet werden kann, gibt es Möglichkeiten, sie zu optimieren. Und genau diese Bereitstellung von Informationen zur Verbesserung von Entscheidungen ist das Ziel von Evaluation.

Gegenwärtig befindet sich die Einführung von E-Learning in Unternehmen in einer Optimierungsphase. Stichworte wie Blended Learning, Electronic Performance Support Systems, Community of Practice, prozessorientiertes Lernen, Embedded Learning oder Competency-Based Training weisen auf die Integration von E-Learning in die betriebliche Weiterbildung hin, die weit von den universalen Ansprüchen der ersten Jahre entfernt ist. Es ist nicht auszuschließen, dass der Zyklus von Euphorie, Ernüchterung und Optimierung der Motor von Innovationen ist. Möglich ist auch, dass diese Zyklen aus Moden entstehen, die man relativ unkritisch übernimmt, weil in einem bestimmten Klima die Entscheidung in eine bestimmte Richtung drängt. So wurde bereits behauptet, dass E-Learning in Grossbetrieben eingeführt wird, weil sich alle Grossbetriebe damit beschäftigen und man es sich einfach nicht leisten kann, mit diesem Zug nicht mitzufahren. Situationen werden kaum analysiert, Informationen nicht systematisch beschafft und ausgewertet, Vor- und Nachteile kaum abgewogen. E-Learning als Mode setzt systematische Entscheidungen außer Kraft.

Wie auch immer: Entscheidungen können in jeder Phase verbessert werden, wenn die Informationen vorliegen, die für eine Optimierung erforderlich sind. Aber welche Fragen sind tatsächlich erfolgskritisch, welche Informationen sind erforderlich, wer trifft die Entscheidungen und wer wird von den Entscheidungen betroffen? An diesen Fragen setzt der Stakeholder Ansatz der Evaluation an.

Stakeholder sind diejenigen Personen, die in der Evaluation mitarbeiten, die von den Ergebnissen betroffen sind, oder die ganz allgemein ein Interesse an der Evaluation haben. In Bezug auf die Evaluation von E-Learning in Unternehmen können vor allen Dingen die Lernenden, die Beschäftigten, die Trainer, das Management, aber auch die Vorgesetzten, die Entwickler von Programmen, auch Mitlernende und Kollegen Stakeholder sein. In den allermeisten Fällen sind die Lernenden, die Trainer, die Entwickler/Anbieter und das Management diejenigen Interessenten, deren Fragen in die Evaluation einbezogen werden sollten. Denn wenn Evaluationen nicht nur Selbstzweck sein, sondern die Wirklichkeit verändern sollen, ist es unabdingbar, dass Evaluationen die Fragen der Entscheider und Betroffenen beantworten.

Mit dieser Forderung ist ein Programm angelegt, das sich sehr deutlich von Evaluationen unterscheidet, die nach wissenschaftlichem Erkenntnisgewinn streben und die häufig im

Zusammenhang mit Pilotprojekten durchgeführt werden. Evaluatoren stehen bei dieser „wissenschaftlichen Begleitung" außerhalb des Projektes. Sie können aber auch in die Projektarbeit einbezogen werden. Sie überprüfen Hypothesen, bewerten Ergebnisse und geben wissenschaftliche Anregungen. In der Regel entwickeln sie die Fragestellungen. Die Ergebnisse können die Arbeit in einem Projekt wesentlich verbessern. Es kann jedoch auch geschehen, dass Ergebnisse zur Verfügung gestellt werden, die wissenschaftlich wertvoll, praktisch aber irrelevant sind.

Natürlich können Stakeholder-Evaluationen auch wissenschaftlich geleitet und auf Erkenntnisgewinn ausgerichtet sein. Der Stakeholder-Ansatz setzt jedoch voraus, dass vor Beginn jeder Evaluation die Stakeholder identifiziert, ihre Fragen ermittelt, die zur Beantwortung notwendigen Informationen beschafft und die Fragen im Verlauf der Evaluation auch beantwortet werden. Die Evaluation sollte daher dezidiert auch auf die praktische Verwertbarkeit ihrer Ergebnisse hin angelegt sein.

Stakeholder sind bei der Einführung von E-Learning in erster Linie die Lernenden und Mitarbeiter sowie die Trainer und das Management. Zu letzteren könnte man vereinfachend auch die direkten Vorgesetzten der Lernenden und Mitarbeiter zählen. Die Interessen der verschiedenen Gruppen sind nicht identisch. Nimmt man das 4-Ebenen-Modell der Evaluation von Kirkpatrick auf und fragt, auf welcher Ebene die Interessen der Stakeholder angesiedelt sind, so zeigt sich: während die Interessen der Lernenden auf den unteren Ebenen besonders deutlich ausgeprägt sind, liegen die Interessen des Managements stärker auf den höheren Ebenen (Abb. 1). Dabei setzen sich häufig die Interessen des Managements durch. Dies liegt darin begründet, dass sich eine betriebliche E-Learning-Massnahme „rechnen" muss, Entscheidungen also letztlich vom Management zu treffen sind. Daher rücken Aufwand-Ertrags-Rechnungen bei der Evaluation stärker als bisher in den Vordergrund. Die Umsetzung einer solchen Evaluation führt daher auch zur Auswertung betriebswirtschaftlicher Zahlen und zu Investitionsrechnungen.

Dominierende Interessen der Stakeholder						
	E 1	E 2	E 3	E 4	E 5	E 6
Lernende	++	++	++	++	o	o
Trainer	++	++	++	+	o	o
Manager	o	o	o	++	++	++

Abbildung 1: Zuordnung der Interessenlagen unterschiedlicher Stakeholder-Gruppen zu Evaluationsebenen

Evaluationsebenen:

E 1: Lernangebot	E 4: Transfer in die Praxis
E 2: Akzeptanz	E 5: Effizienz
E 3: Lernerfolg	E 6: Kosten-Nutzen-Relation

Relativiert wird diese Tendenz allerdings durch die Schwierigkeit, dass Ergebnisveränderungen des Betriebes nicht eindeutig den durchgeführten E-Learning-Maßnahmen zugerechnet werden können. Im Betrieb wirken so viele Faktoren aufeinander ein, dass die Wirkung von E-Learning auf das Ergebnis des Betriebes, einer Abteilung oder eines Bereichs kaum zu isolieren ist. Informationen über die Akzeptanz, den Lernerfolg, oder den Transfer sind dann wertvolle Indikatoren für die Wirkung von E-Learning. Sie sichern Aufwand-Ertrags-Rechnungen ab.

2. Instrumente der Evaluation

Im letzten Abschnitt wurde herausgestellt, dass die Stakeholder einer Evaluation von E-Learning sehr unterschiedliche Interessen haben können. Zunächst überwölbt zwar das Interesse des Managements an günstigen Kosten-Nutzen-Relationen alle anderen Evaluationsinteressen, weitere Informationen, wie z.B. über die Qualität eines Lernprogramms, den Lernerfolg und die Akzeptanz, finden jedoch das besondere Interesse der anderen Stakeholder-Gruppen und dienen daher nicht nur zur Absicherung der Wirkung von E-Learning auf die Kosten-Ertrags-Relation.

Allein aufgrund der Vielzahl der zu berücksichtigenden Interessen kann es kein alleiniges Evaluationsinstrument geben. Evaluationen müssen sehr konkret angelegt werden, um die Interessen der Stakeholder zu berücksichtigen. In sehr vielen Fällen kann dies nicht mit einem Standardinstrument geschehen. Ein Werkzeugkasten mit adaptierbaren Standardinstrumenten kann die spezifischen Gegebenheiten unterschiedlicher Betriebe und Weiterbildungsinstitutionen berücksichtigen.

Am Beginn einer Evaluation sollte die Identifikation der Stakeholder und ihrer Interessen stehen. Dies führt zu Fragestellungen, die für die Praxis wirklich wichtig sind, zur Erleichterung der Durchführung der Evaluation und zu einer höheren Akzeptanz der Ergebnisse. Die Interessen der Stakeholder können in der sechsstufigen Evalutionspyramide des Evaluationsnetzes (http://www.evaluationsnetz.de) nicht nur sehr allgemein, sondern auch konkret angesiedelt werden (Abb. 2). Die Pyramide veranschaulicht unterschiedliche Stufen der Evaluation mit jeweils unterschiedlichen Zielsetzungen.

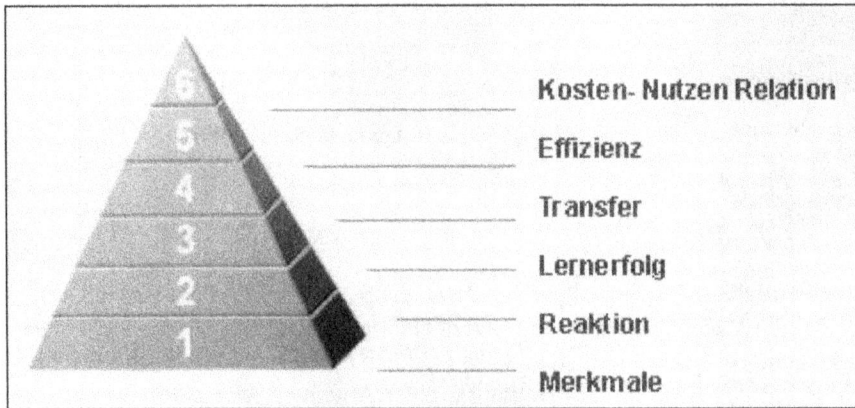

Abbildung 2: Stufen der Evaluation (aus:
http://www.evaluationsnetz.de)

So interessiert Lernende nicht der generelle Lernerfolg, sondern der spezielle Lernerfolg bezüglich der Inhalte, welche sie für eine Prüfung oder für ihre Arbeitstätigkeit benötigen. Nicht die generelle Qualität eines E-Learning-Angebots, sondern die Qualität in einzelnen Evaluationsbereichen, gemessen an konkreten Kriterien ist wichtig. Ein Ausbildungsleiter könnte z.B. ein Interesse an der didaktischen Qualität eines Lernprogramms haben. Dieses noch immer abstrakte Kriterium könnte dann weiter konkretisiert werden. Es ist Aufgabe des Evaluators, die Fragen der Stakeholder so zu konkretisieren und zu erweitern, dass sie auch tatsächlich beantwortet werden können.

Konkrete Fragen der Stakeholder können nur beantwortet werden, wenn die Informationsquellen identifiziert und die dort zu erhebenden Daten mit geeigneten Methoden erfasst und ausgewertet werden. Die Palette der Evaluationsmethoden ist weit. Relevant für die Praxis sind vor allem Kriterienkataloge, mit denen E-Learning Angebote beurteilt werden, Befragungen von Lernenden, von Trainern und von Vorgesetzten sowie die Auswertungen der vom Rechnungswesen bereitgestellten Informationen. Die Auswertung der erhobenen Daten kann dann in Excel-Tabellen mit Excel, oder mit anderen marktgängigen statistischen Programmen erfolgen.

Die Ergebnisse der Evaluation werden in Berichten zusammengefasst. Eine Anforderung dabei ist, dass die Praxis diese Ergebnisse auch nutzen kann. Das setzt u.a. eine verständliche Sprache, eine Konzentration auf die entscheidungsrelevanten Ergebnisse und eine grafische Aufbereitung der Daten voraus. Für verschiedene Stakeholder können unterschiedliche Berichte erforderlich sein. Ein Bericht über Lernerfolge kann Voraussetzung für die Bewältigung von Arbeitsanforderungen, für die Verleihung eines Zertifikats oder für eine Beförderung sein. Die Qualitätsbewertung eines E-Learning-Angebots sollte die Entscheidung über den Erwerb, über die Einsatzmöglichkeiten eines Lernprogramms ermöglichen. Daten aus dem Rechnungswesen können Qualifizierungsinitiativen legitimieren oder dazu führen, dass neue Maßnahmen eingeleitet oder laufende Maßnahmen abgebrochen werden.

Die vielfältigen Interessen der Stakeholder, die Vielzahl der Datenquellen, die unterschiedlichen Methoden und Auswertungsprogramme schließen jeden Gedanken an ein einziges Evaluationsinstrument zur Ermittlung der Qualität von E-Learning aus. Nur ein Werkzeugkasten von Methoden und Instrumenten und eine Prozessanleitung zur Planung und Durchführung von Evaluationen von E-Learning kann diese heterogenen Anforderungen erfüllen. Die Prozessanleitung sollte es Evaluationspraktikern erleichtern, mit der Komplexität der Fragen so umzugehen, dass sie mit einem möglichst geringen Aufwand die Instrumente des Baukastens einsetzen, die Ergebnisse in Berichten zusammenfassen und die Fragen der Stakeholder beantworten können.

3. Das Evaluationsnetz

Die Defizite der Qualitätsbeurteilung von E-Learning-Angeboten und der Wirkungen von E-Learning zeigen sich auf verschiedenen Ebenen:

- Es ist oftmals nicht unmittelbar festzustellen, ob das E-Learning Angebot überhaupt mit dem betrieblichen Bildungsbedarf, mit der gegebenen Lernumgebung und der ausgewählten Zielgruppe korrespondiert.

- Die Produkteigenschaften von E-Learning-Angeboten können selbst von Experten nur schwer beurteilt werden.

- Beim Erwerb eines E-Learning Programms kann kaum eingeschätzt werden, ob damit überhaupt erfolgreich gelernt werden kann.

- Es fehlt an Instrumenten, die es problemlos ermöglichen, die Akzeptanz bei Lehrenden und Lernenden zu ermitteln.

- Genaue Informationen über den Lernerfolg fehlen bzw. sind nur mit großem Aufwand zu erheben.

- Die Wirtschaftlichkeit von E-Learning kann vor allen Dingen nicht nachgewiesen werden, weil die Wirkungen von E-Learning nicht isoliert und die monetären Wirkungen nicht differenziert erfasst werden können.

Im Rahmen eines vom Bundesministerium für Bildung und Wissenschaft finanzierten und vom Bundesinstitut für Berufsbildung betreuten Modellversuchs wurde die Pilotversion eines Evaluationsnetzes entwickelt (http://www.evaluationsnetz.de).

Das Netz umfasst (vgl. Abb. 3):

Instrumente zur Evaluation der Qualität von E-Learning-Angeboten. Diese Instrumente können in unveränderter Form sofort eingesetzt werden, oder vom Nutzer an eigene Ziele sehr leicht angepasst werden.

Bei den bereitgestellten Instrumenten zur Evaluation der Qualität von E-Learning-Angeboten handelt es sich um:

- ein Instrument zu einer Online-Evaluation der Merkmale von E-Learning-Programmen;

- ein lerntheoretisch begründetes Instrument zur Ermittlung des Lernpotenzials von E-Learning-Angeboten;

- ein Instrument zur Beurteilung der Akzeptanz von E-Learning bei Lehrenden und Lernenden;

- Instrumente zur Ermittlung des Lernerfolgs.

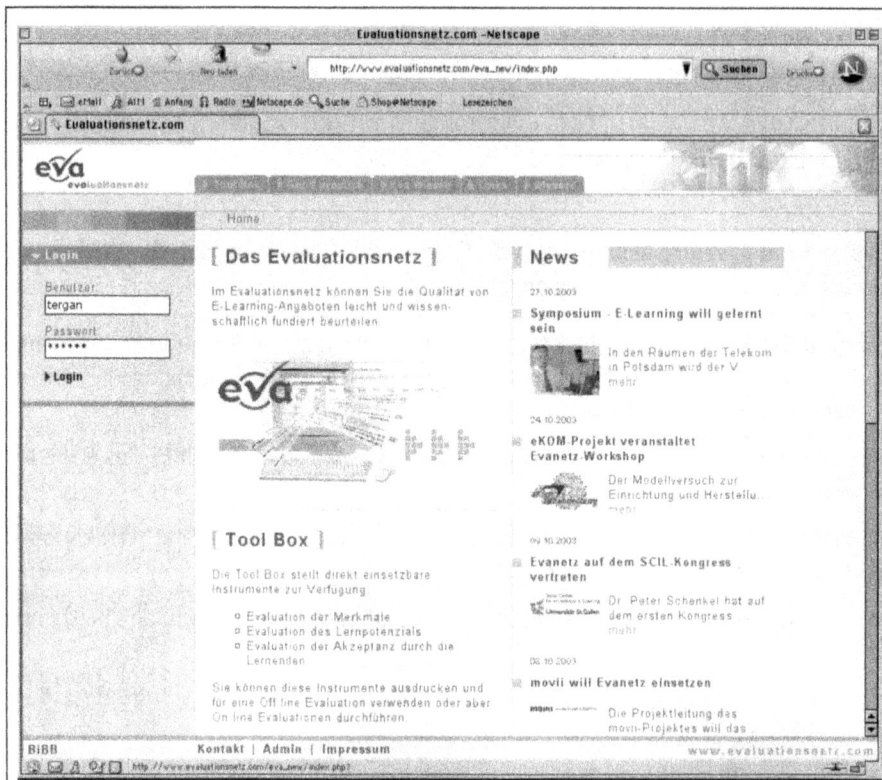

Abbildung 3: Screenshot der Startseite des Evaluationsnetzes

Bereitgestellt werden ferner:

- Eine Datenbank mit „Good-Practice"-Evaluationen. Sie entsteht, indem besonders beispielhafte Evaluationen der Praxis allen Interessenten zugänglich gemacht werden. Auch diese Instrumente können unverändert oder modifiziert eingesetzt werden.

- Ein Bereich „EVA-Wissen". Hier befinden sich Informationen zur Durchführung von Evaluationen und methodischem Hintergrundwissen:

  - Über einen Button „Ebenen" erhält der Nutzer Informationen zu den Zielen einer Evaluation.

  - Über einen Button „Prozess" erhält der Nutzer Informationen zu den Phasen der Planung und Durchführung von Evaluationen. Dazu gehören Praxistipps, Hinweise auf besonders wichtige Arbeitsschritte und pdf-Arbeitsblätter.

- Über einen Button „Methoden" erhält der Nutzer sozialwissenschaftliches Hintergrundwissen zu Evaluationsmethoden.

Datenbanken mit weiteren Informationen betreffen:

- Eine Liste mit Web Sites zur Evaluation.

- Eine Liste mit Links zu Marktübersichten.

- Ein Glossar mit wichtigen Begriffen zur Evaluation von E-Learning.

Alle Produkte sind online zugänglich.

Die Auswertung der mit den Instrumenten gewonnenen Daten kann automatisch erfolgen und auf den eigenen PC geladen werden (als PDF-Report oder als csv-Datendatei zur Weiterverarbeitung). Die Ergebnisse können in eigenen Dokumenten genutzt werden. Die Ergebnisse der Good-Practice-Evaluationen anderer Betriebe können direkt übernommen oder zur Entwicklung eigener Instrumente verwandt werden.

Weiterhin besitzt das System einen Fragenpool von ca. 800 Fragen zu unterschiedlichen Bereichen der Evaluation. Auf den gesamten Fragenpool kann zugegriffen werden, um eigene Instrumente zu entwickeln. Es können Wissenstests und Befragungen in einem eigenen Projektbereich (in der Systemrolle: Projektleiter) durchgeführt werden. In der Systemrolle „Experte" besteht die Möglichkeit, eigene Fragensets zentral für alle anderen Nutzer zur Verfügung zu stellen. Damit kann die Wissensbasis ständig durch die Nutzer erweitert werden. Schon jetzt können Projektleiter ihr Evaluationswissen anderen Projektleitern online zur Verfügung stellen.

In einer weiteren Ausbaustufe soll das Evaluationsnetz zu einer Community of Practice für die Evaluation im berufsbildenden Bereich ausgebaut werden. Die Instrumente werden mit ausgewählten Partnern umfassend erprobt und weiterentwickelt. Besondere Bedeutung wird es haben, sämtliche Inhalte prototypisch zur Verfügung zu stellen. Interessenten können dann eigene Evaluationssites im Sinne von ASP (Application-Service-Providing) halten und weiterentwickeln. Das EvaSystem kann in die eigenen Angebote im Netz eingebunden sein. Das Evaluationsnetz selbst läuft in dieser Konzeption vollständig im Hintergrund. Das gesamte Know-how steht dabei dann allen Interessierten kostenlos im Netz zur Verfügung.

Volker T. Wiegmann – Dirk Thißen

Evaluation von Corporate E-Learning bei der E.ON Academy

Die Autoren

 **Volker T. Wiegmann,** E.ON Academy. Studierte Wirtschafts- und Sozialwissenschaften. Er führte von 1972–1974 als Generalsekretär die AIESEC in Brüssel. Nach Auslandsprojekten für Dun & Bradstreet in Südostasien ging er 1974 als Unternehmensberater zu McKinsey & Co. Von 1986–1991 war er im Executive Committee und Board of Directors der euro-amerikanischen Personalberatung Carré Orban & Paul Ray International. Ab 1992 führte er als Partner in Personalunion gemeinsam mit Herrn Berger die Personalberatungsgesellschaft der Roland Berger & Partner-Gruppe. Seit 2002 ist er als Geschäftsführer der E.ON Academy GmbH für die E.ON AG tätig. Von 1993 bis 1999 übernahm er die Funktion als Vice President der British Chamber of Commerce.

Dirk Thißen, imc AG, Saarbrücken. Studierte Elektrotechnik und Betriebswirtschaftlehre an der RWTH Aachen und promovierte an der Universität Hagen. Seit 2000 ist er bei der imc AG beschäftigt. Als Senior Consultant ist er verantwortlich für das Produktmanagement des Learning Management Systems CLIX(R) Corporate University. Herr Dr. Thißen verfügt über umfassende Erfahrung in der Leitung komplexer Projekte, u.a. bei den Unternehmen E.ON AG, KPMG Europe, Wacker GmbH, Deutsche Bahn AG und Festo AG.

1. Programm-Angebot der E.ON Academy

Der dynamische Wandel der seit 1998 zügig liberalisierten internationalen Energiewirtschaft und in der Unternehmensarchitektur der E.ON erfordert eine laufende Weiterqualifizierung für das E.ON-Management und die aktive Integration von Firmen-Akquisitionen zu einer vertrauensgestützten E.ON-Kultur.

Zur systematischen Unterstützung dieser Prozesse wurde im Frühjahr 2002 die E.ON Academy GmbH als Corporate University des E.ON-Konzerns gegründet, die für die systematische Führungskräfte-Entwicklung der knapp tausend Konzernführungskräfte und das Top-Management großer Energiekunden der E.ON als Bildungs-Dienstleister fungiert.

Die E.ON Academy bietet ihren Studierenden ein gezieltes Leadership-Development-Curriculum zur Erweiterung ihrer Management-Kompetenz und eine Plattform für den Strategie-Dialog, den kollegialen Austausch von Best-Practice-Erfahrungen und die Meinungsbildung im Energiewirtschafts-Umfeld.

Das Curriculum der E.ON Academy umfasst nach dem „Blended-Learning"-Ansatz gezielte Kursprogramme, Foren und Events für die Executives, Senior Managers und Emerging Leaders – die drei Lerngruppen der Academy – sowie „freistehende" E-Learning-Programme und Online-Module zum Selbststudium. Basis für die gesamte Programmbereitstellung und Programmadministration – also auch für das Corporate E-Learning – ist die virtuelle Lernplattform @cademy online, die als CLIX® von der IMC [5] vertrieben wird. CLIX® ist eingebettet in die IT-Infrastruktur des Konzerns und steht als @cademy online weltweit allen Studierenden der E.ON Academy zeitunabhängig über das Intranet der E.ON zur Verfügung. Ab September 2003 ist die Online Library der E.ON Academy mit einem breiten Spektrum von Management-Literatur, Fachvorträgen und Video-Material für alle Konzernmitarbeiter freigeschaltet und aktuell wird für Manager auf Reisen und für ihr Selbststudium zu Hause ein dezentraler geschützter Zugriff auf @cademy online über das Internet eingerichtet.

Im Interesse der laufenden inhaltlichen Optimierung des Academy-Programms und der kontinuierlichen Verbesserung der Nutzerfreundlichkeit wird eine regelmäßige Evaluation aller Kursbausteine und des E-Learning-Angebots durchgeführt. Als Maßstab für die Effektivität der E.ON Academy wurde mit der Konzernleitung eine Balanced Scorecard (BSC) vereinbart, in deren Mittelpunkt die positive „Impact"-Veränderung von Teilnehmern an Kurs-Programmen und am Corporate E-Learning der Academy steht.

Die wichtigsten Facetten der Evaluation von Corporate E-Learning in der E.ON Academy sind nachstehend dargestellt. Ansatz und Vorgehen zur Evaluation von Leadership-Development-Kursen werden in Kapitel 2 erörtert. Kapitel 3 beschäftigt sich mit der formativen Entwicklungsevaluation der Lernplattform @cademy online. In Kapitel 4 wird die Evaluation angebotener Online-Module für das Selbststudium behandelt. Kapitel 5 ist abschließend der Zertifizierung in der E.ON Academy gewidmet.

2. Evaluation von Academy-Kursen

Im Kursprogramm der E.ON Academy wird das aktuelle Management-Wissen und die Di-
daktik führender Business Schools mit übertragbaren Best-Practice-Erfahrungen aus dem
E.ON-Konzern kombiniert. Die Kursarchitektur folgt der Lernphilosophie des „Blended
Learnings" und verbindet Präsenzlernen in Seminaren mit E-Learning-Bausteinen zu didaktisch zielführenden Gesamtkonzepten [4]. Die Studierenden der E.ON Academy haben über
@cademy online Zugang zum Kursprogramm, aktuellen Kursinformationen und kursbeglei-
tenden Unterlagen. Das Spektrum eingesetzter Medien reicht von Readings (pdf-
Dokumenten) über Linklisten bis zu interaktiven WBTs (z.B. „Harvard Manage Mentor" von
Harvard Business School). Virtuelle Diskussionsforen erleichtern den Dialog von Pro-
grammteilnehmern zwischen und nach den Academy-Kursen.

2.1 Balanced Scorecard als Evaluationsansatz

Das Zielspektrum der E.ON Academy und ihr Beitrag zur Umsetzung der Konzernstrategie
sind in eine „Balanced Scorecard" (BSC) übersetzt und größtenteils mit quantifizierbaren
Erfolgsmaßstäben verbunden. Dies erlaubt eine laufende Überprüfung des „Impacts" absol-
vierter Programme und integriert auch die Prozess-Effektivität in der Academy selbst in die
Erfolgsmessung. Die Evaluation des Corporate E-Learnings erfolgt dabei sowohl aus Kun-
densicht („Sind die Lernziele der Programm-Teilnehmer und der entsendenden Konzern-
Einheiten erreicht?") als auch aus Prozessperspektive („Wie kann die E.ON Academy ihre
Geschäftsprozesse optimieren?") [3].

Mit dem „Participant Satisfaction Index (PSI)" aus dem Kursteilnehmer-Feedback wird beispielsweise nicht nur eine der Schlüssel-Kenngrößen für die Qualität von Kursprogrammen
ermittelt, sondern zugleich eine Aussage über den Zielerreichungs-Grad beim in der BSC
verankerten Academy-Ziel „Gestaltung herausragender Kursprogramme" abgeleitet.

Um die Evaluation von Academy-Kursen konsequent auf die BSC auszurichten, wurden
Vorgaben für die operative Planung von Evaluationsdesigns definiert. Sie betreffen sowohl
die Abgrenzung der Evaluationsthemen als auch die Ausgestaltung der Evaluationsinstrumente. Die Evaluation eines Academy-Kurses umfasst grundsätzlich alle Kursmodule –
darunter auch die eingesetzten E-Learning-Bausteine – nach definierten Effektivitätskrite-
rien:

- **Relevanz und Qualität von Kursmodulen**
  1. Berufliche Relevanz des Kursmoduls.
  2. Qualität der Kursinhalte.
  3. Qualität der Referenten und des didaktischen Konzepts.

- **Qualität der Kurslogistik**
  Unterstützung im Veranstaltungs-Vorfeld und allgemeine Kursorganisation (Informationsverfügbarkeit, Datenanschlüsse, Reiselogistik, Accomodation, ...).

- **Gesamturteil über den Kurs**
  Neben der dezidierten Bewertung aller Kursmodule wird das Gesamturteil abgefragt und der erlebte Teilnehmer-Nutzen den kommunizierten Kurszielen gegenübergestellt.

- **Betreuungsqualität der E.ON Academy**
  Die Kursevaluation richtet den Blick auch auf die E.ON Academy als Institution und auf den Beitrag der Academy-Prozesse zum Kurserfolg.

Als Evaluationsinstrument wird standardmäßig ein programmspezifischer Fragebogen erarbeitet, der geschlossene Fragetypen (insbesondere 5-stufige Einschätzskalen) mit offenen Fragetypen (Anregungen und Kommentierung) verknüpft. Bei E.ON-spezifischen „Customized Programs" lösen Einschätzungen unterhalb der Werte 5 und 4 automatisch Re-Design-Aktivitäten aus.

Die definierten Standards werden auch bei externen Evaluationsszenarien durchgehalten, bei denen die Evaluation z.T. an externe Partner delegiert wird, wie bei „Open Enrollment-Programmen", die in Struktur und Inhalten nicht speziell für E.ON entwickelt wurden und organisatorisch z.B. von einer international führenden Business School getragen werden.

2.2 Evaluationsprozess

Der Evaluationsprozess für Academy-Kurse wird entlang der klassischen Prozess-Phasen Planung, Durchführung und Auswertung von @cademy online unterstützt. Als zentrales Werkzeug dient @cademy online neben dem Design und der Durchführung damit auch der Evaluation von Corporate E-Learning.

- **Planung**
  Bereits in der Planungsphase eines Kursprogramms wird entlang der dargelegten BSC-Vorgaben auch das Evaluationsinstrument gestaltet, wie der nachstehende Ausschnitt aus der Evaluation des Customized Programs „Managing Energy Markets and Technologies" der E.ON Academy verdeutlicht.

  Der Fragebogen wird mittels @cademy online elektronisch erstellt. @cademy online bietet dafür spezielle Komponenten an, die das Anlegen gängiger Fragetypen in geführten Abläufen ermöglicht („Wizard-Funktion"). Wiederverwendbarkeit und Modularität von Fragen bzw. Fragenblöcken erlauben eine Kombination mit kursspezifischen Abfragen zu neuen Fragebögen.

Thema	Fragen	Einschätzwerte
Module: European Energy Exchange	*Relevance for my impact at E.ON.*	very high, high, neutral, low, very low;
	Quality of the content.	
	Quality of the presenter.	
Logistik	*Preparation of this module was well organized and communicated.*	strongly agree, agree, neutral, disagree, strongly disagree;
	Training facilities at Leipzig were of a high standard and helped the learning process.	
Gesamturteil	*I believe that the „Energy Exchange" module achieved its stated objectives.*	
	Overall, I would rate this module as...	execellent, very good, good, fair, poor;
E.ON Academy	*The Academy program is attractive and relevant to my work at E.ON.*	strongly agree, agree, neutral, disagree, strongly disagree;
	The Academy is effective in its role as Leadership Development Center for E.ON.	

Tabelle 1: Evaluation des Kurses
„Managing Energy Markets and Technologies" (Ausschnitt)

- **Durchführung**
Die Durchführungsphase der Kurs-Evaluation (die für Foren und Events analog durchgeführt wird) umfasst die Datenerhebung zu zwei unterschiedlich relevanten Zeitpunkten (vgl. Abbildung 2).

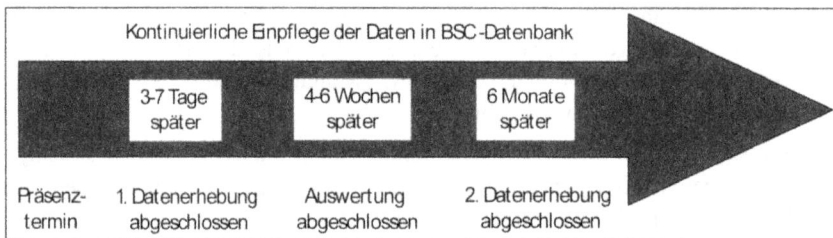

Abbildung 2: Durchführungsphase

Die erste Datenerhebung erfolgt unmittelbar im Anschluss an die Präsenzveranstaltung. Ziel dabei ist v.a. die spontan wahrgenommene Kursqualität über den „Participant Satisfaction Index". Eine zweite Datenerhebung erfolgt ca. 6 Monate nach dem Präsenztermin und fokussiert auf den „Impact" des Kurses für den Arbeitsalltag. Die Fragebögen werden von den Teilnehmern jeweils interaktiv via @cademy online ausgefüllt und abgeschickt. Dabei wird systemseitig sichergestellt, dass Teilnehmer ihre Fragebögen jeweils nur einmal „abgeben" können.

- **Auswertung**
  Die anonyme Auswertung der Fragebögen erfolgt unmittelbar nach Datenerhebung ebenfalls durch @cademy online. Systemseitig können prozentuale und absolute Häufigkeitsverteilungen generiert und grafisch dargestellt werden (vgl. Abbildung 2).

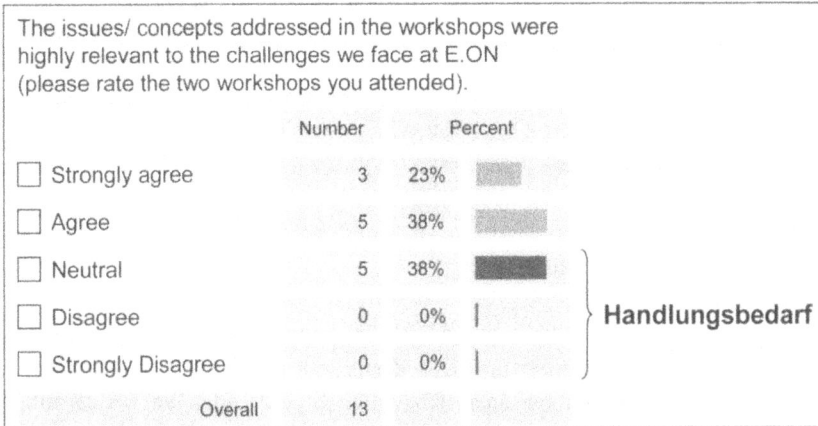

The issues/ concepts addressed in the workshops were highly relevant to the challenges we face at E.ON (please rate the two workshops you attended).

	Number	Percent	
Strongly agree	3	23%	
Agree	5	38%	
Neutral	5	38%	}
Disagree	0	0%	} Handlungsbedarf
Strongly Disagree	0	0%	}
Overall	13		

Abbildung 3: Automatische Auswertung durch @cademy online

Die Ergebnisse werden in die Datenbank übertragen, welche die Balanced Scorecard unterlegt. Die Datenverdichtung erfolgt mittels statistischer Kenngrößen (z.B. Mittelwerte, Mediane). Durch Definition von Grenzwerten wird der Änderungsbedarf für Folgeveranstaltungen identifiziert. Beispielsweise wird die Auswahl von Referenten oder deren didaktischer Ansatz überprüft, deren mittlere Bewertung nicht bei 5 oder 4 liegt (hierbei ist 1= poor und 5 = excellent).

Teilnehmer-Kommentare werden zu Aussagetypen verdichtet, auf Basis der quantitativen und qualitativen Evaluationsergebnisse werden „Lessons Learned" formuliert und konkrete Anforderungen an Folgeveranstaltungen (z.B. „Reduce workload and time spent on projects", „Adapt topics more closely to E.ON") abgeleitet. Abschließend wird das Commitment der Stakeholder (Kursteilnehmer, entsendende Personalentwickler oder Vorgesetzte) bezüglich der Relevanz von Kursinhalten und der Impact-Veränderung von Kursteilnehmern eingeholt.

3. Evaluation von @cademy online (CLIX®Funktionen)

Über die elektronische Lernplattform der E.ON Academy für die gesamte Kursadministration und das Corporate E-Learning der Führungskräfte – @cademy online (CLIX®) – wird im Marktplatz-Portal auch E-Content für alle E.ON-Mitarbeiter zugänglich angeboten, während das Academy Programm nur über den personalisierten Member-Bereich den für die Academy nominierten Führungskräften vorbehalten ist.

Durch die bis Ende 2004 laufende Entwicklungspartnerschaft zwischen der E.ON AG und der IMC AG wird die aktuell als @cademy online eingesetzte CLIX® Version auf Basis von CLIX® 4 Enterprise zur Standardsoftware mit gezielter Ausrichtung auf die Bedürfnisse von Führungskräften und die Geschäftsprozesse einer Corporate University weiterentwickelt. Beim Aufbau dieser Lernplattform werden Evaluationsschritte auch in der Einsatzphase vorgelagerter Phasen des Entwicklungsprozesses (Analyse und Planung) realisiert. Ziel der damit erreichten formativen Evaluation ist die Identifikation eventueller konzeptioneller Schwächen schon im frühen Produktentwicklungsstadium, in der sie noch mit geringem Aufwand behoben werden können. Durch die schrittweise Optimierung der Funktionen wird die Qualität des Endprodukts deutlich verbessert [vgl. 2].

3.1   Anforderungsanalyse

Aus Erhebungen in der universitäts-untypischen Zielgruppe „Führungskräfte" und auf Basis eigener Erfahrungen im Lehrbetrieb für diese Zielgruppe hat die E.ON Academy zunächst ein Profil der Anforderungen ihrer anspruchsvollen Studierenden an E-Learning-Support erarbeitet:

- hoher Qualitätsanspruch an Text-, Bild- und Filmqualität
- limitierte Aufmerksamkeits-Spannen
- intuitive Suche nach „Abkürzungen" und „besseren Wegen"
- erfahrungsgestütztes und vermeintliches „Besserwissen"
- aggressive Reaktion auf Vorschriften
- positive Reaktion auf Wahl von Optionen
- Bedürfnis nach Klärung von Risiken und Chancen
- Delegations-Verwöhntheit
- Sensibilität für effiziente Nutzerführung
- latente Technologie-Aversion

Das Anforderungsprofil übersetzt sie gemeinsam mit der IMC als strategischem Technologie-Partner in funktionale Anforderungen an die neue Software. Die Evaluation des resultierenden Lastenhefts erfolgt im November 2003 durch „User Clinics" mit Zielgruppen-Stichproben am Bildschirm.

3.2 Durchführung von User Clinics

Die Usability des Benutzer-Frontends wird bereits in der Konzeptionsphase untersucht. Die Evaluation erfolgt als Laborexperiment in den Räumen der E.ON Academy. Durch Isolation und Zuschaltung von Alltagseinflüssen können dabei Störgrößen kontrolliert werden und die Ergebnisse der Veränderung experimentellen, wie unabhängigen Variablen zugeordnet werden (interne Validität) [1].

Die Generalisierbarkeit der im Laborexperiment gewonnenen Ergebnisse wird durch die valide Zusammensetzung, des die Grundgesamtheit der Academy-Studierenden repräsentierenden Führungskräfte-Samples für die drei Lerngruppen Executives (A), Senior Managers (B) und Emerging Leaders (C), sichergestellt.

Um den Zeitaufwand für die Studie zu begrenzen, werden die Probanden nicht nach weiteren Kriterien geclustert. Um die externe Validität zu maximieren, wird die reale Lernsituation beim Corporate E-Learning weitgehend angenähert. Dies erfolgt v.a. durch den Einsatz von Prototpyen statt Screen-Grafiken mit dem Vorteil, dass ein Prototyp die Möglichkeit zur Interaktion bietet. Im Interesse der Wiedererkennung erfolgt vorab ein Customizing des Prototypen auf das Corporate Design der E.ON.

Das Vorgehen wird nachstehend mit der CLIX® Katalog-Funktion beispielhaft veranschaulicht (vgl. Abbildung 4).

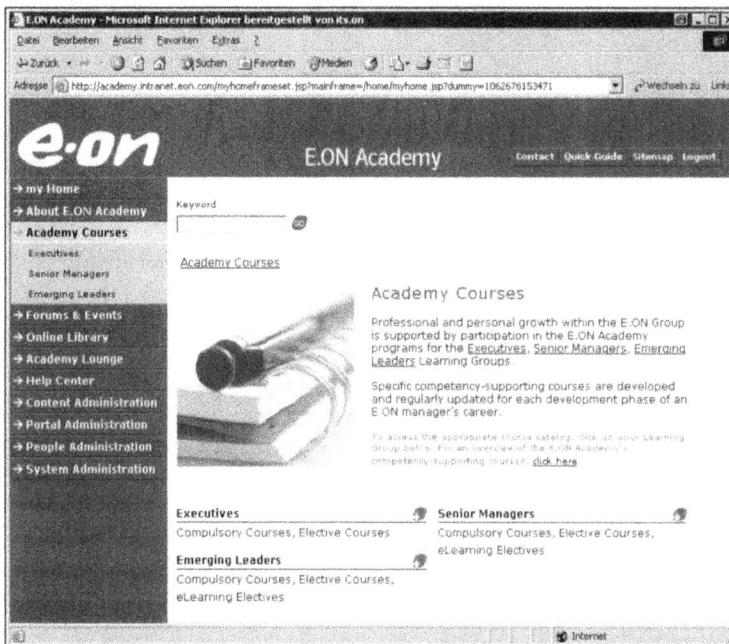

Abbildung 4: Katalog in @cademy online (Stand 08/2003)

Die Katalogfunktion ermöglicht die Zusammenfassung von E-Content nach beliebigen Ord-
nungskriterien (thematischen Taxonomien, Zielgruppen etc.) ebenso, wie die in der E.ON
Academy vorgenommene Content-Zuordnung zu zielgruppenspezifischen Katalogen. Die
User Clinic untersucht die Nutzerfreundlichkeit des User Interfaces beim „Katalogblättern"
für zwei unterschiedliche Gestaltungsansätze, die funktional übereinstimmen. Das Experi-
ment untersucht die Störgröße „Look and Feel", um z.B. herauszufinden, bei welcher Kata-
logstruktur die bekannte „limitierte Aufmerksamkeits-Spanne" (vgl. 3.1.) je nach Zielgruppe
den Katalog (noch) als nutzer-optimiert empfindet. Erfasst wird dabei sowohl die subjektiv
wahrgenommene Nutzerfreundlichkeit als auch die objektive messbare Zeit zur Lösung klei-
ner Testaufgaben. So werden beispielweise die Probanden gebeten, im Katalog einen vorgegebenen Content zu suchen und einen bestimmten Unterkatalog zu öffnen.

4. Evaluation von E-Content

Neben der Kursadministration und Bereitstellung von Corporate E-Learning ist auch der
Zugriff auf die „Online Library" mit Abstracts von nach Themen strukturierter, aktueller
Management-Literatur über E.ONs elektronische Lernplattform @cademy online organisiert.
Die Online Library unterstützt Studierende der E.ON Academy – und demnächst alle E.ON-
Mitarbeiter – beim Selbststudium, bei der Vorbereitung von Vorträgen und Präsentationen
sowie bei der Bearbeitung von Projekten als „Wissensdatenbank". Die Verdichtung der ab-
rufbaren Publikationen nach „Kernthesen" und „Summaries" entspricht den Nutzer-
Anforderungen (vgl. 3.1).

Das Angebot der Online Library wird kontinuierlich evaluiert, um angebotene Contents mit
besonders hoher Nachfrage gezielt zu erweitern. Die Evaluation konzentriert sich auf die
Kriterien „Nutzungsintensität" und „gemeldeter Informationsbedarf". Dabei untersucht die
Nutzungsintensität den Status quo und die Erfassung des gemeldeten Informationsbedarfs
bietet Anhaltspunkte für zukünftige Inhalts-Taxonomien der Online Library.

4.1 Nutzungsintensität bestehender Angebote

Die Erhebung der Nutzungsintensität erfolgt auf zwei Aggregationsstufen: (1) Zahl der Zu-
griffe auf jeden Content und (2) Summe der Zugriffe auf alle Contents eines Themenfelds.
Die Zugriffe werden automatisch verfolgt (Tracking) und über die Report-Funktion von
@cademy online abgerufen. Aufgrund datenschutzrechtlicher Bestimmungen erfolgt die
Auswertung anonym. Die Reports ermöglichen differenzierte Aussagen zur Nutzung der
Inhalte und Kataloge:

▪   durch spezifische Zielgruppen (Executives, Senior Managers, Emerging Leaders, Kun-
    den),

- nach Teilnehmer-Zugehörigkeit zu Market Units der E.ON (verschiedene Mandanten von @cademy online).

Durch die Reports werden einerseits Besonderheiten der Academy-Zielgruppen und der E.ON-Market-Units im Bedarf an Corporate E-Learning transparent, andererseits erlauben die Reports eine verursachergerechte Aufwandszuordnung. Ende 2003 wird auf Basis der Evaluationsergebnisse eine Strukturanpassung der Online Library mit neuer Inhalts-Taxonomie durchgeführt.

4.2   Zukünftiger Informationsbedarf

In Verbindung mit den angesprochenen „User Clinics" (vgl. 3.2.) führt die E.ON Academy bis Ende 2003 eine Executive Education Studie durch, die den thematischen Informationsbedarf der E.ON-Manager mit Hilfe halb-standardisierter Interviews – nach Zielgruppen und Market Units – erhebt. Das halb-standardisierte Interview wurde deshalb als Evaluationsinstrument gewählt, weil es den persönlichen Kontakt zur Zielgruppe sicherstellt (Marketing-Aspekt) und zugleich Rückmeldungen zur Nutzer-Wahrnehmung anderer Academy-Dienstleistungen generiert. Die Alternative – der Einsatz eines Fragebogens – hätte dies nicht in gleicher Weise erlaubt und ließe in der Zielgruppe zudem einen eher geringen Rücklauf erwarten.

In den jeweils ca. 40-minütigen Interviews werden die Fragen

- Zu welchen Themen erwartet die Zielgruppe welche Content-Angebote?
- In welchem Kontext wird der Content von der Zielgruppe benötigt?
- Wie soll der Content für die Zielgruppe aufbereitet werden?

geklärt. Die Gesprächsleitfäden werden im Vorfeld der Studie durch Pretests auf ihre Schlüssigkeit überprüft und die Interview-Ergebnisse werden durch die Interviewer in vorcodierten Berichtsbögen dokumentiert.

5.   Zertifizierung von Corporate E-Learning

Die E.ON Academy verfolgt mit der „Zertifizierung" von Corporate E-Learning die vier Ziele: (1) Etablieren konzern-übergreifender E.ON Standards in der Qualität der Management-Ausbildung, (2) Vergabe von Teilnahmebestätigungen für das Absolvieren von Academy-Programmen, (3) Qualifizierung von Tutoren und Systemadministratoren für die elektronische Lernplattform der E.ON Academy und (4) Konformität mit den Auswahlstandards der E.ON für E-Learning-Programme.

- **Etablieren von E.ON Standards in der Management-Ausbildung**
  Die E.ON Academy übernimmt als Corporate Competence Center for Management

Education für das Corporate Center und die Market Units des Konzerns gezielte Auf-
tragsproduktionen, die dem Unternehmen helfen, in der Management-Ausbildung einen
Konzernstandard durchzusetzen und zur E.ON-Identität beitragen. Die im Roll-Out für
alle Konzereinheiten verfügbar gemachte, mandantenfähige virtuelle Lernplattform der
Academy – @cademy online bzw. CLIX® – kann „standardisiertes" E.ON-Wissen (Fallstudien, Simulationen bei der Schulung von Projektmanagement-Standards, grafische
Prozess-Darstellungen etc.) konzernweit übertragen und vermitteln.

- **Teilnehmer-Zertifizierung**
  Die erfolgreiche Teilnahme an Academy-Kursen und E-Learning Programmen wird
  über @cademy online in der persönlichen Bildungshistorie dokumentiert. In Zusammenarbeit mit den verantwortlichen Personal-/Führungsentwicklungs-Abteilungen in
  den entsendenden Market Units der E.ON werden Teilnahme-Zertifikate vergeben. Bei
  erfolgreichem Abschluss eines E-Learning-Programms kann die Teilnahmebestätigung
  direkt vom System generiert werden, wenn ein Tutor, Personalentwickler etc., die Erstellung technisch freigibt. Diese Prüfschleife ist erforderlich, um die ursprünglich
  anonyme Nutzung von E-Learning-Modulen zweifelsfrei zu personalisieren. Die Nutzung von E-Contents aus der Online Library wird plausiblerweise nicht zertifiziert.

- **Qualifizierung für den @cademy-online-Betrieb**
  Effektives E-Learning setzt nach Erfahrungen der E.ON Academy eine umfassende Be-
  treuung der Studierenden durch qualifizierte E-Tutoren voraus, welche die didaktischen
  Methoden zur virtuellen Betreuung der Studierenden beherrschen und sie über die dafür
  eingerichteten CLIX® Funktionen umsetzen können. Der Betrieb eines komplexen
  Learning-Management-Systems (LMS) stellt darüber hinaus spezielle Anforderungen an
  Systemadministratoren von IT- und Fachabteilungen für deren Erfüllung die E.ON Aca-
  demy ausgewählte Mitarbeiter qualifiziert. Bei der Qualifizierung für das Corporate
  E-Learning stützt sich die Academy auf das Schulungsangebot von IMC und bescheinigt
  die erfolgreiche Teilnahme an Schulungen für „CLIX® Certified E-Tutors" bzw.
  „CLIX® Certified Engineers" durch ein Zertifikat.

- **Standardkonformität von E-Content**
  Als Competence Center for Management Education übernimmt die E.ON Academy
  auch die Beschaffung und Produktion von im Konzern eingesetzten WBT-Programmen
  und E-Contents. Der Dialog zwischen nachfragenden Konzern-Einheiten, der E.ON
  Academy und ausgewählten Anbietern erfolgt auf der Grundlage von Auswahl-Richt-
  linien und definierten inhaltlichen, methodischen und medialen Anforderungen an
  E-Contents, die auch etablierte technische Standards wie SCORM oder AICC einbeziehen. Nur eine derartige Zertifizierung von Contents für den Einsatz im Unternehmen
  ermöglicht aus E.ON-Sicht eine effiziente Beschaffung und Produktion von Corporate
  E-Learning-Bausteinen.

6. Zusammenfassung

Die E.ON Academy unterstützt die systematische Führungskräfteentwicklung im E.ON-Konzern durch ein gezieltes Leadership-Development-Curriculum, das nach dem Blended-Learning-Ansatz ein maßgeschneidertes Kursprogramm, die Belegung ausgewählter Business-School-Programme, die Veranstaltung von Dialogforen und ein Corporate E-Learning-Programm kombiniert.

Bei der Evaluation der Academy-Aktivitäten werden die in der Balanced Scorecard der Academy verankerten Zielerreichungs-Maßstäbe zu Grunde gelegt. Die laufende Programm-Evaluierung hat sowohl Legitimations- als auch Steuerungsfunktion.

Die fragebogengestützte Evaluation von Academy-Kursen erfolgt in einem mehrstufigen Prozess. Qualitätskontrolle und Eignungsüberprüfung der eingesetzten Ressourcen (Legitimationsfunktion) werden auf Lernpartner (z.B. Business Schools) ausgedehnt und haben letztlich den durch Teilnahme am Academy-Programm positiv veränderten „Impact" im Visier.

Mit der systemgestützten Durchführung standardisierter Teilnehmer-Rückkopplungen via @cademy Online (CLIX ®) wird der Evaluationsprozess technisch optimiert.

Beim Aufbau von Lernplattformen und Ausbau neuer Lernplattform-Funktionen für die Management-Qualifizierung hat die Evaluation eine wichtige Steuerungsfunktion im Entwicklungsprozess. Hier bieten User Clinics und standardisierte Zielgruppen-Interviews die besten Voraussetzungen dafür, nutzer-nachgefragte Anforderungen an Systemfunktionen vor dem Roll-Out abzuprüfen. Die prototypische Umsetzung der Funktionen wird dabei im Laborversuch durch teilnehmende Beobachtung auf ihre Nutzerfreundlichkeit untersucht. User Clinics liefern darüber hinaus auch Inputs für spätere Entwicklungszyklen.

Die Evaluierung online angebotener „Wissensdatenbanken" für das Selbststudium erfolgt in der E.ON Academy über die Messung der Nutzungsintensität für jede Zielgruppe und jeden angeschlossenen Mandanten. Zusätzlicher Informationsbedarf einer Zielgruppe wird durch halbstrukturierte Interviews erhoben. Der Prozess liefert Anhaltspunkte für die Angebotserweiterung und hilft gleichzeitig, obsolete Angebote auszusteuern.

Die Zertifizierungspraxis der E.ON Academy im Kontext von Corporate E-Learning umfasst die Etablierung von weiteren E.ON-Standards für die Management-Qualifizierung, das Ausstellen von Teilnahme-Zertifikaten für Schlüsselprogramme der Führungskräfteentwicklung, die zertifizierte Qualifizierung von E-Tutoren und Systemadministratoren für die Lernplattform sowie die Auswahl von E-Content nach E.ON-Standards. Sicher ist dies eine ausgeprägte E.ON-spezifische Zertifizierungs-Konfiguration, bietet aber dennoch vielleicht Anregungen für die analoge Umsetzung auch bei anderen E-Learning-Nutzern.

Literatur

[1] BERNARD, GREGORG; SEIWERT, GERALD; HORNUNG, VOLKER: Anleitung zur empirischen Untersuchung technischer und organisatorischer Gestaltungsmaßnahmen. 1. Auflage, Aachen: Verlag Augustinus Buchhandlung,1996.

[2] ISSING, L.J.: Instruktionsdesign für Multimedia. In: ISSING, L.J.; KLIMSA, P. (Hrsg): Information und Lernen mit Multimedia. 2. überarbeitete Auflage, Weinheim: Psychologie Verlags Union, 1997, S. 267–284.

[3] BISCHOF, JÜRGEN; SPECKBACHER, GERHARD: Personalmanagement und Balanced Scorecard. In: GRÖTZINGER, MARTIN; UEPPING, HEINZ (Hrsg): Balanced Scorecard im Human Resources Management. Neuwied: Luchterhand, 2001, S. 3–18.

[4] SAUTER, ANNETTE; SAUTER, WERNER: Blended Learning – Effiziente Integration von E-Learning und Präsenztraining. Neuwied: Luchterhand.

[5] LMS CLIX®: http://www.im-c.de/homepage/index.htm

Karl Wilbers

Stolpersteine des Corporate E-Learnings meistern: Stakeholdermanagement, Management von E-Learning-Wissen und Evaluation gestalten

Eine systematisierende Zusammenfassung

Der Autor

Karl Wilbers, Prof. Dr.; Institut für Wirtschaftspädagogik der Universität St. Gallen. Studierte Wirtschaftspädagogik an der Universität zu Köln. Promotion an der Universität zu Köln. Mitarbeiter am Forschungsinstitut für Berufsbildung im Handwerk. Dann Nachwuchsdozent, später Privatdozent, Assistenz-Professor an der Universität St. Gallen.

Die Experten aus Wissenschaft und Praxis setzen sich in diesem Buch in strukturierter Form dialogisch mit drei Stolpersteinen des Corporate E-Learnings auseinander: Dem Stakeholdermanagement, dem Management von E-Learning-Wissen sowie der Gestaltung von Evaluationen. Dieser abschließende Beitrag leistet eine systematisierende Zusammenfassung dieser mehrperspektivischen Auseinandersetzung. Dabei werde ich zunächst die drei Stolperstein in einen umfassenderen Kontext einbetten. Anschließend systematisiere ich die Ergebnisse zu den drei Bereichen.

1. Gestaltungsherausforderungen im Corporate E-Learning: Eine Landkarte

Corporate E-Learning meint das E-Learning in Unternehmen wie Banken, Versicherungen oder großen Energiedienstleistern. Zum Corporate E-Learning gehört aber das Lernen in Kleinunternehmen oder überbetrieblichen Institutionen (vgl. Esser/Twardy 2002). Bei der Gestaltung von Corporate E-Learning ergeben sich eine Fülle von Herausforderungen. Diese werden im sogenannten 3x4-Baustein-Modell zusammengefasst. Dieses Modell wird in der Loseblattsammlung „Handbuch E-Learning", herausgegeben von Andreas Hohenstein und Karl Wilbers im Fachverlag Deutscher Wirtschaftsdienst, umfassend dargestellt und laufend aktualisiert.

---

1. Stakeholderanalyse:
- Wer sind die Betroffenen & Beteiligten?
- Welche Ansprüche haben sie?
- Wie lässt sich die Mitarbeit und Verpflichtung (commitment) der Betroffenen & Beteiligten gestalten?
- Wie lässt sich die Stakeholderanalyse im Heft der Gestaltungsansprüche verdichten?

2. Design:
- Wie lässt sich die Kompetenz der Institution im Umgang mit E-Learning entwickeln?
- Wie wird die Lernumgebung gestaltet?
- Wie lassen sich die Gestaltungsvoraussetzungen für diese Lernumgebung sichern?
- Wie lässt sich der Erfolg des Transfers des Gelernten gewährleisten?

3. Evaluation:
- Welche Partner werden in die Evaluation eingebunden?
- Welche Instrumente sollen zur Evaluation eingesetzt werden?
- Wie kann ein Konsens über die Evaluation erreicht werden?
- Welche Folgen sind für zukünftige Vorhaben zu ziehen (lessons learned)?

Abbildung 1: Das 3x4-Baustein-Modell der didaktischen Gestaltung von E-Learning

Im Modell werden die drei Bausteine „Stakeholderanalyse", „Design" und „Evaluation" unterschieden. Die Auseinandersetzung konzentriert sich in diesem Buch auf drei Bereiche, die meiner Erfahrung nach kniffelig und für den Gesamterfolg von Corporate E-Learning kritisch sind: Nämlich das Stakeholdermanagement, das Management von E-Learning-Wissen sowie die Evaluation. Im 3x4-Baustein-Modell werden Stakeholdermanagement und Evaluation beide als eigenständige Bereiche ausgewiesen. Das Management von E-Learning-Wissen korrespondiert mit der Frage im Modell, wie sich die Kompetenz der Institution im Umgang mit E-Learning entwickeln lässt. Zur Vermeidung von Missverständnissen sei vermerkt, dass die eigentliche didaktische Aufgabe, die Gestaltung von Lernumgebungen, nicht Gegenstand dieses Buchs ist. Das Handbuch E-Learning liefert dazu im vierten Teil umfangreiche Hinweise.

2. Stakeholdermanagement: Der rechte Umgang mit Stakeholdern im Corporate E-Learning

Einer der erfolgskritischen Bereiche im Corporate E-Learning ist der überlegte Umgang mit den Anspruchsgruppen, d.h. mit den Betroffenen und Beteiligten. Dafür wird hier der Begriff „Stakeholdermanagement" verwendet. Mit dem Begriff „Stakeholder" schwingen Bedeutungen mit, die bei der Verwendung der deutschen Begriffe „Anspruchsgruppen" oder „Betroffene und Beteiligte" verloren gehen. Ein „stake" ist in der englischen Sprache ein Spieleinsatz, ein Risiko. Corporate E-Learning kann in dieser Sichtweise auch als ein mikropolitisches Spiel verstanden werden. Es gibt Spielregeln, Gewinne und Verluste, Mitspieler und Gegner, Koalitionen, Interessen, Strategien, offene und versteckte Winkelzüge und so fort. Stakeholder sind so betrachtet diejenigen, die in diesem Spiel „E-Learning" etwas zu gewinnen oder zu verlieren haben.

E-Learning wird in den Unternehmen ganz unterschiedlich „gespielt". Insofern ist nicht zu erwarten, dass in einem wissenschaftlichen Buch ein für alle Mal die Stakeholder des Corporate E-Learnings bestimmt werden können. Aus diesem Grund wird als Alternative ein Prozess vorgeschlagen, ein Vier-Stufen-Modell (Wilbers 2004). Der Umgang mit Stakeholdern wird demgemäss in vier Schritten gestaltet, die unter Umständen auch mehrfach durchlaufen werden können. Im ersten Schritt erfolgt die Ermittlung der Stakeholder (Erste Wer-Frage). Im zweiten Schritt werden die Anspruchsgruppen eingeordnet (Zweite Wer-Frage). Im dritten Schritt werden die Ansprüche der Stakeholder bewertet (Was-Frage) und im vierten und letzten Schritt konkrete Aktionen eingeleitet (Wie-Frage). Die Schritte können ganz unterschiedlich motiviert sein. Analytisch lassen sich eine strategische und eine normativ-kritische Sichtweise unterscheiden. In der strategischen Perspektive wird der Umgang mit den Stakeholdern von der Macht der Stakeholder, ihrem Einfluss und ihrer Beeinflussbarkeit gesteuert. Die normativ-kritische Perspektive betont, dass Unternehmen ein Teil unserer Lebenswelt und ein Teil einer demokratischen Gemeinschaft von Bürgern ist. Für jeden der vier Schritte ergeben sich je nach Perspektive (strategisch, normativ-kritisch) unterschiedliche Fragestellungen.

Auf der ersten Stufe werden die **Stakeholder ermittelt**. Aus strategischer Sicht stellt sich die Frage: Wer kann Einfluss ausüben? Beziehungsweise: Wer könnte Einfluss ausüben? In normativ-kritischer Sicht stellt sich die Frage: Wer hat legitime Ansprüche? Back, Erkens und Kraemer zählen in ihren Beiträgen die Stakeholder im Corporate E-Learning auf. Demnach lassen sich eine Reihe zentraler Stakeholder ausmachen.

Es sei wiederholt, dass dies nur eine grobe Leitlinie ist und eine abschließende Aufzählung nicht möglich ist. Auch innerhalb eines Unternehmens kann sich die Situation unterscheiden. Darauf weist Kraemer in seinem Beitrag deutlich hin. Er unterscheidet drei Projektszenarien, nämlich „Grüne Wiese", „Chaos" und „Business Fokus", die jeweils zu anderen Stakeholdern führen. Die Aufzählung dieser Stakeholder darf auch nicht darüber hinwegtäuschen, dass einzelne dieser Gruppen heterogen sind. So stellt Erkens die Nutzer als eine „buntgemischte Gruppe von Stakeholdern" dar. Sie reicht von Erstauszubildenden bis hin zu Individuallernen. Da Stakeholder sich untereinander beeinflussen, ist auch diesen Wechselwirkungen Aufmerksamkeit zu schenken. Kraemer empfiehlt daher die Erstellung von Stakeholder-Einflussdiagrammen, in denen die Querverbindungen zwischen den Stakeholdern erkannt werden können.

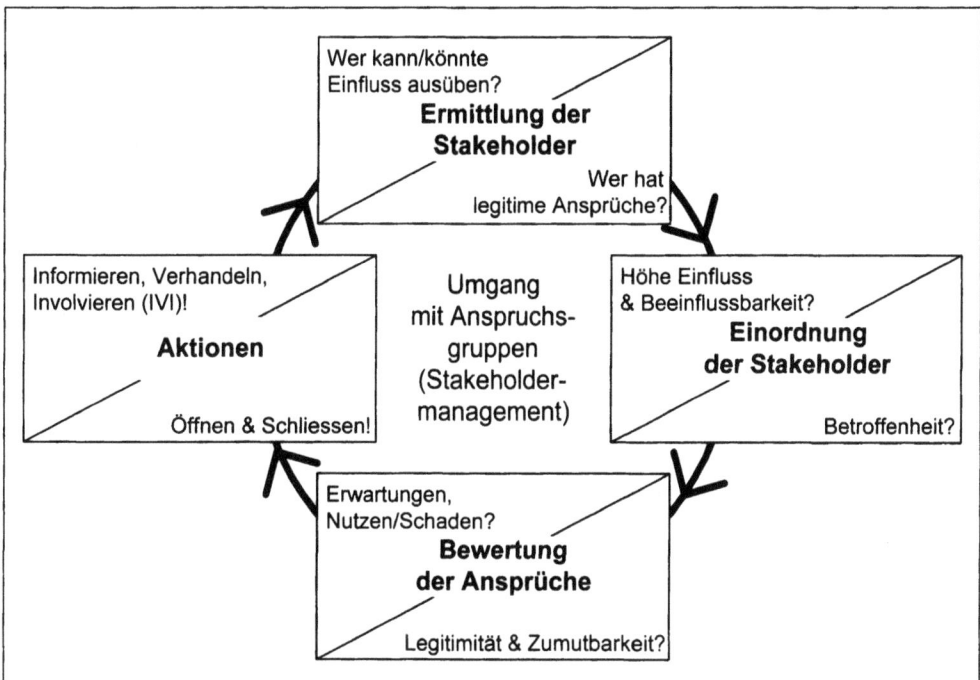

Abbildung 2:   Vier Stufen für den Umgang mit Stakeholdern

- (Spätere) Nutzer von Corporate E-Learning,
- Kollegen am Arbeitsplatz,
- Divisions- bzw. Unternehmensleitung,
- Führungskräfte aus verschiedenen Abteilungen, insbesondere aus der IT-Abteilung und dem Personalmanagement,
- Personalentwickler und Trainer,
- Betriebsrat,
- Marketingabteilung,
- Kunden,
- Berater,
- weitere externe Gruppen wie z.B. externe IT-Abteilungen.

Abbildung 3:   Zentrale Stakeholder im E-Learning

Funktionale Stakeholder, d.h. solche, die als Funktionsträger eingebunden werden können, können nach Kraemer von institutionellen Stakeholdern, wie z.B. dem Datenschutz, unterschieden werden. Nach den Funktionen im Projekt können nach Kraemer Machtpromotoren, die die Budgetverantwortung tragen, von Prozesspromotoren, Fachpromotoren, Multiplikatoren und der Entscheidungsebene unterschieden werden.

Nicht alle Stakeholder sind gleich wichtig. Stakeholder haben eine unterschiedliche Möglichkeit, auf Corporate E-Learning Einfluss zu nehmen. Manche Stakeholder haben legitime Ansprüche, manche nicht. Auf der zweiten Stufe des Stakeholdermanagements ist daher eine **Bewertung der einzelnen Stakeholder** vorzunehmen. Strategisch geht es darum abzuschätzen, wie hoch die Möglichkeit der Einflussnahme durch eine Gruppe von Stakeholdern ist. Ebenso wichtig ist, wie beeinflussbar die Stakeholder sind. Stakeholder, die einflussreich und gesprächsbereit sind, sind für die weitere Arbeit grundlegend. Aber auch Gruppen, die einflussreich, aber nicht beeinflussbar sind, gilt es im Auge zu behalten. Kommt diese Gruppe einmal in Bewegung, ist sie kaum noch aufzuhalten. Normativ-kritisch stellt sich die Frage, wer vom Corporate E-Learning tatsächlich betroffen ist.

Auf der nächsten Stufe des Stakeholdermanagements geht es um die Ermittlung bzw. **Bewertung der Ansprüche** der einzelnen Stakeholder. Es reicht nicht, die Stakeholder „aufzulisten", entscheidend ist die Kenntnis der einzelnen Ansprüche. Kraemer spricht hier von „Metazielen der Stakeholder".

Dem Vertriebsbereich wird es beispielsweise darum gehen, die Vertriebsperformance zu erhöhen. E-Learning dürfte hier dazu dienen, beispielsweise die Qualität von Verkaufsgesprächen positiv zu beeinflussen und zwar durch bessere Verkaufsskills und bessere Produktinformationen. Es wird vielleicht auch um die Verbesserung der Servicequalität gehen. Unter Umständen sollen neue Optionen in der Sortimentsgestaltung erschlossen werden, z.B. indem die Produktinnovationszyklen durch eine effizientere Einarbeitung der Vertriebsmitarbeiter verkürzt werden können. Eventuell geht es dem Vertrieb auch darum, „Outlaws" im Außendienst wieder stärker in das Unternehmen und seine Kultur zu integrieren. Es kann dem Vertriebsbereich auch darum gehen, neue Wege zur Schulung von Kunden für erklärungsbedürftige Produkte im Sinne eines Customer Focused E-Learning (Montandon 2004) zu erschließen. Ein E-Learning-Projekt mag dann erfolgreich sein, wenn die Kunden bei Befragungen eine höhere Zufriedenheit mit Beratungsgesprächen äußern. D.h., es lassen sich klare operationale Ziele formulieren.

Die Lerner bringen beispielsweise spezifische Ansprüche ein. Lerner haben bestimmte Lernbeziehungsweise Qualifikationsbedarfe, die sich aus ihren persönlichen Entwicklungsvorstellungen oder aus unternehmensstrategischen Überlegungen ergeben. Lerner bevorzugen meist bestimmte Zugangsszenarien (Inter-, Intranet, Mobile), haben Präferenzen für bestimmte Lernorte (z.B. Office, Seminar, zu Hause, unterwegs) und finden dort bestimmte Bedingungen für das Lernen bzw. das M(obile)-Learning (Lehner 2004) vor. Lerner haben, nicht selten überraschende, Vorstellungen, wann E-Learning ein Erfolg ist oder nicht.

Hier gilt es Erwartungen, Nutzen und Schaden auszutarieren. Ethisch ist die Legitimität und die Zumutbarkeit zu überprüfen. Ein wichtiger Bezugspunkt in der Anspruchsermittlung ist die E-Learning-Strategie. Sie selbst muss, wie Back darstellt, an die Unternehmensstrategie anschließen. Pauschale Bekenntnisse, wie „Unsere Mitarbeitenden sind unsere wichtigste Ressource", sind dabei meist nicht sonderlich hilfreich. Die E-Learning-Strategie sollte vielmehr klare Hinweise auf Veränderungen in den Geschäftsprozessen anzeigen. Managementtechniken wie die Balanced Scorecard (BSC) oder Six-Sigma können dabei hilfreich sein (Islam 2004; Sander/Närmann 2004).

Auch hier können die verschiedenen Ansprüche der Stakeholder nicht ein für alle Mal aufgeführt werden. Wichtiger erscheint die Frage, *wie* die Ansprüche ermittelt werden können. Erkens stellt klar, dass „Ansprüche ermitteln" „Reden wir drüber" heißt. Dieser Prozess ist aufwändig, Findungsworkshops, Fragebögen und Gesprächsrunden sind hilfreich. Auch Back weist daraufhin, dass ohne ein „Miteinander Reden" keine Integration von Unternehmens-, E-Business-, Personal- sowie IKT-Strategie stattfindet. Grundsätzlich können alle Instrumente zur Ermittlung der Ansprüche eingesetzt werden, die aus der empirischen Sozialforschung bekannt sind (siehe Tabelle 1).

Auf der vierten Stufe des Stakeholdermanagements werden auf der Basis der bisherigen Arbeiten konkrete **Aktionen** fixiert. In einer strategischen Perspektive steht hier das Informieren, Verhandeln und Involvieren (IVI) im Vordergrund. Stakeholder werden auf unterschiedliche Art und Weise informiert, in Verhandlungen einbezogen und involviert. Mit zentralen Stakeholdern finden kontinuierlich intensive Austauschprozesse statt. Solche Stakeholder werden häufig in Projektgruppen, in Steuer- oder Lenkungsgruppen oder in Beiräte eingebunden. Mit anderen Stakeholdern finden weniger intensive Kommunikationsprozesse statt. Für die Kommunikationspolitik bieten sich eine Reihe von Kommunikationskanälen an. In diesen sollen bestimmte Themen „transportiert" werden und so Kommunikationsziele erreicht werden. Dabei kann, wie auch Erkens und Kraemer darstellen, eine breite Palette von Kommunikationskanälen genutzt werden (siehe Abbildung 4).

Befragung	<ul><li>Befragungen mit Interviewer (persönliches Interview oder Telefoninterview); Befragung ohne Interviewer (Papier & Bleistift, Mail, Web)</li><li>Wenig strukturiert (Experteninterviews, explorative Interviews), teilweise strukturiert (Leitfadeninterviews), stark strukturiert (Einzelinterviews)</li></ul>
Workshops	Gruppeninterviews, Fokusgruppen, Gruppenbefragungen, Gruppendiskussionen
Beobachtung	Teilnehmend, nicht-teilnehmend
Dokumentenanalyse	Berichte, Reglemente, Statuten, ...
Prozessanalysen	Rekonstruktion von (Geschäfts-)Prozessen
Nutzung von Gesprächsanlässen	Vorhandene Gefässe (z.B. Meetings) werden zur Datenerhebung benutzt

Tabelle 1: Instrumente zur Anspruchsermittlung

- Interne Firmenzeitung (print und online),
- Newsletter,
- Mailings mit Statusberichten,
- spezifische Informationsveranstaltungen, z.B. in der Mittagszeit,
- „Guides Tours" im Intranet,
- Schnupperkurse bzw. Probe-E-Kurse,
- Broschüren und „Start-Packages" für grundsätzliche Informationen (FAQ, Glossare, Argumentarien),
- Informationen zum Go-Live, wie z.B. Hinweise zum Login, Fragen und Antworten zur Lernplattform und Kurzanleitungen sowie
- Tagungen und Präsentationen für bestimmte Zielgruppen.

Abbildung 4: Kommunikationskanäle im Corporate E-Learning

Unterstützt werden können diese Kanäle durch die Einführung interner Kompetenzzentren mit einem entsprechenden einheitlichen Auftritt sowie durch die Abstimmung eines Namens für die Lernplattform.

So wichtig wie die Wahl des geeigneten Kanals ist die Botschaft, der Kommunikationsinhalt. Gerade bei der Einführung von E-Learning tauchen immer wieder die gleichen Fragen auf. E-Learning bedroht nicht selten stehende Prozesse und auch Pfründe. Aus diesem Grund ist die Notwendigkeit von E-Learning und des damit verbundenen Wandels, die Rolle von Trainern und Lernern in den neuen Prozessen deutlich zu kommunizieren. Dabei erweist es sich als günstig, Vorteile bzw. Mehrwerte von E-Learning, aber auch die Risiken, zu verdeutlichen. Damit dies nicht abstrakt bleibt, sind Informationen über die geplanten E-Learning-

Projekte, ihr Timing, ihre Ziele und Adressaten zu geben. Hilfreich für den weiteren Prozess sind klare Statements zum Umgang mit rechtlichen Vorgaben und gegebenenfalls Verpflichtung zu weiter gehenden ethisch-moralischen Standards. Dazu gehören beispielsweise präzise Aussagen zu den Maßnahmen zur Sicherung des Rechtes auf informationelle Selbstbestimmung. In einigen, nicht in allen Kontexten erweist es sich als unumgänglich, Regeln für Rechte an immateriellen Gütern (z.B. Urheberrechte, Nutzungsrechte) aufzubauen. Dabei ist – die in vielen Fällen offene – Rechtslage zu berücksichtigen, vor allem aber innerhalb der Institutionen Verhaltensregeln aufzubauen. Ein gutes Zusammenspiel der Sozialpartner sollte sich auch thematisch niederschlagen. Gerade gegenüber dem Trainingsbereich sind klare Signale zu geben. Nicht selten findet sich in der Praxis beim Management die vage Sehnsucht, man könne durch E-Learning Trainer einsparen. Unabhängig von der Tatsache, dass dies regelmäßig nicht eintritt, kann die Kommunikation dieses Rationalisierungsmodells fatale Auswirkungen auf die Motivation des Trainingsbereichs haben. Das Transformationsmodell betont demgegenüber die Notwendigkeit, aber auch die Chance einer Veränderung der Trainer-Tätigkeit.

- Warum E-Learning? Warum diese Veränderung?
- Was bringt E-Learning dem Unternehmen und mir?
- Was sind die Mehrwerte von E-Learning?
- Was plant das Unternehmen im E-Learning-Bereich?
- Wie kann ich mich für E-Learning fit machen?
- Wann und wo findet E-Learning statt?
- Wie werden meine Datenschutzrechte gewahrt?
- Welche Rolle spielen die Sozialparteien?
- Werden die Trainer überflüssig? Was ist meine zukünftige Rolle im E-Learning? Wie werde ich als Trainer darauf vorbereitet?

Abbildung 5: Kommunikationsinhalte beim Stakeholdermangement
im Corporate E-Learning

Zentrale Ziele sind, wie Back in ihrem Beitrag ausführt, die Aufklärung und die Akzeptanz durch die Orientierung am Kundennutzen, dem persönlichen Erfolg sowie dem Unternehmenserfolg. In Anlehnung an das sog. Rainbow-Modell kennt Back vier Stufen der effektiven Umsetzung strategischer Ziele, nämlich Kennen (awareness), Erkennen (understanding), Anerkennen (acceptance) sowie Auskennen (commitment).

Die Kanäle und Themen sollten dabei nicht möglichst breit, sondern möglichst zielgenau auf eine Gruppe von Stakeholdern abgestimmt sein. Dabei empfiehlt sich die Formulierung von Kommunikationszielen für bestimmte Stakeholder. Weiterhin ist das Timing von Bedeutung. Die Kanäle sollten zum richtigen Zeitpunkt, d.h. nicht zu früh und nicht zu spät, genutzt werden. Um die Übersicht nicht zu verlieren, empfiehlt sich die Erstellung eines Kommunikationsplanes. In einer tabellenförmigen Übersicht werden hier die Zielgruppe der Kommunikationsmaßnahmen, die Kommunikationsziele bzw. Themen, die Kommunikationskanäle und der Zeitpunkt bzw. die Dauer des Einsatzes fixiert. Bei der zeitlichen Staffelung empfiehlt sich die Orientierung an Kommunikationsprinzipien. So sollten Kommunikationsaktivitäten zunehmend in die Breite gehen, ausgehend von einer kleinen Projektgruppe.

- Wähle den richtigen Zeitpunkt (Timing).
- Pflücke niedrig hängende Früchte zuerst (Picking low hanging fruit).
- Vom Einfachen zum Komplizierten.
- Wenig, aber regelmäßig.
- Fokus auf Kommunizieren, Kooperieren, Publizieren und Informieren.
- Exklusivität bieten.
- Arbeitsumfeld gleich Lernumfeld.
- Individualisierung zulassen.
- Zugang für alle – keine privilegierten Gruppen installieren.

Abbildung 6: Grundsätze (nach Koller u.a. 2002)

Durch die Aktionen des Stakeholdermanagements ist ein klares Commitment zu erreichen. In den Beiträgen in diesem Buch wird deutlich, dass zwei verschiedene Sichtweisen auf Commitment zentral sind. Zum einen bedeutet Commitment die aktive Verpflichtung *zum* E-Learning, d.h. die Verpflichtung etwa im Rahmen des Einführungsprozesses. Ein zweiter Aspekt betrifft das Commitment *im* E-Learning, d.h. das Commitment im Prozess des Lernens. Zentrale Personen sind hier der Lerner, der Vorgesetzte, der Trainer für die Präsenzelemente sowie der E-Coach oder E-Tutor. Erkens weist auf die Bedeutung der Motivation der Lerner durch Tests, Prüfungen und Abschlussgespräche sowie die tutorielle Betreuung hin. Der Lerner darf nicht allein gelassen werden. Bei Vorgesetzten, Lernenden, Paten usw. muss nicht nur Akzeptanz, sondern eine klares Commitment erreicht werden. Vorgesetzte und Lerner sollten dabei vor dem eigentlichen Lernprozess Regelungen finden zur Lernzeit, zur Sicherung des Rechts auf informelle Selbstbestimmung und weiteren Parametern des Blended Learnings, wie z.B. Lernziele oder -sequenzen vereinbaren. Dabei ist auch der Transferplan zu fixen. Zu einem solchen Transferplan gehören die Planung von Transfermaßnahmen. Dazu gehört z.B. die Teambearbeitung von Fällen am Arbeitsplatz nach „Rückkehr" aus dem Präsenzteil sowie die Verankerung von Transfergesprächen. Weiterhin sind die Integration der Ergebnisse des E-Learnings in das Performance-Management sowie ein Verhaltenscodex zum Umgang mit sich „widersprechenden" Arbeits- und Lernbedarfen festzulegen. Lerner und Paten bzw. Vorgesetzte können dabei wirkungsvoll über Lernverträge bzw. entsprechende Patenverträge, Coaching- oder Mentorenverträge verpflichtet werden. Dazu gehört auch die Verpflichtung zur Weitergabe bzw. Information über die Maßnahme im Arbeitsteam sowie die Verpflichtung zur Teilnahme an einem Debriefing der Maßnahme mit Stakeholdern (z.B. Rückkehrgespräche mit Vorgesetzten, Beurteilung des Fit zur Unternehmensstrategie, Analyse des Lernprozesses, Kosten-Nutzen-Analysen).

Beim Umgang mit Stakeholdern sind typische Fallstricke zu überwinden. Kraemer schildert in seinem Beitrag die typischen Fehler beim Stakeholdermanagement. Auf der Grundlage der Beiträge in diesem Buch lassen sich die drei folgenden Probleme herausstreichen.

- Problem des Timings – Der richtige Zeitpunkt: Die Stakeholder sind zum richtigen Zeitpunkt anzusprechen.

- Problem der Tiefe – Der richtige Grad an Ausführlichkeit: E-Learning-Projekte kommen nicht voran, wenn am Anfang zu viel Zeit damit verbracht wird, die Stakeholder in ihrer ganzen Tiefe zu bestimmen. Andererseits sind Grundinformationen am Beginn des Projektes notwendig.

- Problem der Breite – Der richtige Grad an Vollständigkeit: Es kann sich rächen, einen wichtigen Stakeholder, in Deutschland zum Beispiel den Betriebsrat, zu spät oder gar nicht einzubinden. Es muss verhindert werden, dass bestimmte Gruppen mit bestimmten Merkmalen – z.B. Mitarbeiter mit einer niedrigen Hierarchiestufe, einem bestimmten Geschlecht, Sprache, Kultur usw. – übersehen werden. Andererseits gilt das Sprichwort „Viele Köche verderben den Brei!". Daher ist sorgfältig zu überlegen, wie eine Beteiligung der Stakeholder erfolgt. Die Palette reicht hier, wie dargestellt, von der Einbeziehung in Projektteams bis hin zur schlichten Information mittels einer Broschüre.

Bei der Ermittlung der Stakeholder und ihrer Ansprüche ergibt sich ein Dilemma: Die Stakeholderanalyse sollten früh, aber nicht zu früh; breit, aber nicht zu breit; ausführlich, aber nicht zu ausführlich gestaltet werden. Dieses Dilemma kann durch ein stufenweises Vorgehen abgefedert werden. Kraemer schildert ein Top-Down-Vorgehen, das bei der Geschäftsführung beginnt und bei der Zielgruppe endet. So wird die Basis des Stakeholder-Managements kontinuierlich verbreitert. Bezüglich des Zeitpunktes sollte in einem Plan fixiert werden, wann welche Stakeholder ins Spiel kommen. Bezüglich des Breiten- und Tiefenproblems empfiehlt sich ein spiralförmiges Vorgehen, d.h. eine Kombination mit eher groben Analysen am Anfang und späteren analytischen Tiefenbohrungen.

3. Management von E-Learning-Wissen: Die Evolution von Corporate E-Learning gestalten

Neben dem Stakeholdermanagement gehört das Management von E-Learning-Wissen zu einem weiteren Stolperstein des Corporate E-Learnings. Wissen zum adäquaten Umgang mit E-Learning im Unternehmen kann nämlich nicht einfach von außen – etwa durch die Verpflichtung von Consultants – „eingekauft" werden, sondern ist das Ergebnis eines mühevollen Lernprozesses im Unternehmen. Ein solcher Lernprozess kann kaum top-down auf dem Reißbrett geplant und dann nach Plan umgesetzt werden. Ein einfaches Engineering fällt daher aus, wie auch Reinmann in ihrem Beitrag darstellt. Auf der anderen Seite kann nicht einfach auf eine Fülle von unverbundenen, einzelnen innovativen Aktivitäten vertraut werden, d.h. auch ein einfaches „Sich-selbst-Überlassen" scheidet aus. Dieser Lernprozess findet in einem Spannungsverhältnis zwischen Engineering und Laissez-faire statt. Vor diesem Hintergrund weisen Untersuchungen zum organisationalen Kompetenzmanagement auf die Rolle strategischer Projekte hin (Probst u.a. 2000, S. 74ff.). Dabei geht es darum, sowohl innerhalb der Projekte („Intra-Projekt-Perspektive") als auch zwischen den Projekten („Interprojekt-Perpespektive") exzellent zu sein.

An diese Vorstellung knüpft die Gestaltung von E-Learning-Evolutionspfaden an. Dabei gehe ich davon aus, dass Projekte zu einem Zeitpunkt „in die Landschaft" eines Unternehmens passen oder nicht. Das Projekt und sein Milieu stehen in einem Austauschprozess, beide ändern sich, auch bedingt durch den Austausch. Passen Projekt und Milieu zusammen, überlebt es, verändert sich und sein Milieu und geht in eine neue Mutation über. Blickt man zurück auf gestorbene und erfolgreiche Projekte, erscheint das Ganze im nachhinein bunt und oft sogar chaotisch. Die Interaktion zwischen Projekt und Milieu lässt sich meist nicht mehr exakt beschreiben. Auch im Vorfeld lässt sich das Zusammenspiel von Projekt und Milieu meist kaum am grünen Tisch planen. Es ist daher ratsam, dieses „Driften" zu unterstützen und einen „Pfad" zu gestalten. Dabei erscheinen folgende Prinzipien hilfreich.

- Mehr als ein Projekt anlegen (Mehr-Kandidaten-Prinzip): Nicht alle Hoffnungen werden auf den Erfolg eines einzelnen, zentralen Projektes gesetzt. Stattdessen werden mehrere Kandidaten ins Rennen geschickt.

- Projekte unterschiedlich anlegen (Diversity-Prinzip): Unterschiedliche Projekte-Milieu-Netzwerke können erfolgreich sein. Daher sollte zwischen den Kandidaten Unterschiedlichkeit produziert werden. Piloten werden beispielsweise mit Blick auf verschiedene Zielgruppen oder unterschiedliche Schwerpunkte in den pädagogisch-didaktischen Szenarien angelegt.

Für diesen Prozess ist ein Management des Wissens zwischen den Projekten und den Milieus von zentraler Bedeutung. Zur Vermeidung von Missverständnissen müssen zwei Punkte vor die Klammer gezogen werden. Selbstverständlich kann man Wissensmanagement ohne technische Unterstützung betreiben. Man kann einen Brief auch ohne Textverarbeitungsprogramm schreiben. Und es gibt sicher Briefe, wie zum Beispiel der Liebesbrief, wo der Einsatz von Technik eher unangebracht ist. Andererseits: Ein Unternehmen, das alle Briefe per Hand schreibt, ist aber wohl heute kaum noch denkbar. Wissensmanagement kann, muss aber nicht technisch unterstützt werden.

Wissen lässt sich nicht wie andere Rohstoffe behandeln, obwohl das die Traumvorstellung vieler zu sein scheint. Wissen lässt sich nicht einfach lagern und zum richtigen Zeitpunkt in der richtigen Menge am richtigen Ort „liefern". Im Sinne eines naiven Managementmodells lässt sich Wissen mithin überhaupt nicht managen.

Was aber ist dann überhaupt noch das „Objekt" des Wissensmanagements? Auch wenn dies trivial erscheint: Buchstaben in Projektberichten sind kein Wissen. Erst durch die Auseinandersetzung mit Medien oder in der direkten Interaktion von Menschen kann Wissen entstehen. Wissen ist, wie in der Veranstaltung, die diesem Buch zugrunde liegt, gesagt wurde, keine Billardkugel, die hin und her geschoben werden kann. In diesem Sinne ist der Objektbegriff problematisch, weswegen er hier in Anführungszeichen steht. „Objekt" kann auch als Thema der Auseinandersetzung mit Medien oder anderen Menschen verstanden werden. Wissensmanagement meint für mich das Schaffen günstiger Bedingungen für die Möglichkeit der Erfassung, des Zuwachs und des Gebrauchs von Wissen.

Das „Objekt" kann unterschiedlich klassifiziert werden. Aus Sicht von Reinmann kommt es darauf an, theoretisches Wissen, Praxiswissen und Intuition (aus Erfahrung) miteinander zu verbinden. Schütt weist darauf hin, dass Lessons Learned und Best Practice zentral sind. Im

Beitrag von Meier-Beer wird deutlich, wie umfassend das „Objekt" zu denken ist. Radikalisiert man diese Vorstellung, zeigt das eingangs erwähnte 3x4-Baustein-Modell gleichzeitig, welches Wissen im E-Learning notwendig ist. Die Antworten auf die Fragen im 3x4-Baustein-Modell stellen dann das Wissen dar, das notwendig ist. Und zwar in zweierlei Hinsicht: Die Antworten selbst und auch das Verfahren, die Antworten zu finden.

Wie kann dieses Wissen einem Management zugeführt werden? Reinmann weist in ihrem Beitrag darauf hin, dass bewährte Instrumente aus dem Wissensmanagement eingesetzt werden könnten, deren Reichweite zu reflektieren ist. Die Theorie und Praxis zum Wissensmanagement kennt inzwischen eine ganze Reihe von „klassischen" Instrumenten.

Wissensziele	<ul><li>Wissensleitbild</li><li>Kompetenzportfolio</li><li>wissensorientierte Wertkettenanalyse</li><li>Management by Knowledge Objectives</li></ul>
Wissensidentifikation	<ul><li>Wissenslandkarten</li><li>Expertenverzeichnisse</li><li>Projektdatenbanken</li><li>Intranet</li><li>Vernetzung von Experten</li><li>Patentportfolios</li><li>Einsatz von Technologie-Scouts</li><li>Kundenerfahrung</li><li>Assessments für Lernen und Wissen</li></ul>
Wissensentwicklung	<ul><li>Ideenwettbewerb</li><li>Externalisierungstechniken</li><li>Kreativitätstechniken</li><li>Think Tanks</li><li>Erfahrungsgruppen, Diskussionsforen</li><li>Lernarenen</li><li>kollektive Problemlösetechniken</li><li>Szenarien</li><li>Wissenslabor</li><li>Benchmarking</li><li>Simulationen</li></ul>
Wissenserwerb	<ul><li>Wissens- und Produkteallianzen</li><li>Diversity-Recruting</li><li>Headhunting</li><li>Reverse Engineering</li><li>gezielte Beratereinbindung</li><li>Management von Stakeholderwissen</li><li>Akquisition</li><li>Einbindung Schlüsselkunden und -lieferanten</li></ul>
Wissensbewahrung	<ul><li>elektronische Archive</li><li>Expertensysteme</li><li>Schaffung von Austrittsbarrieren</li><li>kollektives Gedächtnis, Wissensstrukturen</li></ul>

	▪ Aktualisierungstechniken ▪ Datenbanken ▪ Mind Map ▪ Wissenskarten ▪ Lerngeschichten ▪ Visualisierung (zum Beispiel Netzwerke)
Wissensverteilung	▪ Pratices ▪ Rapid Response Network ▪ Erfa-Gruppen ▪ Personendatenbanken ▪ Projektdatenbanken ▪ Dokumentenmanagement ▪ Groupware ▪ offene Kaffeebar ▪ Knowledge Board
Wissenscontrolling	▪ Wissensindikatoren ▪ Business Navigator ▪ Dissens Controlling ▪ Kommunikationsinstrumente ▪ Feedback-Systeme

Tabelle 2: Klassische Instrumente des Wissensmanagements
nach Gomez und Probst (1997)

Reinmann hebt in ihrem Beitrag die Bedeutung des Dialoges hervor. Nach Reinmann ist eine neue Erzählkultur wichtig, in der Menschen wieder zuhören und echtes Interesse an den Erfahrungen des anderen haben. Schütt betont, dass es notwendig ist, das Wissen in Wissensnetzwerke einzuspeisen. Bedeutsam für das Interprojektlernen ist weiterhin die reziproke Beteiligung, bei der Projektmitglieder teilweise in anderen Projekten arbeiten.

Grundlegend für das Wissensmanagement sind Communities of Practice. Der Grundgedanke einer Community of Practice kann am Beispiel der Xerox-Service-Mitarbeiter erläutert werden (Brown/Duguid 1991; Brown/Gray 1995). In den achtziger Jahren wollte man bei Xerox die Produktivität der Service-Mitarbeiter erhöhen. Bevor man jedoch eine umfangreiche Schulung auflegte, studierte ein Anthropologe die Arbeit der Service-Mitarbeiter (copier repair technicians – „Tech Reps") durch teilnehmende Beobachtungen. Es ging nicht darum, wie die Service-Mitarbeiter ihre Arbeit beschrieben oder wie das Management meinte, dass die Arbeit gemacht werde oder werden sollte, sondern wie sich die Arbeit der Tech Reps in den Augen eines Anthropologen darstellte. Dabei stellte sich heraus, dass die Tech Reps ihr Wissen kaum aus den Schulungen oder den Wartungshandbüchern bezogen, wie es das Management meinte. Die tatsächliche Praxis stimmte nicht überein mit der offiziellen Praxis, wie sie in Handbüchern, technischen Dokumenten, Arbeitsbeschreibungen niedergelegt war und durch Trainingsmaßnahmen „transportiert" werden sollte. Die Tech Reps stuften daher die Trainingsmaßnahmen entsprechend als unnütz ein, weswegen sie vom Management als untrainierbar, unkooperativ und unqualifiziert eingeschätzt wurden. Die Praxis der Tech Reps wurde hingegen in informellen Gesprächen („hang around the coffee pot"), eingebettet in Geschichten („story telling"), in einem sozialen Prozess konstruiert. „They developed a rep's model of the machine, not a trainer's, which had already proved unsatisfactory, nor even an engineer's" (Brown/Duguid 1991).

Kennzeichen derartiger Communities of Practice ist ein gemeinsamer Job, eine gemeinsame Aufgabe oder die Arbeit an einem gemeinsamen Projekt. Communities of Practice sind, so Smith und McKeen (2003), eine „group of people with a common interest who work together informally in a responsible, independent fashion to promote learning, solve problems, or develop new ideas" (S. 394). Mitglieder der Communities sind Kollegen, die das wissen müssen, was die anderen wissen. Communities of Practice haben Gemeinsamkeiten, aber auch grundlegende Unterschiede zu Teams. Communities of Practice bilden in der Arbeitswelt gegenüber Projektteams oder funktionalen Organisationseinheiten eine eigenständige Schicht.

	Communities of Practice	Teams
Ziele	Wissen teilen und Lernen fördern in bestimmten Bereichen.	Projekte erfüllen.
Mitgliedschaft	Selbstwahl, einschließlich Teilzeit-Mitglieder und „Randfiguren".	Auswahl auf der Basis der Fähigkeit, einen Beitrag zur Erfüllung der Teamziele zu leisten; idealerweise Vollzeit.
Organisation	Informal, selbstorganisierend; Führung abhängig von Themen.	Hierarchisch durch den Projektleiter.
Auflösung	Entwicklung, Auflösung bei fehlendem Interesse.	Erreichen der Projektziele.
Wertannahme	Austausch von Wissen und Information.	Produzierte Produkte.
Management	Verbindungen zwischen Mitgliedern herstellen; gewährleisten, dass die Themen aktuell und wertvoll sind.	Koordination vieler unabhängiger Aktivitäten.

Tabelle 3: Unterscheidung von Communities of Practice und Teams
nach Smith und McKeen (2003)

Für Communities of Practice ergibt sich, so Reinmann, das Wildblumen-Kulturpflanzen-Dilemma: Erfolgreiche Communities sind als ‚Wildblumen' entstanden. Sie zeichnen sich durch Freiwilligkeit, Selbstorganisation und eine Orientierung an den Interessen der Gruppe aus. Andererseits will man aus Unternehmenssicht solche Gemeinschaften kultivieren.

Einen umfassenden Ansatz zum Management von E-Learning-Wissen stellt Meier-Beer für
UBS dar. Dort werden interne Maßnahmen, wie z.B. die Einrichtung eines Compentence
Centers E-Learning, mit externen Maßnahmen, wie z.B. dem E-Learning-Erfahrungs-
austausch mit anderen Unternehmen, kombiniert. Einige Ansätze setzen dabei auf ein doku-
mentieren-orientiertes Vorgehen, andere, wie z.B. Project-Rotation, auf ein personenorien-
tiertes Vorgehen.

Abbildung 7: Instrumente zum Management von E-Learning-Wissen bei einer Bank

Der Einsatz solcher Instrumente verspricht einen deutlichen Beitrag zur Meisterung der Gestaltung von Evolution zu leisten. Andererseits darf nicht verkannt werden, dass auch unter-
nehmenskulturelle Bedingungen vorausgesetzt werden, die nicht selbstverständlich gegeben
sind.

4. Evaluation von Corporate E-Learning: Die Erfolge entwickeln, kontrollieren und kommunizieren

Ein dritter Stolperstein des Corporate E-Learnings ist die Evaluation. Evaluation findet in der Praxis der betrieblichen Aus- und Weiterbildung tagtäglich auf verschiedenen Ebenen, mit unterschiedlichen Schwerpunkten, mit mannigfachen Ansprüchen, in verschiedenen Formen und unterschiedlichsten Methoden statt. Dies erklärt auch, warum es, wie Baumgartner in seinem Beitrag schildert, so schwierig ist, sich dem Evaluationsbegriff wissenschaftlich zu nähern. Evaluation ist ein vielschichtiges und multiperspektivisches Konzept (Ehlers/Pawlowski/Görtz 2003; Tergan/Schenkel 2004).

Eine Evaluation hat in Anlehnung an Dubs (2003, S. 12f.) verschiedene *Funktionen*. Die Evaluation dient der Steuerung der Entwicklungsprozesse (Steuerungsfunktion), der Kontrolle durch die Unternehmensleitung (Kontrollfunktion), der Legitimation der verwendeten Ressourcen (Legitimationsfunktion) sowie der Kommunikation nach innen oder auch nach aussen (PR-Funktion). Evaluation kann als die Durchführung eines Qualitätsmanagements verstanden werden. Das Qualitätsmanagement umfasst alle systematisch eingesetzten Verfahren, mit denen die Qualität verbessert bzw. gesichert werden soll. Das Qualitätsmanagement-Konzept bzw. -system beschreibt die Organisation und die einzusetzenden Verfahren für das Qualitätsmanagement.

Evaluation findet mal mehr, mal weniger abgekoppelt vom Tagesgeschäft statt. Als Teil des Tagesgeschäfts bedeutet Evaluation beispielsweise den Einsatz von Evaluationsinstrumenten nach der Durchführung eines Blended Learnings. Eine solche Evaluation zielt auf eine kontinuierliche Verbesserung. Von solchen Evaluationen sind evaluative Großveranstaltungen zu unterscheiden. Hierzu zählen Audits oder Evaluationen zur Zertifizierung. Evaluation zielt hier vor allem auf die Klärung der Frage, ob die strategische Marschrichtung stimmt. In der Praxis sind viele Evaluationsvorhaben, z.B. bei der Einführung eines neuen Learning Management Systems, zwischen diesen beiden Extremen einzuordnen.

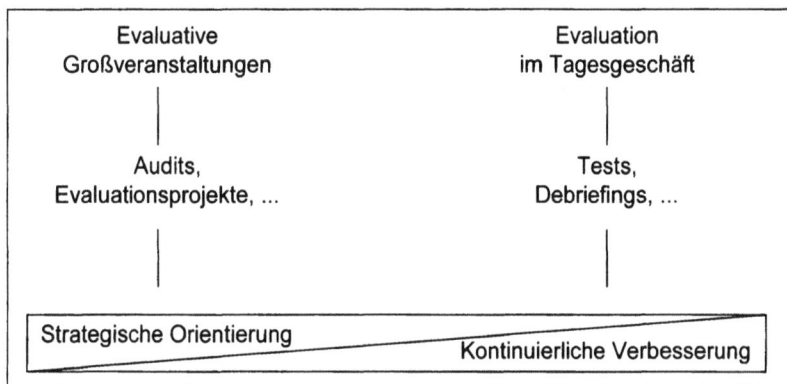

Abbildung 8: Evaluation hat einen unterschiedlichen Bezug zum Tagesgeschäft

Vom Alltag abgehoben ist regelmäßig die Evaluation, die Wissenschaftler vornehmen. Eine Evaluation, die wissenschaftlichen Kriterien genügen muss, bezeichnet man als Evaluations*forschung* (Bortz/Döring 1995, S. 95ff.). In der Wissenschaft gelten andere Spielregeln als in der betrieblichen Aus- und Weiterbildung. Verantwortliche in der betrieblichen Bildung unterliegen Handlungszwängen, die ein umfassendes Evaluationsdesign, das ein Wissenschaftler vornehmen würde, in der Regel verbietet. Das von mir im Handbuch E-Learning vorgeschlagene 3x4-Baustein-Modell versucht den Spagat zwischen dem theoretisch Wünschenswerten und dem praktisch Realisierbaren. Obwohl genau dieser Spagat immer wieder von der Situation abhängt, legt das Modell eine pragmatische Konzentration auf vier Punkte – Partner, Instrumente, Konsens, Lessons Learned – nahe. Diese Prioritätensetzung ist, wie Baumgartner zu recht in seinem Beitrag anmerkt, alles andere als unproblematisch.

Baumgartner stellt in diesem Buch eine Reihe von Evaluationsansätzen dar. Die „Entscheidung" für einen dieser Ansätze hat weitreichende Konsequenzen, wer eingebunden wird, mit welchen Instrumenten verfahren wird und was evaluiert wird. Steht etwa der Managementaspekt im Vordergrund, liegt es nahe, entsprechend dem CIPP-Modell eine Kontext-, Input-, Prozess- und Produktevaluation durchzuführen.

Evaluation findet auf verschiedenen *Ebenen* statt. Ich werde hier fünf Ebenen unterschieden (siehe ähnlich Euler/Seufert/Wirth 2004): Die Ebene der Institution, der Programme, der Lernumgebungen, der Elemente der Lernumgebung sowie deren Elemente.

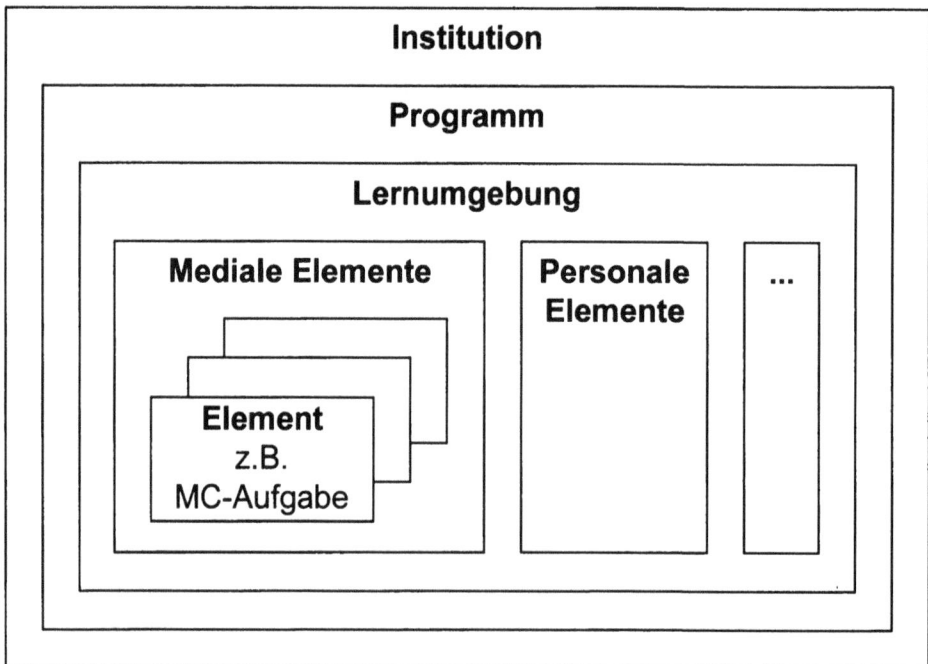

Abbildung 9: Zwiebelschalenmodell der Ebenen der Evaluation von E-Learning

Ganze *Institutionen* können evaluiert bzw. zertifiziert werden. Auch Teile von Institutionen, z.B. Abteilungen, können einem solchen Prozess unterzogen werden. Im Corporate E-Learning ist die Evaluation ganzer Unternehmen oder Abteilungen praktisch nur dann relevant, wenn Trainingsleistungen, Lernplattformen, Medien etc. zugekauft werden. Hier stellt sich die Frage, ob ein Partnerunternehmen nach einem (nicht auf E-Learning speziali-sierten) System evaluiert bzw. zertifiziert ist. Hier kommen vor allem die ISO-Normenreihe oder das Modell der European Foundation for Quality Management (EFQM) in Frage. Auf E-Learning bzw. Training spezialisierte Normenwerke für Institutionen sind erst langsam im Entstehen begriffen, wie zwei Beispiele aus Grossbritannien zeigen.

- So bietet das Institut für IT-Training an der Universität Warwick eine vergleichsweise breite Palette von Akkreditierungsprogrammen an, und zwar für externe IT-Trainings-firmen, externe E-Learning-Anbieter, unternehmensinterne Trainingsabteilungen, tech-nische Supportcentren und Open Learning Centres.

- Das Gütezeichen der BAOL (British Association for Open Learning) beruht auf dem EFQM-Modell. Die neun Kriterien des offenen EFQM-Rahmenmodells (Führung, Mit-arbeiter, Politik und Strategie, Partnerschaften und Ressourcen, Prozesse, mitarbeiterbe-zogene Ergebnisse, kundenbezogene Ergebnisse, gesellschaftsbezogene Ergebnisse und Schlüsselergebnisse) werden auf vier Bereiche präzisiert, die typisch für E-Learning sind. Diese vier Bereiche sind Lernzentren (Learning Centres), die Beratung (Advice & Guidance), der Lernersupport sowie die Entwicklung von Materialien. Für jeden dieser Bereiche werden die Kriterien des EFQM-Modells für E-Learning spezifiziert.

In die Evaluation von *Programmen* ist im europäischen Raum in den letzten Jahren viel Bewegung gekommen. Programme sind z.B. Studiengänge an öffentlichen Hochschulen oder Corporate Universities. Dazu gehören aber auch umfassendere Personalentwicklungsmodelle im Corporate E-Learning. Studiengänge werden zunehmend auch in Europa akkredietiert. Umfassende Modelle bzw. Normen für E-Learning-Programme existieren noch nicht. Eine neue Entwicklung stellt der Entwurf der ELIP-Zertifizierung dar (Euler/Seufert/Wirth 2004). Einzelne Maßnahmen in der Vergangenheit, wie z.B. die Bewertung von Kursen durch die Stiftung Warentest, haben hier kaum einen nachhaltigen Effekt.

Anregungen kommen hier vor allem aus zwei Richtungen. Einerseits wird bei der Evaluation und der Akkreditierung von „normalen" Programmen *auch* E-Learning berücksichtigt. Bei-spielsweise übernimmt die Foundation for International Business Administration Accredita-tion (FIBAA) in Deutschland, Österreich und der Schweiz die Akkreditierung wirtschafts-wissenschaftlicher Bachelor- und Master-Studiengänge. Die Qualitätsstandards berücksichti-gen dabei auch einen Zusatz für Fernstudiengänge bzw. Fernstudiengangelemente. Dabei ist beispielsweise das personelle Konzept (Zusammenspiel von „reisenden Dozenten" und „lo-kalen Tutoren", Einführung der Studierenden etc.) angesprochen. Auch die Association of MBAs hat zusätzliche Kriterien für die Akkreditierung von für MBAs mit „Open und Distance Education" vorgesehen.

Andererseits kommen Orientierungsgrößen für Programme aus dem Bereich des (medienge-stützten) Fernunterrichts. So übernimmt der DETC (Distance Education and Training Coun-cil) eine Akkreditierung in diesem Bereich. Auch das europäische Pendant, die EADL

(European Association for Distance Learning), hat einen Qualitätsleitfaden sowie Minimal-standards für EADL-Mitglieder entwickelt. Hingegen richtet sich die Qualitätsüberprüfung nach dem deutschen Fernunterrichtsschutzgesetz fast ausschließlich nach formalen Merkma-len und ist kaum qualitätswirksam (Ross 2002).

Lernumgebungen sind das didaktische Herzstück des E-Learnings. Sie kombinieren auf viel-fältige Weise alte und neue Medien sowie personale Elemente zu einer Umgebung, die zum Lernen anregen soll. In der täglichen Evaluationspraxis stellt die Evaluation von Lernumge-bungen sicherlich eine schwierige Aufgabe dar. Andererseits bleibt hier der Eindruck, am ehesten Einflüsse auf die Qualität des Lernens bzw. des Lernangebots zu haben. Die anre-gende, bunte Vielfalt von Lernumgebungen mag erklären helfen, warum Hilfestellungen, wie sie in Form von Regelwerken für Institutionen und Programme oder auch Medien sichtbar werden, auf dieser Ebene kaum existieren.

Für einzelne *Elemente von Lernumgebungen*, insbesondere für Medien, gibt es umfangreiche Evaluationssysteme. Zu nennen ist beispielsweise die Zertifizierung von asynchronen web-basierten Medien durch die E-Learning Courseware Certification (ECC) der ASTD (Ameri-can Society for Training & Development). In Deutschland gibt es diesbezüglich eine längere Tradition, in der beispielsweise der Kriterienkatalog des Arbeitskreises Automobilindustrie Bildung (AKAB) steht (Bromberger 2002).

Für Elemente von Medien, wie zum Beispiel Multiple-Choice-Fragen, gibt es in der Wissen-schaft in der Regel Konstruktionskriterien, die einer Bewertung zugrunde liegen.

Bei der Evaluation kann auf eine Fülle von **Instrumenten** zurückgreifen werden, die von Begutachtungsverfahren über Selbsteinschätzungen bis hin zur Erhebung des Erfolges am Arbeitsplatz reichen. In vielen Fällen begrenzt sich die Evaluation auf die Erhebung der Akzeptanz durch die Lerner. Dies ist in zweifacher Hinsicht trügerisch: Eine hohe Akzeptanz ist kein verlässlicher Indikator für den Erfolg. Gerade bei Veränderungsprojekten führt die Abkehr von den oft geliebten Gewohnheiten zu schlechten Akzeptanzergebnissen. Ein hohes Akzeptanzergebnis kann heißen, dass man sich einfach den Bedingungen angepasst hat, aber eben keine Veränderung, z.B. der Lerngewohnheiten, erreichen konnte. Ebenso ist eine schlechte Akzeptanz kein verlässlicher Indikator für Misserfolg, sondern kann sogar ein Indikator für Erfolg sein.

In der Praxis haben sich eine Fülle von Evaluationsinstrumenten entwickelt (Ehlers/Paw-lowski/Görtz 2003). Bei den Evaluationsinstrumenten verhält es sich wie bei den Lernme-thoden. In diesem Bereich sind dem menschlichen Erfindungsreichtum allenfalls Zeit- und Kostengrenzen gesetzt. Daher sind die folgenden Ausführung nur als Anregungen zu verste-hen, als Steinbruch für die eigene Evaluationsarbeit. Dabei lege ich einen Schwerpunkt auf Verfahren, die auf den mittleren Ebenen, d.h. Programme – Lernumgebungen – Elemente von Lernumgebungen, eingesetzt werden können. Diesen Ebenen ist gemein, dass sie einen überschaubaren Zeitraum umschließen. Außerdem braucht der Transfer, beispielsweise nach einem Blended Learning, seine Zeit und passiert nicht von selbst. Vor diesem Hintergrund werden die vier Bereiche Input, Throughput, Output und Outcome unterschieden (siehe ähn-lich Wottawa/Thierau 1998, S. 27ff.; Dubs 2003, S. 15ff.). Input hebt dabei auf die Voraus-setzungen, z.B. die Lernvoraussetzungen, ab. Throughput meint den eigentlichen Lehr-

Lernprozess. Dieser Prozess führt zu bestimmten Ergebnissen (output). Von diesen Ergebnissen sind jedoch die tatsächlichen Veränderungen am Arbeitsplatz (outcome) zu unterscheiden.

Input	Throughput	Output	Outcome
• Kompetenz-einschätzungen • Tests • Concept Mapping • Dynamische Fragelisten • Beobachtungen • Dokumenten-analysen	• Journals, Log-bücher, Tage-bücher • Kurzbefragungen • Technische Logfiles • Beobachtungen • Lautes Denken • Diskussionsforen und Depots für Verbesserungs-vorschläge	• Lernzielorientierte Tests • Messung von Ein-stellungs-änderungen • Concept Mapping • Situative Tests / Interventionshilfen • Webexperimente • Computerunter-stützte Arbeits-proben • Debriefings („Post mortem-Analysen")	• „Transferbe-fragungen" • Gruppenorien-tierte Befragun-gen (z.B. Fokus-gruppen) • 360-Grad-Evaluation • Kunden-evaluationen • Kosten-Nutzen-Analysen

Abbildung 10: Evaluationsinstrumente im Corporate E-Learning

Am Input orientierte Evaluationsverfahren versuchen festzustellen, ob die beim Design unterstellten Voraussetzungen tatsächlich gegeben sind. Ein zentraler Bereich dieser Voraussetzung sind die Voraussetzungen auf Seiten der Lernenden. Bei *Kompetenzeinschätzungen* werden im Vorfeld der Erhebung die Kompetenzen bestimmt, die vorausgesetzt werden oder erworben werden sollen. Dabei kann auch eine Orientierung an den Lernzielen stattfinden. Die Lernenden sollen im nächsten Schritt sich selbst in diesem Bereich einschätzen. Dies kann auch elektronisch erfolgen, z.B. mit Hilfe eines Webformulars. *Tests* stellen regelmäßig ein aufwändigeres Verfahren der Überprüfung der Eingangsvoraussetzungen dar. *Concept Mapping* zielt darauf, Strukturwissen zu erheben. Es handelt sich um ein Bündel von Verfahren (Jonassen/Beissner/Yacci 1993), denen gemein ist, dass das (Struktur-)Wissen in Form von Netzwerken grafisch dargestellt wird. Diese Verfahren werden inzwischen durch entsprechende Software auch technisch unterstützt. Bei *dynamischen Fragelisten* (George/ Cowan 1999) beantwortet der Lernende die Frage „Auf welche Fragen möchte ich durch die Maßnahme eine Antwort bekommen?". Dies wird festgehalten und dem Trainer bekannt gegeben. Während des Verlaufs der Maßnahme, z.B. nach einem Drittel eines Seminars, nehmen die Lernenden die Liste erneut zur Hand. Sie streichen jetzt alle Fragen, auf die sie eine Antwort erhalten haben, so dass sie unmittelbar ihren Lernfortschritt visualisieren. Es werden dann weitere Fragen ergänzt, die aus Sicht der Lernenden zur Beantwortung anstehen. Die Liste wird erneut dem Trainer bekannt gegeben. Das Verfahren wird mehrfach wiederholt. *Beobachtungen*, beispielsweise am Arbeitsplatz des Lerners, sind eine aussagekräftige, aber auch aufwändige Methode, die Lernvoraussetzungen und die Lernbedarfe zu erheben. *Dokumentenanalysen*, z.B. die Analyse von Arbeitssystemen, lassen sich breit im Vorfeld einsetzen. Werden die Daten aus der inputorientierten Erhebung rechtzeitig ausgewertet, bieten sie Möglichkeiten der Ergänzung der Voraussetzungen, zum Beispiel durch die Schließung von Wissenslücken über WBTs sowie zur Aktivierung der Eingangsvoraussetzungen zu Beginn der Maßnahme (Fortmüller 2002, S. 10ff.).

Am Throughput orientierte Evaluationsinstrumente erfassen den Verlauf der Maßnahme. Grundsätzlich ist es denkbar, den Throughput als Folge von Input-Output-Kombinationen zu verstehen. D.h., in einem Seminar würden nach dem ersten Tag typische outputorientierte Instrumente, wie z.B. Tests, eingesetzt. Ich konzentriere mich hier auf spezifische Instrumente für die Erfassung des Throughputs. *Journale, Tagebücher und Logbücher* (George/ Cowan 1999) dienen der Selbstaufschreibung von Lernenden, aber auch von Trainern, und können in klassischer Papierform oder eben technisch unterstützt erfolgen. Logbücher erfassen detailliert, was geschehen ist. Ein Tagebuch begrenzt sich auf die wichtigen Dinge und hat mehr reflektierende Elemente. Ein Journal hat kaum noch eine „Recorder-Funktion", sondern dient der analytischen Auseinandersetzung. In allen drei Fällen sollten die Lerner in die Handhabung eingeführt und unterstützt werden, z.B. durch die Formulierung von Leitfragen.

Für weitere Befragungen, wie z.B. Interviews oder Fokusgruppen, in einem größeren Stil ist im Rahmen einer Maßnahme in der Regel kein Raum. Ein kleines Erhebungsverfahren sind *Kurzbefragungen*. Dabei wird in einer synchronen Phase mehrfach hintereinander ohne Vorwarnung eine Kurzfrage, z.B. zum Lernprozess, gestellt, die anonym beantwortet wird. Bei gezieltem Einsatz können so nicht nur Informationen gesammelt werden, sondern auch die Lernstrategie, z.B. die Fähigkeit zum Monitoring des eigenen Lernens, gefördert werden. E-Learning erlaubt die Erhebung einer Reihe von *technischen Logfiles*. In der Praxis fallen solche Protokolldateien (Logfiles, Logs) an vielen Orten an, z.B. beim Webserver, bei der Lernplattform oder beim Browser. In erhebungstechnischer Hinsicht handelt es sich um eine Beobachtung bzw. um ein nicht-reaktives Verfahren. Die beobachtete Person „reagiert" nicht auf das Verfahren, d.h. sie verhält sich „wie immer". Die entstehenden Datenmengen sind dabei erheblich, so dass sich ein Reduktionsproblem ergibt. Technisch wird dies durch Logfile-Analyzer unterstützt.

Beobachtungen können offen oder verdeckt, teilnehmend oder nicht-teilnehmend gestaltet werden. Beobachtung ist vor allem dort ein interessantes Verfahren, wo Teamteaching eingesetzt wird. Pädagogische Profis können dabei nach Kriterien beurteilen, die Laien in der Regel nicht beherrschen. Beobachtungen können durch Videomitschnitt unterstützt werden. Die Executive-Beobachtung ist im Regelfall so aufwendig, dass sie nur in Kombination mit einem anderweitigen Einsatz eines Executives in einer Maßnahme eingesetzt wird. So kann bei einem Executive-Einsatz in einer Maßnahme eine Kurzbeobachtung mit Kurzphasen zur Vermittlung von fachspezifischem Wissen und dem – damit auch gezeigten – Commitment des Managements zu dieser Maßnahme kombiniert werden. Die Methode *„Lautes Denken"* wird vor allem in der Evaluation der Nutzerfreundlichkeit (Usability) von Prototypen in der Softwareentwicklung verwendet. Der Nutzer eines Systems verbalisiert sein Vorgehen, seine Probleme und die eingeschlagenen Lösungsversuche. Dies wird meist per Video mitgeschnitten. In erweiterten Formen werden mehrere Nutzer bei einer Kooperation beobachtet. Die Einrichtung und Betreuung eines *Diskussionsforums und Depots für Verbesserungsvorschläge*, z.B. eines Diskussionszweiges in einer Diskussionsdatenbank oder ein E-Mail-Formular, ist ein einfaches Verfahren, das verhindert, dass Verbesserungsvorschläge, die im Verlauf entstehen und sonst im Nachhinein erarbeitet werden müssten, nicht verloren gehen.

Bei der am Output orientierten Evaluation steht die Frage im Raum, ob die Lernziele auch tatsächlich erreicht wurden. Dabei zählt nicht die eigentliche Umsetzung im betrieblichen Alltag, sondern das, was die Teilnehmenden mit an den Arbeitsplatz zurücknehmen. Entsprechend setzen am Output orientierte Instrumente zeitlich direkt nach der Maßnahme an („post mortem"). Zur Ermittlung des Outputs des Blended Learnings bieten sich eine Reihe von Verfahren an (siehe auch Kirbach/Wottawa 2002):

- *Lernzielorientierte Tests* zielen auf die kognitiven Aspekte des Lernergebnisses. Informationstechnologien unterstützen hier beispielsweise den flexibel-automatisierten Rückgriff auf Itemdatenbanken und die unmittelbare Ergebnispräsentation. Der Vergleich mit Tests vor der Durchführung der Maßnahme erlaubt eine Evaluation nach dem Pretest-Posttest-Design. Wie Hohenstein in seinem Beitrag vermerkt, werden die Instrumente in der Praxis selten den Ansprüchen an Validität und Reliabilität gerecht.

- *Concept-Mapping* dient der Erfassung des strukturellen Wissens. Auch hier ist ein Pretest-Posttest-Design durch den Vergleich der Netzwerke möglich.

- Der „gedachte" Transfer lässt sich durch *situative Verfahren* zur Überprüfung der Transferleistung bzw. durch die Bereitstellung von Interventionshilfen ermitteln. Beispielsweise können nach einem E-Learning-Angebot zu den neuen Unternehmensleitlinien unternehmensspezifische Situationen mit alltäglichen Problemen präsentiert werden und der Lerner zur Bewertung plausibler, aber nicht immer zu den Unternehmensleitlinien passenden Alternativen aufgefordert werden. Informationstechnologie bietet hier beispielsweise die Möglichkeit einer lebensnaheren multimedialen Präsentation. Außerdem ergibt sich so die Möglichkeit, dass Personen abhängig von ihren Antworten weitere spezifische Situationen erhalten (Adaptivität).

- Bei *Webexperimenten* (Reips 1999; Reips 2002) wird Experimentalmaterial, das bei einem Laborexperiment auf dem Laborcomputer angezeigt wird, über das Internet zugänglich gemacht. Der Input der Versuchsperson und eine Logdatei, die z.B. die Antwortzeiten festhält, wird anschließend der Analyse unterzogen.

- Affektive Lernziele können durch *Einstellungsmessungen* erfasst werden. In der Praxis werden dazu oft „Persönlichkeits-Fragebögen" eingesetzt.

- Zur Überprüfung instrumenteller Lernziele können *computerunterstützte Arbeitsproben* dienen. Beispielsweise können in einem Call-Center computerunterstützte Arbeitsproben vorgegeben werden, um das Tempo und die Fehlerfreiheit zu prüfen. Weiterhin können allgemeinere Kompetenzen, wie z.B. Strategien bei der Beschaffung von Informationen, durch die Vorgabe entsprechender Aufgaben beurteilt oder soziale Situationen eingeschätzt werden.

- Gruppenorientierte Auswertungsverfahren nach einer Maßnahme (Debriefing) erweisen sich als zugkräftiges Instrument, wenn sie gut strukturiert, dokumentiert und, beispielsweise durch die Priorisierung von Veränderungsideen, ausgewertet werden. Solche Evaluationen können auch technisch unterstützt werden, z.B. als synchrone Meetings (virtual classroom, chat) oder als Diskussionsforen. Gruppenorientierte Erhebungsverfahren können zu Delphi-Techniken ausgearbeitet werden, indem mehrere Erhebungs- und Auswertungsphasen hintereinander gestafelt werden.

Die Outcome-Evaluation fragt, ob es wirklich zu Änderungen im betrieblichen Alltag gekommen ist. Auch für die formative Evaluation des Outcomes stehen eine Reihe von Verfahren zur Verfügung (Kirbach/Wottawa 2002):

- Die häufigste Form der Transferkontrolle ist die Befragung der Teilnehmenden einige Zeit nach einem Training. Diese Befragungen haben jedoch eine Reihe von Nachteilen, wie z.B. die Möglichkeit des Abweichens von Fremd- und Selbstbild oder die Abhängigkeit der Veränderungsintensität von der Befindlichkeit. Derartige Befragungen können standardisiert oder nicht-standardisiert (Leitfaden, narrativ) und zwar mündlich (face-to-face), telefonisch, schriftlich (paper & pencil) oder mit Hilfe von Internet-Technologie (Webformulare, E-Mail) durchgeführt werden.

- Aufwendiger sind gruppenorientierte Erhebungsverfahren, z.B. die Durchführung von Fokusgruppen. Diese können asynchron oder synchron durchgeführt werden.

- Eine (E-)360-Grad-Evaluation des Outcomes ist die Selbstbeurteilung der Performance (z.B. der Veränderung des Verhaltens gegenüber Kunden oder Mitarbeitenden) durch den Mitarbeitenden selbst, durch Fremdbeurteilungen durch den direkten Vorgesetzten, durch die Einsicht des nächsthöheren Vorgesetzten in die Konsensbeurteilung, die Fremdbeurteilung durch Kollegen, durch die Geführten (im Fall von Führungskräften) sowie durch die internen Kunden (Hilb 2001). Ein derartiges Feedback lässt sich durch Intra-/ Internet gut unterstützen. Andere Beobachtungsverfahren scheiden oft aufgrund des Aufwandes aus.

- Bei einer Evaluation durch (externe) Kunden werden beispielsweise Beratungsleistungen nach einem Beratungsgespräch durch den Kunden mit Hilfe eines Kiosksystems bewertet.

- Kosten-Nutzen-Analysen (Seibt 2002) sind mit einer Fülle von Schwierigkeiten verbunden. Insbesondere die Bezifferung des Nutzens und die Rückführung von positiven Effekten auf eine bestimmte Maßnahme bereitet die größten Probleme.

Hilfestellung zu einzelnen Methoden liefert auch das von Schenkel, Fischer und Tergan in diesem Band beschriebene Evaluationsnetz. In der Praxis wird in der Regel ein ganzes Set von Methoden eingesetzt. Im EvaNetz werden vier Methoden unterschieden: Kriterienkataloge, Befragung, Beobachtung und Test. Bei der E.ON-Academy werden, wie Wiegmann und Thißen in diesem Band darstellen, Online-Befragungen, Interviews, Online-Statistiken, offene Beobachtung sowie Chats und Diskussionsforen eingesetzt. Es werden programmspezifische Fragebögen verwendet, die insbesondere 5-stufige Einschätzskalen verwenden.

Einen hohen Stellenwert hat in der Praxis die Arbeit mit Einschätzskalen. Teilnehmende werden aufgefordert, auf einer Skala von 1 bis 5 ihre Zufriedenheit einzuschätzen. Experten beurteilen, ob ein Merkmal eines Kriterienkataloges nicht gegeben, etwas gegeben oder ganz gegeben ist. Die Arbeit mit Einschätzskalen hat eine Fülle von Problemen. Ein Haupteinwand ist, dass nur „Stimmungen" und „Selbsteinschätzungen" erbracht werden. Dem ist jedoch entgegen zu halten, dass es oft genau die „Stimmungen" und „Selbsteinschätzungen" sind, die entscheidend sind. Ein zweiter Haupteinwand hängt mit der einfachen Konstruktion von Einschätzskalen zusammen. Hemdsärmelig erstellte Skalen sind oft von aufwendig in Skalierungsverfahren erstellten Skalen dem äußeren Schein nach kaum zu unterscheiden. Die Möglichkeit der einfachen Erstellung täuscht auch darüber weg, dass eine Fülle von handwerklichen Fehlern begangen werden können, die die Datenqualität erheblich beeinflussen. Andererseits hat die Arbeit mit Einschätzskalen in der Praxis viele Vorteile. Einschätzskalen sind relativ einfach zu erstellen und auszuwerten, wirken meist kommunikationsanregend und ermöglichen einen kennzahlenorientierten Vergleich (Benchmarking). Oft lassen sich die Ansprüche der verschiedenen Stakeholder gut in Items verdichten. Diese sind dann eine Grundlage für die Einschätzung aus den verschiedenen Perspektiven der verschiedenen Stakeholder. Interessant ist der Vergleich der so verdichteten Werte in Form eines Netzes, wie es die Abbildung 11 beispielhaft darstellt.

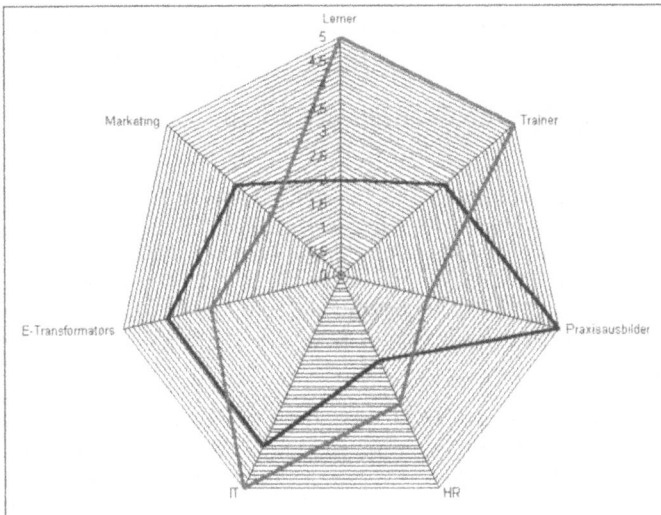

Abbildung 11: Stakeholderspezifisches Rating einer
E-Learningsolution in einem Unternehmen im Vergleich

Einschätzskalen werden, wie Baumgartner vermerkt, häufig mit Subjektivismus, dem Vergleich von Kennzahlen oder Tests mit einem Objektivismus verbunden. Das ist eine grundlegende erkenntnistheoretische Frage, die hier zurückgestellt werden kann. Zentral erscheinen nämlich, weniger die Daten selbst, sondern das, was man damit macht. Das heißt: Wichtig sind dabei weniger die numerischen Werte, sondern die anschließende Analyse auf der Grundlage dieser Ergebnisse, d.h. der kommunikative Prozess, der durch solche Ergebnisse initiiert wird. Dabei stellt das 3x4-Baustein-Modell die Suche nach einem Konsens in den Vordergrund. Dabei geht es nicht um die diplomatische Verwischung von Gegensätzen, sondern die kommunikative Aushandlung eines konsistenten, fairen, breit getragenen Bildes. Zentral erscheinen, wie Baumgartner es in seinem Beitrag vermerkt, nicht die Instrumente selbst, sondern ihre Einbindung in den Evaluations- und Kommunikationsprozess. Dabei kommen – der Kreis beginnt sich zu schließen – für die kommunikative Aushandlung des Erfolges die Stakeholder in Frage. Stakeholdermanagement mündet mithin in die Evaluation – die Evaluation ins Stakeholdermanagement.

Literatur

BORTZ, J./DÖRING, N. (1995). Forschungsmethoden und Evaluation für Sozialwissenschaftler. 2. Auflage. Berlin u.a.: Springer.

BROMBERGER, N. (2002). CBT/WBT auswählen – Transparenz auf dem Lernsoftwaremarkt schaffen. Aus: HOHENSTEIN, A./WILBERS, K. (Hrsg.): Handbuch E-Learning. 5.2, S. 1–16. Köln: Verlag Deutscher Wirtschaftsdienst.

BROWN, J.S./DUGUID, P. (1991). Organizational learning and communities-of-practice: Toward a unified view of working, learning, and innovation.
http://www.parc.xerox.com/ops/members/brown/papers/orglearning.html
O.O.: The Institute of Management Sciences.

BROWN, J.S./GRAY, E.S. (1995). The People Are the Company. How to build your company around your people. http://www.fastcompany.com/online/01/people.html

DUBS, R. (2003). Qualitätsmanagement für Schulen. St. Gallen: Institut für Wirtschaftspädagogik.

EHLERS, U.-D./PAWLOWSKI, J. M./GOERTZ, L. (2002). Qualität von E-Learning kontrollieren. Aus: HOHENSTEIN, A./WILBERS, K. (Hrsg.): Handbuch E-Learning. Köln: Verlag Deutscher Wirtschaftsdienst. 6. Ergänzungslieferung, Oktober 2003, 4.8, S. 1–30.

ESSER, F. H./TWARDY, M. (2002). E-Learning im Handwerk. Aus: HOHENSTEIN, A./WILBERS, K. (Hrsg.): Handbuch E-Learning. S. 8.5, S. 1–18. Köln: Verlag Deutscher Wirtschaftsdienst.

EULER, D./SEUFERT, S./WIRTH, M. (2004). Gestaltung des Qualitätsmanagements zur Zertifizierung von E-Learning Programmen. In: EULER, D./SEUFERT, S. (Hrsg.): E-Learning in Hochschulen und Bildungszentren. Gestaltung einer pädagogischen Innovation. München: Oldenbourg.

FORTMÜLLER, R. (2002). Lerntransfer mit E-Learning sichern. Aus: HOHENSTEIN, A./WILBERS, K. (Hrsg.): Handbuch E-Learning. 6.3, S. 1–16. Köln: Verlag Deutscher Wirtschaftsdienst.

GEORGE, J./COWAN, J. (1999). A Handbook of Techniques for formative Evaluation. London Koga Page.

GOMEZ, P./PROBST, G. (1997). Die Praxis des ganzheitlichen Problemlösens. Vernetzt denken – Unternehmerisch handeln – Persönlich überzeugen. 2. Auflage, Bern/Stuttgart/Wien: Haupt.

HILB, M (2001). Integriertes Personal-Management. Ziele – Strategien – Instrumente. 9. Auflage, Neuwied/Kriftel: Luchterhand.

HOHENSTEIN, A./WILBERS, K. (Hrsg.) (2002). Handbuch E-Learning. Köln: Verlag Deutscher Wirtschaftsdienst.

JONASSEN, D. H./BEISSNER, K./YACCI, M. (1993). Structural Knowledge. Techniques for Representing, Conveying, and Acquiring Structural Knowledge. Hillsdale: Lawrence Erlbaum.

ISLAM, K. (2002). E-Learning mit Balanced Score-Card und Six-Sigma bewerten. Aus: HO-HENSTEIN, A./WILBERS, K. (Hrsg.): Handbuch E-Learning. Köln: Verlag Deutscher Wirt-schaftsdienst. 9. Ergänzungslieferung, Juli 2004, 3.6, S. 1–10.

KIRBACH, C./WOTTAWA, H. (2002). Evaluation der Personalentwicklung im Netz unterstüt-zen. Aus: HOHENSTEIN, A./WILBERS, K. (Hrsg.): Handbuch E-Learning. 6.5, S. 1–18. Köln: Verlag Deutscher Wirtschaftsdienst.

KOLLER, W./FLUM, T./MÜLLER, M./TOCKENBÜRGER, L. (2002). Kulturelle und personelle Bedingungen für E-Learning vor Ort klären. Aus: HOHENSTEIN, ANDREAS/WILBERS, K. (Hrsg.): Handbuch E-Learning. 4.9, S. 1–20. Köln: Verlag Deutscher Wirtschaftsdienst.

KROGH, G. VON/ICHIJO, K./NONAKA, I. (2000). Enabling Knowlegde Creation. How to Un-lock the Mystery of Tacit Knowledge and Release the Power of Innovation. Oxford u.a.: Oxford University Press.

LEHNER, F. (2002). Hard- und Software für M-Learning im Überblick. Aus: HOHENSTEIN, A./WILBERS, K. (Hrsg.): Handbuch E-Learning. Köln: Verlag Deutscher Wirtschafts-dienst. 11. Ergänzungslieferung, Januar 2005, 5.9, S. 1–24.

MONTANDON, C. (2002). Customer focused E-Learning. Aus: HOHENSTEIN, A./ WILBERS, K. (Hrsg.): Handbuch E-Learning. Köln: Verlag Deutscher Wirtschaftsdienst. 10. Ergän-zungslieferung, Oktober 2004, 7.4, S. 1–21.

PROBST, G.J.B./DEUSSEN, A./EPPLER, M.J./RAUB, S.P. (2000). Kompetenz-Management. Wie Individuen und Organisationen Kompetenzen entwickeln. Wiesbaden: Gabler.

REIPS, U.-D. (1999). Theorie und Techniken des Web-Experimentierens. Aus: BATINIC, B./WERNER, A./GRÄF, L./BANDILLA, W. (Hrsg.): Online Research. Methoden, Anwen-dungen und Ergebnisse. S. 277–295. Göttingen u.a.: Hogrefe.

REIPS, U.-D. (2002). Standards for Internet-Based Experimenting. In: Experimental Psycho-logy, 49. Jg., H. 4, S. 243–256.

ROSS, E. (2002) Zur Qualitätssicherung des berufsbildenden Fernunterrichts in Deutschland. Aus: HOHENSTEIN, A./WILBERS, K. (Hrsg.): Handbuch E-Learning. 4.8.1, S. 1–2. Köln: Verlag Deutscher Wirtschaftsdienst.

SANDER, J./NÄRMANN, A. (2002). Bildungscontrolling mit der Learning Scorecard. Aus: HOHENSTEIN, A./ WILBERS, K. (Hrsg.): Handbuch E-Learning. Köln: Verlag Deutscher Wirtschaftsdienst. 10. Ergänzungslieferung, Oktober 2004, 3.7, S. 1–20.

SEIBT, D. (2002). Kosten und Nutzen des E-Learnings bestimmen. Aus: HOHENSTEIN, A./WILBERS, K. (Hrsg.): Handbuch E-Learning. 3.3, S. 1–33. Köln: Verlag Deutscher Wirtschaftsdienst.

SEUFERT, S./MOISSEVA, M./STEINBECK, R. (2002). Virtuelle Communities gestalten. Aus: HOHENSTEIN, A./WILBERS, K. (Hrsg.): Handbuch E-Learning. 4.10, S. 1–20. Köln: Verlag Deutscher Wirtschaftsdienst.

SMITH, H.A./McKEEN, J.D. (2003). Creating and Facilitating Communities of Practice. Aus: HOLSAPPLE, C.W. (Hrsg.): Handbook on Knowledge Management 1. Knowledge Matters. S. 393–407. Berlin/Heidelberg/New York: Springer.

TERGAN, S.-O./SCHENKEL, P. (2002). Lernpotenzial von E-Learning erfassen – Was macht Lernen erfolgreich? Aus: HOHENSTEIN, A./WILBERS, K. (Hrsg.): Handbuch E-Learning. Köln: Verlag Deutscher Wirtschaftsdienst. 7. Ergänzungslieferung, Januar 2004, 4.20, S. 1–14.

WILBERS, K. (2004). Die Unternehmung und ihr Umgang mit Anspruchsgruppen. Aus: DUBS, R./EULER, D./RÜEGG-STÜRM, J. (Hrsg.): Einführung in die Managementlehre. Bern: Haupt (im Druck).

WOTTAWA, H./THIERAU, H. (1998). Lehrbuch Evaluation. 2. Auflage. Bern/Göttingen/ Toronto/Seattle: Hans Huber.

www.ingramcontent.com/pod-product-compliance
Lightning Source LLC
Chambersburg PA
CBHW050737110426

42814CB00006B/285